Le développement psychologique de l'enfant

Peter Adriaenssens,
Mon enfant a peur...et moi aussi ! L'éducation à la résistance intérieure

Théo Compernolle, *Du calme!*
Manuel pour l'éducation des enfants hyperactifs

Theo Compernolle, Hilde Lootens, Rob Moggré, Theo van Eerden,
Gérer les adolescents difficiles. Comportements impulsifs, excessifs ou agités

Marie-France Daniel, *La philosophie et les enfants*
Les modèles de Lipman et de Dewey

Roger Deldime, Sonia Vermeulen,
Le développement psychologique de l'enfant. 7e édition

Dimitri Demnard,
L'aide à la scolarité par la PNL. Comprendre et résoudre les difficultés scolaires

Diane Drory, *Cris et châtiments*
Du bon usage de l'agressivité

Fonds Houtman, *Vers une culture de l'enfance*
Avec le texte de la Convention des droits de l'enfant

Claire Kebers, *Mort, deuil, séparation*
Itinéraire d'une formation

Manu Keirse, *Faire son deuil, vivre un chagrin*
Un guide pour les proches et les professionnels

Jacques Lagarrigue, *L'école. Le retour des valeurs ?*
Des enseignants témoignent

Jean Le Gal, *Les droits de l'enfant à l'école. Pour une éducation à la citoyenneté*

Paolo Legrenzi, *Le bonheur*

Claudine Leleux, *L'école revue et corrigée*
Une formation générale de base universelle et inconditionnelle

Madeleine Natanson, *Des adolescents se disent*
Voyage au pays des adolescents ordinaires

Paul A. Osterrieth,
Introduction à la psychologie de l'enfant. 17e édition

Jos Peeters,
Les adolescents difficiles et leurs parents

Lucien Piloz,
Maîtriser la violence à l'école. Prévention et traitement de la violence en milieu scolaire

Michel Rosenzweig,
Les drogues dans l'histoire : entre remède et poison. Archéologie d'un savoir oublié

Edwin S. Shneidman,
Le tempérament suicidaire. Risques, souffrances et thérapies

Philippe van Meerbeeck, Claude Nobels,
Que jeunesse se passe. L'adolescence face au monde adulte

Alain Vanthournhout, *Techno, rêves... et drogues?*
Rencontrer les jeunes dans les nouveaux lieux d'extase

Pierre Vianin, *Contre l'échec scolaire.*
L'appui pédagogique à l'enfant en difficulté d'apprentissage

Comprendre

Roger Deldime
Sonia Vermeulen

Le développement psychologique de l'enfant

7e édition

De Boeck & Belin

Photo de couverture: G. Cloquet

7e édition 1997
2e tirage 1998
3e tirage 1999
4e tirage 2000
5e tirage 2001
6e tirage 2002

Imprimé en Belgique

ISSN De Boeck 2-8041-2261-1
ISBN Belin 2-7011-2257-0

D 1997/0074/3

Introduction

Une étude complète de l'évolution de la personnalité nécessiterait beaucoup plus de développement que n'en dispose une *introduction* à la psychologie de l'enfant.

Notre but n'est pas de fournir une description exhaustive de la croissance psychologique mais de rendre compte de ce qui nous semble être les caractéristiques dominantes de telle ou telle période du développement. Par exemple, quand nous parlons de la phase d'opposition, cela ne signifie pas que l'enfant n'est «obstiné» qu'à l'âge de 2 1/2 - 3 ans environ mais simplement qu'à cette époque, l'obstination est une des attitudes principales.

Les observations, les exemples, les échelles comparatives, les grilles d'évaluation, les schémas et graphiques ainsi que les informations théoriques esquissent des voies, présentent des connaissances, approfondissent des notions qui nous apparaissent importantes lorsqu'il s'agit de *comprendre* le comportement des jeunes.

Dans ce livre, nous essayerons de montrer que «l'enfant est le père de l'homme» et combien les premières années déterminent le type d'adulte qu'il deviendra. A cette fin, nous partons des résultats de recherches expérimentales mais aussi de considérations théoriques relatives aux jeunes d'aujourd'hui.

Qui sont ces jeunes aujourd'hui? Ce ne sont pas des «abstractions» qui parlent à tel âge, marchent à tel moment, communiquent avec leurs pairs à partir de telle période. Les jeunes, comme les adultes d'ailleurs, représentent une infinie variété. Ils grandissent dans des milieux différents [1], ce qui affecte leur développement.

Aucun enfant ne grandit en vase clos : son développement subit notamment l'influence du statut socio-économique, de l'arrière-plan ethnique et culturel de son milieu familial. Quand nous parlons de développement «normal» d'un enfant dans des conditions favorables, nous ne pouvons généraliser nos conclusions à un enfant constamment sous-alimenté, élevé dans un taudis, ne connaissant pas son père ou sa mère, recevant une éducation déficiente, etc.

Mais qu'est-ce que le *développement?* Selon Mazet et Houzel, le développement est un «processus qui fait passer l'enfant de l'état de nourrisson vagissant à l'état adulte». L'enfant est donc un être en voie de maturation physique et psychologique.

L'étude du développement repose sur des données quantitatives et qualitatives qui évoluent avec le temps. Les transformations quantitatives sont relativement faciles à mesurer (exemples : la croissance pondérale, l'évolution staturale, l'enrichissement du vocabulaire). L'étude des aspects qualitatifs est plus complexe. En effet, si le développement se présente comme un processus ininterrompu, le rythme de celui-ci n'est pas nécessairement uniforme et continu : des progressions rapides sont suivies par des périodes de stagnation, de véritables régressions précèdent parfois un changement brusque et total de la personnalité.

Il peut sembler commode de diviser le développement en plusieurs stades puisque tous les êtres humains, ou presque, subissent des modifications à peu près identiques résultant de la maturation physiologique associée aux influences du milieu. Naturellement, toute division est quelque peu arbitraire car, en général, il n'y a pas de transition nette d'un stade

1. En ville, à la campagne, en milieu industriel …; en milieu pauvre, riche …; dans des milieux où la mère travaille au dehors ou pas; ce sont des enfants aimés, abandonnés, maltraités…

à l'autre. Certains éléments caractéristiques d'une période donnée du développement ne disparaissent pas brusquement en passant à la période suivante mais vont lentement à l'arrière-plan et peuvent demeurer aux côtés d'autres aspects qui sont en train de se former. Très souvent, l'enfant peut atteindre telle phase pour un aspect de son développement et une autre pour une composante différente de sa personnalité. Par exemple, une fille peut être pubère alors que ses comportements affectifs appartiennent encore à l'enfance (voir ci-dessous).

VARIATION DE DIFFÉRENTS TYPES DE COMPORTEMENT DE 18 À 60 MOIS
(d'après AMES et ILG)

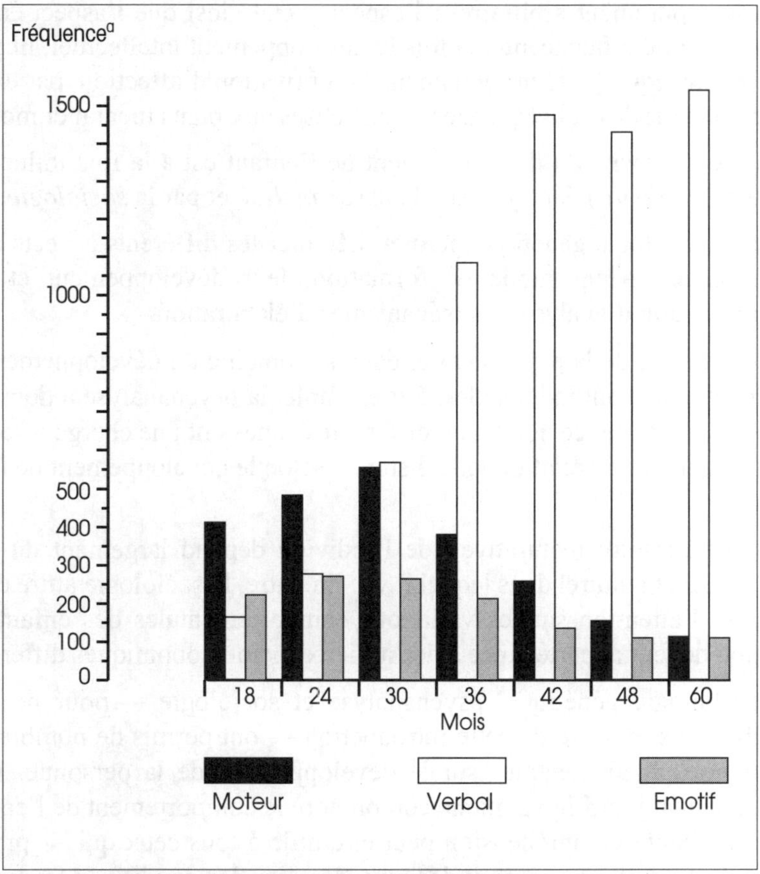

a. Nombre de fois où un comportement de même type a été observé

Il est néanmoins utile d'établir certains repères dans l'ensemble du développement comportemental afin de pouvoir interpréter les informations recueillies au sujet des jeunes.

L'étude du développement psychologique de l'enfant poursuit deux objectifs complémentaires :

- analyser les différents aspects de la personnalité dans leur évolution à travers le temps;
- étudier l'organisation de ces aspects — développement moteur, développement intellectuel … — en périodes distinctes.

Le développement de l'être humain est complexe puisque la croissance et le changement touchent différents aspects de la personnalité. Pour simplifier l'étude de la question, nous traitons séparément les développements moteur, perceptif, intellectuel, verbal, affectif et social. Mais ces distinctions sont purement arbitraires : l'aspect social ainsi que l'aspect émotif de la personne influencent à la fois le développement intellectuel, linguistique et physique (et réciproquement). La privation d'affection, par exemple, peut avoir des conséquences désastreuses aux plans mental et moteur.

Notre approche du développement de l'enfant est à la fois influencée par la *psychologie génétique*, par la *psychanalyse* et par la *sociologie*.

La psychologie génétique permet d'étudier les différents aspects de la personnalité — leur mode de formation, leur développement et leur devenir — afin d'analyser les mécanismes d'élaboration.

Les apports de la psychanalyse dans le domaine du développement de la personnalité sont indéniables. Par exemple, la psychanalyse a donné au corps une importance nouvelle : différentes zones ont une charge affective et une signification relationnelle distincte selon le développement de l'être humain.

La «trajectoire maturative» de l'individu dépend largement du contexte social et culturel dans lequel il vit. En outre, la sociologie attire constamment l'attention sur les variations comportementales des enfants en fonction de leur appartenance à des milieux socio-économiques différents.

Psychologie génétique, psychanalyse et sociologie — pour ne citer qu'elles dans le cadre de cette introduction — ont permis de nombreuses découvertes fondamentales sur le développement de la personne. Elles nous aident aujourd'hui à mieux comprendre le comportement de l'enfant. Cette meilleure compréhension peut être utile à tous ceux qui — professionnellement ou non — sont désireux de créer des conditions favorables à l'épanouissement des jeunes.

Nous espérons que le lecteur trouvera dans cet ouvrage à la fois le goût de l'observation de l'enfant et une aide pour sa réflexion personnelle.

Chapitre 1 *De la conception à la naissance*

Le nouveau-né a déjà vécu!

Déterminé par son hérédité, le fœtus entre rapidement en relation avec son milieu : influencé par lui, il l'influence en retour. Les premiers comportements de l'enfant apparaissent dans le ventre de sa mère : il bouge, il réagit, il apprend.

Enfin, la naissance : révolution physiologique, première séparation souvent violente, premier pas vers l'indépendance.

Et voilà le nouveau-né, avec son équipement sensoriel et moteur, riche aussi d'expériences dont il se souvient.

Être un enfant, avoir un enfant : une histoire d'attachement

En guise de préhistoire : l'origine du désir de devenir parent.

Au premier stade : accepter la nouvelle de la grossesse.

Au deuxième stade : ressentir les premières manifestations d'un être séparé, au cours du 5e mois de grossesse.

Au troisième stade : découvrir le futur bébé par les mouvements du fœtus, ses cycles d'activité, ses réactions aux stimuli.

L'attachement parents-bébé peut être perturbé :
- lors d'une naissance prématurée;
- lors d'une échographie vécue comme une «interruption volontaire de fantasme»;
- lors d'une procréation médicalement assistée entraînant des problèmes d'investissement psychique de l'enfant et de sa filiation.

Échanges entre l'embryon, puis le fœtus, et son milieu

Gesell voit dans le comportement de l'individu avant sa naissance «les débuts de la pensée humaine».

Avec Tomkiewicz, nous dirons que le terme de comportement implique par définition les rapports de l'être avec son entourage et que la forme la plus primitive de comportement est le *mouvement* de la totalité ou d'un segment corporel (ce mouvement peut être exogène, réponse à une stimulation extérieure, ou endogène).

La peau (surface du corps) et le cerveau (surface du système nerveux) dérivent de la même structure embryonnaire, l'ectoderme.

La sensibilité tactile apparaît la première, vers la fin du 2e mois de gestation, précédant dans l'ordre les deux autres systèmes proximaux, olfactif et gustatif, le système vestibulaire et les deux systèmes distaux, auditif et visuel.

La peau possède un primat structural sur tous les autres sens :
- elle est le seul sens à recouvrir tout le corps;
- elle contient plusieurs sens distincts (toucher, pression, douleur, chaleur ...);
- le toucher est le seul des cinq sens externes à posséder une structure réflexive.

Aux fonctions biologiques de la peau, Anzieu fait correspondre les fonctions psychiques du Moi : par exemple, établir des contacts, filtrer les échanges et enregistrer les communications.

Chacune des fonctions du Moi-peau fournira un des cadres ou un des processus de la pensée : «Le Moi-peau est une enveloppe qui émet et reçoit des signaux en interaction avec l'environnement, elle 'vibre' en résonance» (communication échotactile, source sémiotique originaire).

Dans son ouvrage *Le Penser*, Anzieu précise que le Moi-peau, interface entre le psychisme et le monde, cherche à se renforcer en doublant :

– soit sa face interne (seconde peau musculaire), ce qui se traduit par une pensé rigide, dogmatique, fanatique;
– soit sa face externe (enveloppe narcissique idéalisée), ce qui se traduit par une pensée brillante, séduisante, individualiste.

D'autres échanges (que ceux permis par la maturation des éléments nerveux, sensoriels et moteurs) s'établissent durant les neuf mois de vie pré-natale entre l'enfant et son milieu :

– sur le plan biologique, avec la mère, et
– sur le plan psychologique, avec la mère, le père, le couple parental.

La mère et son enfant communiquent par l'intermédiaire du *placenta*, organe de nutrition, de respiration et d'épuration. L'oxygène arrive par la veine ombilicale et le dioxyde de carbone est évacué par les artères ombilicales (jusqu'à la naissance, les poumons n'interviennent pas dans la respiration). L'enfant reçoit aussi les substances nutritives dont il a besoin et rejette les déchets de son métabolisme [1].

D'autres éléments traversent également la barrière placentaire, ce qui ne va pas toujours sans mal. Ainsi, le passage des anticorps confère certaines immunités à l'enfant mais pose le problème du facteur rhésus [2] et un excès d'hormones sexuelles peut provoquer le pseudo-hermaphrodisme [3]. Nombre des causes des maladies de l'embryon et du fœtus se situent au niveau du placenta.

---

1. Métabolisme : ensemble des transformations chimiques et biologiques qui s'accomplissent dans l'organisme.
2. Une mère rhésus négatif qui porte un enfant rhésus positif va développer des anticorps, d'où risque d'avortement.
3. Pseudo-hermaphrodisme : ambiguïté sexuelle morphologique se traduisant par le fait que les gonades sont d'un type alors que la morphologie génitale paraît de l'autre sexe.

La mère peut même communiquer ses émotions à son enfant par l'intermédiaire d'une hormone, l'adrénaline : libérée dans le système circulatoire de la mère, elle passe dans le corps de l'enfant et accélère son rythme cardiaque.

La fatigue de la mère produit une hyperactivité de l'enfant dont les mouvements sont aussi plus marqués le soir, après les repas et pendant les rêves de la mère; le rythme de la marche, par contre, semble le calmer.

Mais la mère réagit également à l'être qui se développe en elle. Son organisme en est littéralement intoxiqué puisqu'il va jusqu'à se prémunir contre les albumines embryonnaires. Et si on modifie la température et l'oxygénation de l'enfant, on crée des modifications dans le rythme respiratoire et la dynamique circulatoire de la mère.

L'attente de l'enfant et sa mise au monde constituent une étape importante de la vie de la femme, de l'homme, du couple. La façon dont les parents «enceints» vivent cette expérience influence pour une large part la qualité de la grossesse et de la naissance mais aussi l'image qu'ils se font de l'enfant, de leurs rôles de père et mère, de la vie de famille. En quelque sorte, *l'enfant détermine ses parents autant qu'il est déterminé par eux.*

De nombreux facteurs interviennent ici.

L'enfant désiré par un couple uni ne connaît pas le même sort que l'enfant «catastrophe», l'enfant rejeté, l'enfant de mère «célibataire».

D'après les psychanalystes, la femme satisfait par la maternité son désir de posséder le pénis; mais l'homme ne peut enfanter et il en conçoit de la jalousie à l'égard de sa femme enceinte. Sa jalousie s'adresse aussi à l'enfant si sa femme y accorde plus d'attention qu'à lui.

La façon dont la femme enceinte et son compagnon acceptent les modifications de son image corporelle et leur recherche d'une nouvelle identité — personnelle, familiale et sociale — infuencent ausi l'attitude des parents vis-à-vis de l'enfant. Cette identité s'élabore à partir des anticipations d'ordre culturel qui accompagnent la grossesse, la maternité, la paternité et de l'attitude individuelle de l'homme et de la femme, née de leur expérience personnelle.

L'évolution psychologique créée par la venue de l'enfant peut présenter quelques désordres : pour l'homme, «la fuite», et pour la femme, l'anxiété, le «baby blue» («spleen de l'accouchement») et la dépression post-partum (aussi appelée psychose puerpérale) durant laquelle la mère déprimée ne s'occupe pas de son enfant de gaîté de cœur. L'adoption obligatoire de l'enfant réel est d'autant plus difficile qu'il diffère de l'enfant imaginaire de la mère, des parents (enfant prématuré, mongolien, malformé ...).

La naissance, bouleversement physiologique

Le tableau ci-dessous synthétise les nombreuses modifications que subit l'enfant lors de sa venue au monde.

Caractéristiques	Vie prénatale		Vie postnatale	
Environnement physique	Milieu ± constant	Milieu liquide (liquide amniotique)	Milieu variable	Milieu gazeux (air), expérience de la pesanteur
Température		Relativement constante		Fluctuations atmosphériques (l'enfant doit réguler sa température)
Stimulations		Minimales		Tous les sens (et le tact en particulier) sont excités par différents stimuli
Nutrition	Vie parasitaire	Dépend du sang maternel	Existence «autonome»	Dépend de la nourriture extérieure et du fonctionnement du système digestif du bébé
Respiration		Passe par la circulation sanguine de la mère (via le placenta)		Passe par le système pulmonaire du bébé
Elimination		Passe par la circulation sanguine de la mère (via le placenta)		Evacuation par la peau, les reins, les poumons et les intestins du bébé

La naissance apparaît comme une première étape vers une vie autonome (respiration …) mais l'enfant n'est plus nourri automatiquement, il est soumis à toutes les stimulations du monde extérieur, et *sa vie dépendra encore longtemps de sa mère*, de l'adulte.

Chez certains enfants, une naissance difficile peut provoquer des lésions nerveuses organiques : l'anoxie [4], par exemple, risque de détruire des cellules nerveuses, cellules qui ne se régénèrent pas. Enfin, les génopathies [5], les fœto- et les embryopathies, le «travail» lui-même entraînent parfois la mort à la naissance.

4. Anoxie : diminution de la quantité d'oxygène que le sang distribue aux tissus.
5. Maladies héréditaires, exemples : hémophilie, daltonisme … La mortalité intra-utérine d'origine génétique augmente avec l'âge de la mère et le rang de grossesse.

La naissance sans violence

SENSIBILITÉ DU NOUVEAU-NÉ	NAISSANCE TRADITIONNELLE	NAISSANCE SANS VIOLENCE
Dès la période pré-natale, l'enfant perçoit la lumière filtrée.	L'enfant est aveuglé par les scialytiques et les projecteurs.	L'enfant naît dans la pénombre.
Déjà dans le ventre de sa mère les sons parviennent à l'enfant, filtrés (craquements des articulations, borborygmes intestinaux, battements du cœur, voix, sons du monde extérieur).	Plus rien ne protège l'ouïe de l'enfant et pourtant on parle haut dans la salle d'accouchement.	On fait silence.
La peau de l'enfant est hypersensible. L'enfant quitte la chaleur, la tendresse des entrailles de sa mère.	La peau de l'enfant est mise en contact avec des langes, des serviettes, des tissus, avec la dureté et la froideur de l'acier du plateau de la balance.	On dépose l'enfant sur le ventre de sa mère, à plat ventre, jambes et bras repliés sous lui. La proximité permet de conserver intact le cordon.
Les muqueuses de l'enfant sont hypersensibles.	La coupure immédiate du cordon prive le cerveau d'oxygène et la respiration se déclenche pour échapper à la mort : l'air pénètre dans les poumons et brûle l'enfant qui crie.	L'enfant est oxygéné par le cordon, qui bat pendant 4-5 minutes, et par ses poumons. Il passe progressivement d'une forme de respiration à l'autre et crie à peine. On sectionne le cordon quand il cesse de battre.
Après les contractions, qui sont des caresses pour l'enfant, plus rien ne tient son dos pendant la naissance.	Quand l'enfant sort, on le saisit par un pied et on le laisse pendre, tête en bas.	Il faut rassembler, tenir ensemble, réunir.
Dans l'utérus, l'enfant connaît la chaleur, la lenteur, la force, le rythme.	Les mouvements des mains sont vifs, brefs, brusques, terrifiants pour l'enfant.	Le toucher est le premier langage, les mains qui prennent l'enfant parlent un langage «viscéral» (massage).
		On remet l'enfant dans l'eau à température du corps, on le plonge et on le retire plusieurs fois (expérience de la pesanteur). Puis on l'enveloppe et on le laisse seul. Il reste immobile. L'inconnu ne lui fait pas peur et, à 24 heures, il offre déjà son sourire.

L'accouchement sans douleur avait déjà grandement facilité le «travail» pour la mère d'abord, pour l'enfant en conséquence. Le père était même déjà de la partie. Pourtant, il aura fallu attendre Leboyer pour voir la naissance avec les yeux du nouveau-né, la sentir avec ses sens. Le nouveau-né est une personne, pas un objet, et son premier cri, s'il prouve que l'enfant vit, est peut-être un cri de souffrance. Sans doute le nouveau-né ne parle pas, mais il s'exprime; c'est nous qui ne l'écoutons pas. «Il faut parler au bébé son langage, il faut parler d'amour»; il faut «calmer l'angoisse d'un dépaysement total en prolongeant un état dans un nouvel état». Ne s'agirait-il là, comme le dit Surreau, que de sensations, sentiments, impressions d'adulte attribués au fœtus?

Rapoport a mené une enquête auprès de 120 enfants de 1-2 et 3 ans nés «sans violence» : leur développement psycho-moteur est très bon, 116 d'entre eux ne présentent ni troubles de l'alimentation, ni troubles du sommeil... Enfants et parents connaîtraient un meilleur départ dans leur relation favorisant la suite du développement.

L'échelle d'évaluation du comportement néo-natal de Brazelton

Cette échelle [6], qui remplace celle d'Apgar :

- permet de s'assurer que le nouveau-né va bien;
- propose comme guide aux parents, le comportement de leur bébé;
- révèle les différences individuelles de tempérament et d'accord : certains bébés «bien organisés» semblent prendre soin d'eux-mêmes, il y a des bébés «difficiles» dont il semble impossible de prendre soin ...

Le niveau de disponibilité du nouveau-né (pour le repas, le sommeil ou l'interaction) dépend de son état de conscience :

1) sommeil profond;
2) sommeil rapide ou paradoxal;
3) état intermédiaire, somnolent;
4) état de réveil alerte;
5) état alerte mais furieux;
6) pleurs.

6. Voir annexe 1, pp. 193-194.

L'échelle de Brazelton amène vraiment les parents à considérer leur bébé comme *partenaire dans la relation* : «L'interaction précoce entre parents et très jeunes enfants est grandement favorisée quand un parent comprend cette importante réaction de protection» qu'est l'habituation (fermeture du système nerveux devant une stimulation excessive de l'extérieur).

Sensorialité, tonus et psychomotricité du nouveau-né

La perception du monde par l'enfant, déjà présente dans le ventre de sa mère, s'enrichit et s'affine. Son tonus et ses réflexes s'inscrivent aussi dans le développement réalisé au cours des mois précédents.

Sensorialité

Le nouveau-né distingue la clarté de l'obscurité. A la lumière, il cligne des paupières et ses pupilles se contractent (réflexe photomoteur). Une lumière vive lui fait tourner la tête (réflexe oculo-cervical).

Il discerne également quelques formes et des objets en mouvement. A partir du 3e jour, il suit du regard un visage humain et des objets de couleur vive (rouge, orange) quand le déplacement est lent. Et si la personne qu'il fixe lui tire la langue, il la tire aussi.

Dès la première semaine, le nouveau-né ferme les paupières en réponse à une stimulation auditive (réflexe cochléo-palpébral) [7]. L'orientation de la tête vers la source de la stimulation auditive apparaît vers 3 mois.

Le nouveau-né réagit quand on lui touche la peau du visage, la paume des mains, la plante des pieds.

L'odeur de sa mère lui devient très vite familière : un bébé de quelques jours prendra le biberon donné par son père s'il l'a enveloppé d'un linge de corps de sa mère.

Les substances sucrées provoquent une réaction positive, les substances amères une réaction négative.

7. Cochléa = limaçon (conduit enroulé en spirale, constituant une partie de l'oreille interne); palpébral : relatif aux paupières.

Tonus et psychomotricité

La position du corps du nouveau-né est dissymétrique (position de batracien) et il reste comme on le met, couché sur le dos, sur le ventre ou sur le côté, dans une attitude de flexion.

Le tonus musculaire du nouveau-né se caractérise par une *hypertonie des membres* et une *hypotonie de l'axe corporel* : les membres restent immobiles, collés au corps, et la tête est ballante. Le réflexe tonique du cou se développe et à 3 mois, il permet la rotation latérale et le maintien de la tête. Le tonus axial augmente donc, autorisant par la suite la station assise, pendant que l'hypertonie des membres diminue.

Certains nouveau-nés sont plus hypertoniques, d'autres plus hypotoniques. D'après Stamback, leur développement en est influencé.

	BÉBÉS HYPERTONIQUES	BÉBÉS HYPOTONIQUES
Proportions filles/garçons	+ de garçons	+ de filles
Station debout	précoce	tardive
Marche	précoce	tardive
Préhension	tardive	précoce
Mobilité	excessive	peu importante
Caractère	coléreux, peu fixés à l'adulte	craintifs, affectueux, dépendants

Le nouveau-né présente de nombreux *réflexes archaïques* ou automatismes primaires [8].

Le réflexe d'embrassement (ou réflexe de Moro) : les membres supérieurs exécutent un mouvement d'extension et d'abduction (les bras s'ouvrent, les doigts s'écartent, sauf le pouce et l'index qui restent fléchis, la tête est rejetée en arrière, le dos se met en extension) puis les membres supérieurs reviennent en flexion-abduction en dessinant un mouvement en arc de cercle. Ce réflexe existe chez les prématurés aussi. Il disparaît vers 6 mois. L'enfant l'utilise en réponse à diverses stimulations : frapper l'oreiller sur lequel repose la tête de l'enfant, frapper sur le rebord de la

8. Leur examen, comme l'échelle de Brazelton, permet de s'assurer de la bonne santé du nouveau-né.

table sur laquelle repose la tête de l'enfant, imprimer à l'enfant un mouvement brusque d'ascension ou de descente, laisser retomber en arrière la tête de l'enfant couché maintenu en position verticale, soulever légèrement la tête de l'enfant couché sur le dos puis la laisser retomber sur le plan du lit.

Les réflexes de redressement et de marche automatique. Le premier concerne les divers segments des membres inférieurs, parfois le tronc et même la tête. Le second consiste en des mouvements alternés de flexion et d'extension automatique des membres inférieurs. Ces réflexes existent chez le prématuré de 8 mois. Le réflexe de redressement disparaît vers 2-3 mois.

Le réflexe d'incurvation du tronc (ou réflexe de Galant) : il s'agit d'une réaction d'évitement où le tronc s'incurve, le bassin se porte en arrière et le membre inférieur du côté stimulé s'étend tandis que l'autre se fléchit. On l'obtient en excitant la peau du dos près du rachis (colonne vertébrale).

Le réflexe d'enjambement : l'enfant étant maintenu en position verticale, si l'on fait toucher le dos d'un pied à un obstacle, le pied s'élève, franchit l'obstacle, se place au-dessus.

Le réflexe d'allongement croisé : c'est un réflexe nociceptif, comme le réflexe de Galant. L'excitation de la face plantaire d'un membre étendu provoque la flexion de l'autre membre, le pied vers le point stimulé. Ce réflexe existe chez le prématuré de 7 1/2 mois et même chez l'embryon à l'état d'ébauche.

Le réflexe d'agrippement (ou grasping reflex) : la stimulation de la peau de la face palmaire des doigts (introduction d'un doigt ou d'un bâtonnet dans la main) fait se fléchir le médius, puis l'annulaire, l'auriculaire, l'index. Ce réflexe disparaît vers 3 mois.

Le réflexe tonique des fléchisseurs : ce réflexe est provoqué par la pression des gaines des tendons fléchisseurs des doigts. Il disparaît vers 9-10 mois avec l'apparition du relâchement volontaire.

Le réflexe de fouissement (ou rooting reflex) : une stimulation de la zone péribuccale provoque un mouvement de la tête vers le côté stimulé et est suivi des réflexes labiaux et de succion. Ce réflexe disparaît vers 3 semaines.

Les réflexes labiaux et de succion : quand on promène un doigt autour de la bouche, les lèvres et la langue s'orientent du côté où se trouve le doigt (réflexe buccal ou des lèvres, ou des points cardinaux).

Le réflexe de déglutition : le contact des aliments avec la paroi du pharynx déclenche ce réflexe qui est définitif.

Le rooting reflex, les réflexes labiaux, de succion et de déglutition permettent évidemment l'alimentation du nouveau-né.

Le réflexe de refoulement de la langue : jusqu'à 3 mois, l'enfant rejette les aliments solides introduits dans la partie antérieure de la bouche.

Les réflexes du hoquet, de bâillement, d'éternuement.

Le réflexe natatoire et le réflexe qui permet à l'enfant de bloquer sa respiration en immersion : avant sa naissance, l'enfant vit dans un milieu aquatique et dès sa naissance, il a des mouvements de «nage automatique» (mouvements de type quadrupédique ou «mouvements natatoires», réflexes qui disparaissent vers le 4e mois). Comme tous les mammifères, Bébé sait nager!

Impact psychologique de la période fœtale et de la naissance

Le nouveau-né a déjà neuf mois (même si pour l'état civil il en est au moment zéro) et il vient de vivre une expérience bouleversante, sa naissance. S'il ne s'en souvient pas consciemment, l'individu garde pourtant de cette période de multiples impressions.

Janov, qui a élaboré la thérapie primale, montre que «le corps emmagasine toutes ses expériences et n'oublie jamais rien, même si l'esprit conscient est incapable de se remémorer ces événements». Entre autres scènes du passé, on peut revivre sa naissance - et même des événements antérieurs à sa naissance. L'auteur montre aussi que le «combat de la naissance risque de constituer le prototype du mode de réaction que la personne adoptera plus tard face à une situation de menace»; ainsi, l'individu qui a resserré automatiquement ses bronchioles pour éviter une asphyxie par les liquides lors de sa naissance et qui continue à répondre de cette façon à tout stress, ce qui peut provoquer des crises d'asthme.

Les parents qui attendent un bébé revivent (le plus souvent inconsciemment) leur vie fœtale et leur naissance; leurs fantasmes se traduisent par des rêves, des somatisations, parfois des psychoses puerpérales (chez le père comme chez la mère).

Les psychanalystes ont mis en évidence le désir de l'être humain de retourner au sein maternel, sa nostalgie d'une existence parasitaire et abritée. Pour Ferenczi, la pénétration de la femme signifie pour l'homme un retour partiel dans le corps maternel. Rank a montré que l'angoisse physiologique - respiratoire - qui accompagne la naissance, séparation de l'objet maternel, est le point de départ de toute sensation d'angoisse.

Cooper met l'accent sur l'état de fusion mère-enfant caractérisant cette période de vie de l'individu, état que parfois la mère et/ou l'enfant tenteront de prolonger après la naissance : «Avant sa naissance, le bébé doit sentir qu'il est (et être ressenti comme) une entité humaine, séparée, quoique associée … altérité qui est ici le contraire de l'aliénation, de la fusion, de la confusion et de la perte d'identité d'une personne dans une autre …».

Pour This, le père prépare l'acte de naissance symbolique [9] de son enfant en lui parlant et en le touchant alors même qu'il est encore dans le ventre de sa mère.

Le nouveau-né se souvient des battements de cœur de sa mère : les nouveau-nés soumis au bruit amplifié d'un cœur normal s'endorment plus facilement, poussent moins de cris et gagnent plus de poids que les nouveau-nés soumis à un environnement sonore habituel. Tomatis reconstitue les sons, la voix maternelle, tels que le fœtus les entendait. Grâce à ce matériel, il a mis au point une thérapie, l'accouchement sonique, passage de la transmission sonique liquidienne à une transmission aérienne.

Conscience et inconscient

Selon Janov, la «conscience» apparaît avec le système nerveux, quelques semaines après la conception. Elle se développe à trois niveaux :

– *viscéral* (au cours de la période fœtale et des six premiers mois de la vie) : c'est la mémoire, la conscience du corps, de la survie;
– *émotionnel* : c'est la conscience des sentiments, liée à nos relations avec autrui;
– *intellectuel* (à partir de 5-7 ans) : c'est la conscience intégrante, des idées, de la signification, de la connaissance.

Le cerveau sécrète sa propre morphine, les endorphines qui refoulent la souffrance en déconnectant les trois niveaux de conscience : devenir inconscient, c'est perdre contact avec soi-même. La souffrance primale naît de la frustration d'un besoin; trop forte pour être intégrée, elle menace le développement (exemples : le besoin de contact du nouveau-né avec sa mère; le besoin de sentir, d'exprimer librement ses émotions et ses idées).

9. Voir Lacan, p. 106.

Le névrosé interprète inconsciemment le présent en fonction du passé, il rejoue son passé avec l'illusion de sortir enfin vainqueur de la lutte, il utilise son énergie à combattre la Souffrance plutôt qu'à vivre.

La thérapie primale renverse le processus de la névrose : ressentir la souffrance primale guérit, reconnecte les trois niveaux de conscience. «Nous pouvons vivre dans le présent quand le passé est résolu».

Qui désire approfondir les thèmes abordés dans ce chapitre consultera avec intérêt *Les Cahiers du nouveau-né* publiés par le GRENN, groupe de recherches et d'études du nouveau-né.

1984 : Le bébé est une personne (TF1)

1989 : L'incroyable Monsieur Bébé (A2)

La télévision, la vidéo et les autres médias diffusent la «bébéologie» dans le grand public …

Pouthas et Jouen, dans leur ouvrage paru en 1993, se proposent de «remettre les pendules à l'heure» suite à :

- l'élaboration progressive d'une théorie générale de l'attachement;
- la découverte des capacités perceptives précoces;
- la question du développement cognitif infantile.

La vie psychique de l'enfant de la conception à la naissance

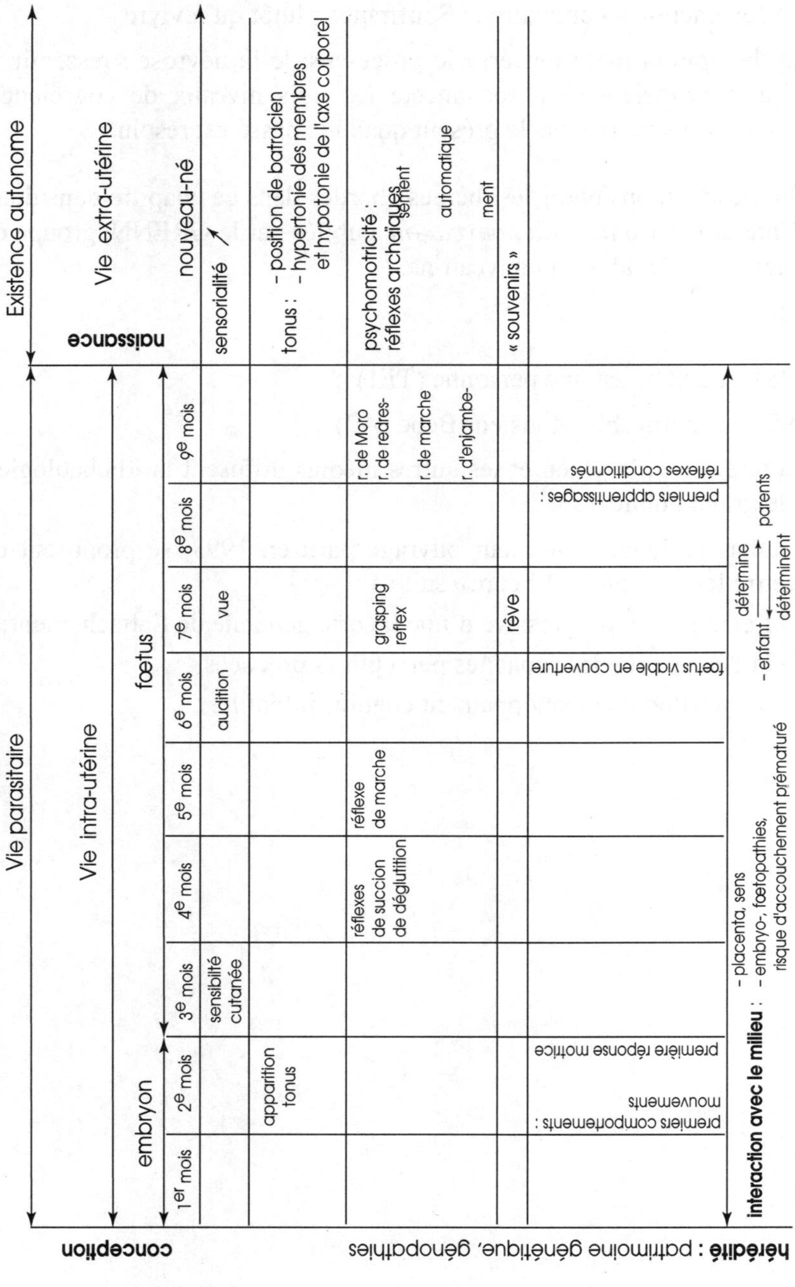

Chapitre 2 *L'enfant de 0 à 3 ans*

C'est par le mouvement que le jeune enfant traduit sa vie psychique toute entière.

Ses manifestations motrices, domaine du jeu par excellence, sont certes des réponses à des besoins organiques mais elles constituent aussi les premiers moyens de communication avec l'entourage. Elles concourent à la prise de conscience du moi comme sujet. La maîtrise des comportements tels que la marche et la préhension « affranchit » l'enfant par rapport à l'adulte.

C'est également dans le cadre des activités sensori-motrices que les premiers comportements intellectuels se manifestent.

Explorations et tâtonnements de l'enfant font petit à petit passer l'intelligence du plan moteur au plan représentatif, celle-ci restant encore fortement liée à l'action et au geste.

L'acquisition du langage, fonction symbolique mais aussi moyen de communication sociale, fait progresser l'intelligence de l'enfant qui devient capable de comprendre des signes, d'évoquer des situations, d'imaginer : prolonger un peu de passé dans le présent, anticiper sur l'avenir immédiat, combiner des perceptions, des désirs et des rêves, communiquer.

L'enfant émerge peu à peu de la relation fusionnelle qui l'unit à sa mère pour établir avec elle une relation objectale où chacun devient un individu à part entière. Les frustrations dues au sevrage, à l'éducation sphinctérienne constituent l'essentiel des conflits se nouant à cette époque. L'enfant découvre sa personne, l'autre, le monde, et son indépendance naissante éclate dans la phase négative d'opposition (3 ans). Les émotions se différencient à partir de son corps : elles lui permettent très tôt d'entrer en relation avec les autres, les pairs notamment. La première relation à la mère constitue le prototype et la base de toutes les relations sociales à venir.

LE DÉVELOPPEMENT MOTEUR

Le jeune enfant est avant tout un être « moteur»...

Quand il manipule ses jouets, son biberon mais aussi ses propres doigts et orteils, le jeune enfant apprend à découvrir le monde.

Ses premières tentatives de parler sont accompagnées de gestes divers. Quand il dit «au revoir», il ouvre et ferme la main, quand il dit «debout», il tend ses bras pour être soulevé par l'adulte. Il parle non seulement avec ses mains mais aussi à l'aide de tout son corps. Plus tard, les gestes moteurs disparaîtront progressivement de son expression verbale.

Au cours des premiers mois de la vie, l'enfant ne différencie pas complètement sa propre personne de son entourage. Il doit apprendre ce qui est son corps et ce qui ne l'est pas. Quand il fait continuellement tomber ses jouets de son petit lit, quand il éclabousse à loisir la salle de bain pendant sa toilette, quand il lance du sable sur son voisin dans le bac à sable ..., il découvre comment son corps peut agir sur d'autres objets faisant partie de son environnement.

La croissance physique et le développement de la coordination motrice dominent la vie du jeune enfant. C'est par le mouvement qu'il traduit sa vie psychique toute entière (du moins jusqu'à l'âge de la parole).

Les stades psychomoteurs

Selon le psychologue Wallon, la fonction tonique (caractérisée par la contraction musculaire) apparaît plus tôt que la fonction cinétique (caractérisée par les déplacements des membres du corps). De l'action réciproque de ces deux fonctions résultent des stades de développement psychomoteur.

Au cours du *stade impulsif*, consécutif à la naissance, des décharges d'énergie musculaire où s'entremêlent des réactions toniques et cinétiques indifférenciées telles que spasmes, cris, contorsions ... constituent des réponses aux besoins organiques que sont la faim, la soif, la sensation de gêne due au froid, aux langes humides ...

A six mois, le *stade émotif* atteint son apogée. Le mouvement se transforme en expression et en imitation, premiers moyens de communication et d'action que l'enfant utilise vis-à-vis de son entourage. Par exemple, les cris expriment à la fois des besoins et des moyens d'appel à l'aide : ils se différencient petit à petit en fonction des réponses de l'entourage.

Les mouvements de l'enfant se dirigent vers le monde extérieur et s'organisent progressivement. Pendant le *stade sensori-moteur*, mouvements et sensibilités se différencient de plus en plus. Le jeune enfant se livre, vers la fin de la première année, à de longs exercices sous forme notamment de «réactions circulaires» [1] où un mouvement fortuit ayant provoqué une sensation est exécuté de nombreuses fois pour reproduire l'effet sensoriel puis, plus tard, pour expérimenter la variation des effets (exemple : le gazouillis).

Lorsque l'enfant palpe les différentes parties de son corps, il lui arrive de faire coïncider deux séries de sensations tactiles : le mouvement de la main qui se déplace et l'espace cutané parcouru. Cette expérience permet à l'enfant de prendre progressivement conscience de son corps.

Dans le développement de la préhension (comme plus tard dans celui de la marche), les aspects toniques et cinétiques sont primordiaux : les premiers gestes sont bilatéraux et massifs (l'enfant saisit avec deux mains) puis progressivement dissociés (l'enfant saisit avec la paume, puis avec l'ensemble des doigts avant de pouvoir saisir finement avec le pouce et l'index uniquement).

Le graphique qui suit permet de se rendre compte, d'une manière précise, de l'évolution de la préhension entre 4 mois et un an environ.

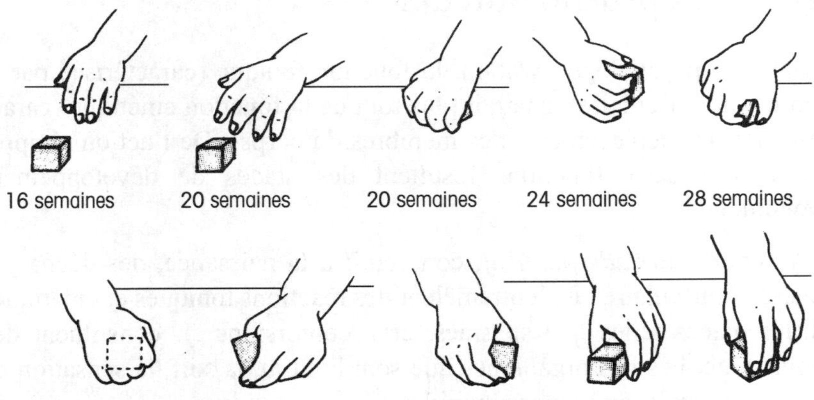

1. La réaction circulaire manifeste l'unité fonctionnelle de la personnalité : elle s'observe aux plans moteur, intellectuel, verbal (voir pp. 32 et 38).

Pendant le *stade projectif* qui débute au cours de la seconde année, le mouvement devient un instrument d'action sur le monde extérieur (l'enfant explore des objets dans leur structure et dans leurs relations spatiales avec d'autres objets) et habitue l'enfant à se représenter «mentalement» certaines de ses activités (l'enfant imite des gestes et des sons). L'activité tonique et cinétique réalise ainsi le passage du plan moteur de l'action au plan mental de la conceptualisation [2].

Le développement des aptitudes motrices

De la position dorsale à la marche, quelle prodigieuse évolution ! Le graphique qui suit est révélateur. A partir de la position couchée, l'enfant rampe, puis devient quadrupède et circule sur les genoux (9-10 mois). La station assise acquise (10-11 mois), il s'engage dans l'apprentissage de la station debout puis dans la conquête de la marche (12-18 mois).

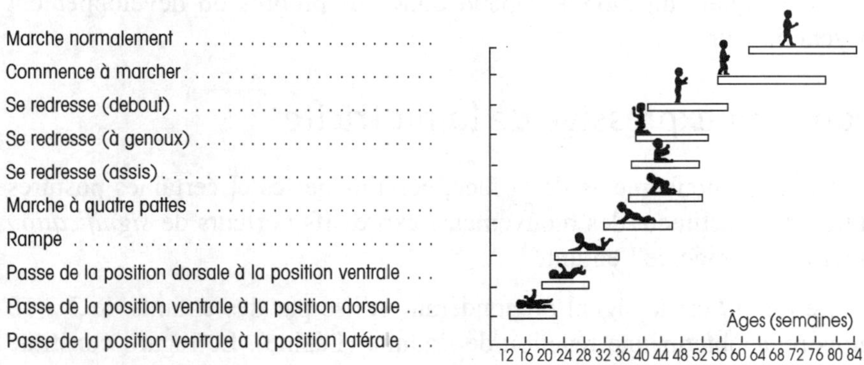

L'influence du développement moteur sur le développement psychique

Les progrès moteurs permettent de procéder aux premières expériences des choses selon trois espaces dans lesquels Stern inscrit la découverte du monde par l'enfant.

2. Le lecteur trouvera des compléments d'information dans le chapitre traitant du développement intellectuel (pp. 31-35).

L'*espace buccal* est le plus précoce parce que la bouche réalise la concordance exacte entre les sensations et les mouvements, concordance exigée, dès la naissance, par le réflexe vital de la succion.

L'*espace proche* est conquis par les positions assise et debout ainsi que par la préhension où les manipulations de l'enfant lui fournissent des occasions de repérer les positions et les résistances des objets : en tirer des effets en les agitant, les précipiter à terre, les rassembler ou les disperser. La maîtrise de la préhension constitue un affranchissement par rapport à l'adulte (exemple : manger … seul !).

L'*espace locomoteur* est constitué par la liberté d'action que l'enfant acquiert par la marche. Par ses déplacements, l'enfant expérimente les directions et les distances : c'est l'époque des «jeux moteurs» les plus divers tels que marcher à reculons, sauter, courir dans tous les sens, ouvrir et fermer, monter et descendre, culbuter …

La conquête du monde dépend donc des progrès du développement psychomoteur.

Fonction expressive de la motricité

Certains mouvements de la face, certains gestes et certaines postures du corps constituent des mouvements expressifs porteurs de *signification* pour l'entourage de l'enfant.

Le *regard* est le signal prépondérant utilisé par des enfants de 3 à 10 mois pour obtenir une réaction de l'adulte (Lézine). Le regard constitue également le principal signal du bébé pour répondre à l'adulte (il est donc normal que les mères y accordent beaucoup d'importance).

Le *sourire* de l'enfant de 3 mois exprime un signe de reconnaissance de l'adulte qui l'utilise aussi très fréquemment. Au cours des années suivantes, l'enfant en fait un instrument de pouvoir sur l'entourage; effet de provocation, le «sourire social» traduit la découverte cognitive, l'étonnement …

Les *expressions vocales* : les jeux vocaux (lallation, imitation), vocalisations sensori-motrices peuvent, en outre, remplir une fonction interpersonnelle. En effet, l'adulte qui répète ces productions sonores amorce une «conversation» avec le bébé dès l'âge de 8 semaines (rôle fondamental des réponses maternelles dans l'évolution du répertoire de l'enfant) [3].

3. Voir à ce sujet : le développement du langage, pp. 36-45.

Les gestes, les postures et les expressions faciales jouent un rôle important dans la *communication non verbale* (signaux émis par l'enfant, détection de ceux émis par l'adulte). Leur lisibilité est fortement influencée par le modelage effectué par le milieu humain. Il s'agit d'un conditionnement éducatif des comportements moteurs tels que les codes mimico-gestuels. Les chaînes de signaux dont l'organisation spatio-temporelle est fixe peuvent se réduire à l'enchaînement simple de trois signaux non verbalisés comme «tendre un jouet - regarder le pair choisi - attendre immobile une réponse de sa part» (ces chaînes sont très riches et variées chez les enfants fréquentant la crèche).

Tableaux comparatifs du développement moteur

Guilmain propose des tableaux (Brunet-Lézine, Gesell et Bühler) qui permettent d'établir des comparaisons entre les individus et les groupes et de cerner les conditions d'un développement psychomoteur normal. Si les comparaisons révèlent des anomalies, ces tableaux deviennent l'instrument d'un travail de dépistage et d'orientation des enfants vers les services de rééducation ou de traitement appropriés (voir annexe n° 2, pp. 195-201).

Les débuts de l'expression graphique [4]

A l'origine, le dessin est une simple conséquence d'un geste spontané qui laisse une trace, tel cet enfant formant des sillons dans sa purée, tel cet enfant se barbouillant le visage de confiture, tel cet enfant répandant sur les murs un cosmétique laissé à sa portée par l'adulte distrait.

A un an, l'enfant s'intéresse aux *gribouillis* qu'il a ainsi produits : cette activité ludique répond à la fois à son impérieux besoin de mouvements et à un réel plaisir de reproduire des traits tracés au hasard.

Avec le *griffonnage* apparaît un aspect plus «intellectuel» de l'acte graphique : le crayon (ou tout autre médiateur) prolonge la main de l'enfant qui exécute des mouvements oscillants centripètes. La constatation de l'effet produit encourage l'enfant à répéter ces mouvements. En outre l'enfant prend conscience, après coup ou en cours d'exécution, d'une analogie (très subjective) entre son tracé et un objet familier. Son griffonnage prend alors une signification.

---

4. Voir annexe 6 : quelques critères objectifs de l'analyse du dessin (p. 215).

Compte tenu du développement sensori-moteur de l'enfant, le griffonnage s'organise petit à petit. Ainsi, entre 18 et 24 mois, la suppression du mouvement réflexe qui rapproche le bras du corps permet à l'enfant de dessiner une ligne «horizontale».

Le développement de la capacité de contrôler les gestes (inhibition) assure le passage du trait continu, ample et incontrôlé aux lignes discontinues, courtes, linéaires, hachurées. Dans ce contexte évolutif, la découverte par l'enfant de l'existence d'une analogie entre les lignes ondulées qu'il trace et l'écriture de l'adulte constitue un moment important. Dès l'âge de 3-4 ans, de très nombreux enfants manifestent un intérêt indéniable pour l'écriture qui se traduit par la présence de plus en plus fréquente de «signes» d'écriture dans leurs dessins spontanés.

Kellog classe les dessins spontanés d'enfants en cinq stades, selon l'âge (voir tableau ci-dessous) :

1-2 ANS	tracés en différentes directions; diagrammes («croix»);
2 ANS	tracés circulaires;
2 1/2 ANS	griffonnages articulés en une ou plusieurs boucles; dessins en spirales et en cercles multiples;
3 ANS	ébauches graphiques avec intentions de représentations;
4 ANS	griffonnages «compréhensibles» pour … l'enfant; premiers dessins figuratifs.

LE DÉVELOPPEMENT INTELLECTUEL

Le développement intellectuel selon la théorie de Piaget

De la naissance à l'adolescence, l'intelligence de l'enfant évolue en quatre phases : le stade sensori-moteur (de 0 à 2 ans), le niveau pré-opératoire (de 2 à 7 ans), la période des opérations concrètes (de 7 à 11 ans) et le stade des opérations formelles (12 ans et au-delà).

Chaque stade est qualitativement différent des autres et résulte de l'interaction des facteurs liés à la croissance organique (maturation) et de ceux liés au milieu ambiant (la famille et l'école, par exemple). Chaque stade exprime en effet une nouvelle adaptation de l'individu à son environnement. D'après Piaget, le comportement intelligent réside dans la capacité à s'adapter. Par conséquent, tout comportement préverbal est intelligent s'il manifeste une adaptation de l'enfant à une situation nouvelle.

Les travaux de Piaget sont basés sur des observations méticuleuses et détaillées de ses propres enfants. Les résultats qu'il a ainsi obtenus ont été, pour la plupart, confirmés par d'autres recherches portant sur des nombres plus importants d'enfants.

Les caractéristiques de la période sensori-motrice (0-2 ans)

L'enfant voit, entend, touche, goûte … et réagit à ces sensations par des mouvements : regarder (un objet qui bouge dans son champ visuel), tourner la tête (vers un bruit), palper (son jouet en peluche) …

Au cours de cette période, de l'être qui répond d'une manière primaire par des réflexes l'enfant devient un être qui organise ses activités sensorimotrices en relation avec son environnement : il procède par *essais et erreurs* et résout des problèmes simples. C'est ainsi qu'il arrive à faire venir à lui un jouet se trouvant au fond de son petit lit, en secouant le berceau, en tirant sur la couverture, en attrapant la ficelle attachée au jouet … Son activité se différencie et s'oriente vers des buts.

Cette première phase de l'évolution de l'intelligence se déroule avant le développement du langage. L'enfant établit très tôt des relations entre des objets séparés. Le visage de ses parents, par exemple, change quand ils étreignent l'enfant ou s'ils sont victimes d'une quinte de toux. Ces configurations globales encore assez grossières ont été appelées «schèmes» par Piaget. La succion constitue certes le schème typique du nouveau-né. Sous l'influence de l'expérience et de l'apprentissage, ce schème se modifie, se transpose et se généralise à des situations analogues. A l'âge de 2 mois, l'enfant porte la main à la bouche et suce son pouce. Cette nouvelle habitude dérive du schème primitif de la succion.

L'enfant crée donc des schèmes qui structurent les informations reçues par les sens et produit des réponses aux stimuli environnementaux. Son comportement est *adaptatif* dans la mesure où il modifie constamment ses schèmes réactionnels : c'est en cela aussi qu'il est intelligent. Les schèmes sensori-moteurs sont les racines à partir desquelles se développeront plus tard les schèmes conceptuels.

L'évolution de l'intelligence pendant la période sensori-motrice

A la naissance, la vie mentale de l'être humain se manifeste par des *réflexes*, comportements innés, sensoriels et moteurs, qui correspondent à des tendances instinctives. Ces réflexes permettent à l'enfant de survivre et d'apprendre à s'adapter. La succion en constitue un bel exemple : activité (heureusement) spontanée, la succion se consolide et se perfectionne par la répétition de l'acte (le bébé tête de façon plus assurée), s'applique à de nouveaux éléments du milieu (sucer ses doigts ou tout autre objet présenté fortuitement) et conduit à la formation des habitudes (ici, habitude de la sucette). L'exercice-réflexe constitue donc une des bases de toute activité intelligente ultérieure.

D'être passif, récepteur, l'enfant devient un chercheur actif de stimulations. Il est facile d'observer cette évolution au moment où ses premiers cris attirent l'attention des adultes : l'enfant sourit et émet davantage de «sons» divers.

Certains de ces exercices-réflexes ayant donné des résultats inattendus sont alors répétés en vue de reproduire les effets fortuits. C'est la *réaction circulaire* déjà observée au cours du développement moteur du jeune enfant[5]. Tel ce bébé qui, un jour, heurte son hochet tout à fait par hasard (ce qui produit un bruit de grenaille), le touche à nouveau, recommence inlassablement afin de reproduire le bruit et de faire durer un comportement qui l'amuse (vers 4-5 mois).

5. Voir supra, p. 26.

De 4 à 8 mois, l'enfant commence à coordonner les informations venues des sens. En regardant un autre enfant, en l'écoutant et en essayant de le toucher, il est en train de coordonner la vision et l'agrippement. Toujours à cette époque, l'enfant établit ses premiers repères : le visage de la mère, la voix du père … Mais dès qu'ils ont disparu de son champ sensoriel, ces «objets» ont cessé d'exister pour l'enfant : il n'y a pas encore de notion de permanence de l'objet.

Vers 8-9 mois, l'enfant s'intéresse de plus en plus aux objets extérieurs et aux événements de l'entourage. Cette époque marque le début de l'*acte intentionnel*. L'enfant fait attention aux résultats de ses actions : il reproduit des comportements moteurs afin de voir les résultats qu'il peut obtenir. Il n'y a plus simple répétition, comme dans la réaction circulaire, mais coordination des mouvements entre eux en vue d'une intention posée préalablement. Lorsque l'enfant écarte un jouet en vue d'en saisir un autre, il y a adaptation à une situation nouvelle. L'enfant désire d'abord le jouet, puis dans un second temps, il essaie des moyens différents pour l'atteindre (écarter l'obstacle, amener la main de l'adulte vers le jouet …).

Vers 11-12 mois, l'enfant se livre, selon l'expression de Piaget, à une *intense expérimentation active*. Grâce à ses explorations, il devient capable d'incorporer à son répertoire de moyens connus (exemple : tirer) de nouveaux moyens (exemple : amener vers soi un objet auquel est attaché celui sur lequel on tire).

De conservatrice et reproductrice qu'elle était, l'activité de l'enfant devient de plus en plus exploratrice. C'est ce que révèle le comportement de l'enfant qui fait inlassablement tomber le même jouet, modifie chaque fois les conditions de sa chute afin d'observer les résultats produits.

La recherche de moyens nouveaux suppose une analyse différentielle des schèmes connus (innés et/ou acquis antérieurement). Ayant observé une relation entre les mouvements de la nappe et ceux des objets qui y sont déposés, l'enfant en arrive peu à peu à tirer sur elle pour atteindre les objets convoités. Ce «tâtonnement expérimental» contribue donc à familiariser l'enfant avec l'usage d'instruments - récipient, support, ficelle, bâton, râteau … - qui augmentent l'efficience de son activité.

A partir de l'âge de 16 mois, on voit apparaître les *solutions soudaines* (insight) non précédées de tâtonnements. C'est que l'enfant commence à combiner mentalement des schèmes : évoquer, se représenter des mouvements sans les exécuter effectivement, inventer des moyens par une réflexion-intuition et non plus par le seul tâtonnement, anticiper les résultats d'un geste …

Piaget rapporte cette expérience : il avait placé un bouton dans une boîte d'allumettes qu'il donna à l'enfant. Celui-ci voulut l'ouvrir tout de suite. N'y parvenant pas complètement, il s'arrêta, ouvrit et ferma sa propre bouche. Puis il agrandit l'ouverture de la boîte !

La notion de permanence de l'objet est maintenant bien développée. L'enfant peut suivre et comprendre des déplacements visibles ou non d'objets. Il peut en outre se mettre à la recherche d'objets qu'il n'a pas présentement sous les yeux.

Les principales acquisitions de la période sensori-motrice

La capacité de coordonner et d'intégrer les informations venant des cinq sens, de comprendre que ces informations se rapportent à un même objet plutôt qu'à un autre constitue une première acquisition de l'intelligence enfantine. Au début, en effet, l'enfant n'associe pas la musique qu'il entend à l'appareil qui la diffuse. Pour lui, ce sont deux aspects complètement différents de son environnement. Il doit donc apprendre qu'il peut à la fois entendre et toucher le même objet.

Une deuxième acquisition réside dans la capacité à reconnaître que le monde extérieur est un lieu permanent dans lequel l'existence ne dépend pas de la perception que l'enfant peut en avoir. C'est le schème de la *permanence de l'objet* qui est à l'origine des développements ultérieurs de l'intelligence : savoir que l'objet existe même si on ne le voit plus influence le raisonnement de l'enfant. Cette notion apparaît vers 9 mois, se développe et se consolide tout au long de la période sensori-motrice. On peut facilement l'observer quand l'enfant cherche à saisir un objet qui a été caché : il suffit de placer une feuille de papier (écran) entre l'enfant et son jouet. La permanence de l'objet, résultat de l'association des schèmes créés par les expériences antérieures, constitue la première réalité fixe, non modifiable, un *invariant* que l'enfant perçoit et comprend.

L'invariance est basée sur la compréhension de concepts tels que l'espace et la causabilité par exemple.

Pour le bébé, il y a autant d'espaces non coordonnés entre eux que de domaines sensoriels. Pour explorer le monde ambiant, il associe la vision et la préhension. Vers un an environ, il commence à pratiquer la notion d'espace lorsqu'il recherche, par exemple, un jouet en fonction de ses positions successives (un objet peut bouger, puis revenir au même endroit et enfin y rester). A 18 mois, l'enfant peut anticiper et devient capable de se représenter la place de l'objet dans l'espace.

La causabilité suit la représentation spatiale des objets. L'enfant comprend qu'il existe une possibilité d'action d'un objet sur un autre quand, à l'aide d'un bâton par exemple, il peut toucher une balle et la faire remuer.

La capacité d'adopter un comportement dirigé vers un but constitue une troisième acquisition fondamentale de la période sensori-motrice. Quand l'enfant désire quelque chose, il réalise plusieurs actions et imagine de nouveaux comportements. Mais comme ses actions sont très concrètes, ses possibilités d'anticipation sont encore fort limitées.

Schéma récapitulant l'évolution de l'intelligence pendant la période sensori-motrice

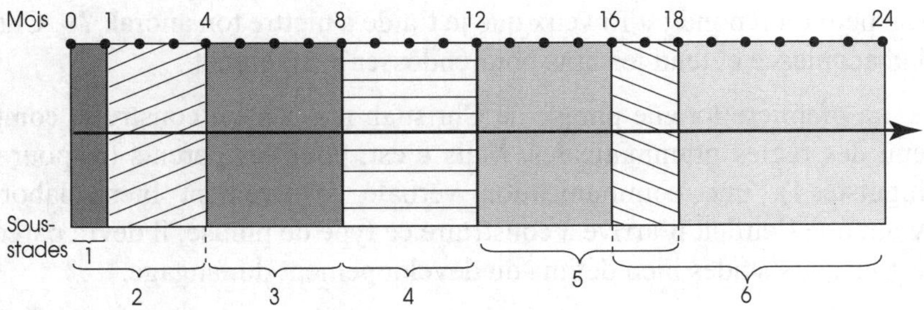

1. Comportements-réflexes.
2. Premiers comportements adaptés.
3. Premières coordinations sensori-motrices (réaction circulaire).
4. Premiers actes intentionnels.
5. Explorations et tâtonnements (recherche de moyens nouveaux).
6. Solutions «soudaines» (combinaisons mentales de schèmes).

Résumant l'évolution de l'intelligence (pendant la période allant de la naissance à deux ans) qui s'élève du plan moteur et gestuel au plan de la représentation mentale, Hubert précise : «La connaissance, c'est d'abord le geste qui réussit, puis le geste reproduit intentionnellement, puis le geste qui s'ébauche ou qui s'imagine».

La transition entre le moteur et le représentatif apparaît notamment dans les comportements imitatifs (exemple : faire semblant), les gestes symboliques (exemple : «faire» au revoir de la main) et la technique du langage parlé qui permet d'évoquer des situations par les seules expressions verbales.

L'émancipation de la pensée par rapport à l'action, son développement à partir du monde réel s'amorceront au cours de la période suivante (de 3 à 6 ans).

L'ACQUISITION DU LANGAGE

A 3 mois, Christian rit d'une manière bruyante. A 4 mois, il «roucoule» quand quelqu'un lui parle ou quand il se réveille le matin.

A 11 mois, il dit «papa» et à 12 «mama». A 13 mois, il introduit ses propres «mots» dans le langage : «eu-da» que ses parents interprètent «je veux cela». A 17 mois, il dit «co» pour «encore», «wa» pour «froid», etc.

A 22 mois, il connaît le rythme des mots dans certaines phrases souvent entendues et aime les répéter quand quelqu'un lui donne la réplique.

Christian prend son anorak en main et dit à son papa : «Pa-sur-na». Son père lui répond : «Tu veux que je t'aide à mettre ton anorak ?». Christian acquiesce et tend les bras pour endosser le vêtement.

La première longue phrase de Christian n'a pas été construite compte tenu des règles grammaticales. Mais c'est, pour ses parents (et pour les linguistes !), une communication verbale relativement bien élaborée. Avant que l'enfant n'arrive à construire ce type de phrase, il devra parcourir plusieurs stades bien définis du développement du langage.

La compréhension du langage

Les enfants «comprennent» le langage verbal avant de pouvoir s'en servir eux-mêmes.

Il est d'ailleurs assez facile d'établir quelques points de repère dans l'évolution de la compréhension.

A la naissance, les enfants réagissent aux stimulations de leur entourage. Agés de quelques minutes à peine, ils peuvent déterminer d'où viennent les sons. Les nouveau-nés sont aussi capables de percevoir la différence entre des sons variant selon leur fréquence, leur intensité, leur durée et leur rythme.

Aux alentours de 2 semaines, les enfants commencent à reconnaître la différence entre les voix humaines et d'autres sons. Par rapport à des sons tels que sifflements et cliquetis, la voix humaine est plus efficace pour produire des sourires, des «roucoulements» et pour calmer les cris du bébé.

A la fin du 2e mois, les bébés commencent à être attentifs aux aspects émotionnels des paroles qu'ils entendent prononcer autour d'eux. Ils ont tendance à sourire à l'écoute de voix familières et à s'agiter sous l'influence de voix agressives. Ils peuvent aussi faire la différence entre voix familière et voix étrangère, voix féminine et voix masculine.

A environ 5 ou 6 mois, les bébés apprennent à établir des discriminations entre plusieurs sortes d'informations linguistiques. Ils enregistrent intonations et rythmes et essaient de «répondre» dans un langage pour le moins «étrange» mais qui adopte les mêmes intonations et rythmes.

Ce qui est accessible à l'enfant appartient toujours à la situation présente, concrète et immédiate. Il décolle légèrement du présent dès qu'il établit des relations et des prévisions telles que «mam prépare mon bain = promenade en vue», etc.

Entre 6 et 12 mois, ce que l'enfant comprend est souvent le résultat d'un conditionnement qui se développe ainsi :

1) signal verbal des parents («dis bonjour»);
2) réponse gestuelle et «verbale» de l'enfant (geste adéquat + un son);
3) contentement des parents devant l'acte réussi (qui contribue à *renforcer* la liaison entre geste et parole du comportement «dis bonjour»).

Au début, gestes-mimiques-sons-phrases-circonstances constituent un ensemble auquel l'enfant réagit. Vers 9-10 mois, le signal linguistique suffit : le conditionnement verbal est installé !

Vers la fin de la première année, les enfants deviennent capables de distinguer dans le langage des phénomènes ou sons individuels. Ils commencent à faire la différence entre des phonèmes semblables variant seulement au niveau de leur consonne initiale (exemples : «do» = dos et «po» = pot).

L'acquisiton du langage

Le stade prélinguistique

Avant que l'enfant ne prononce ses premiers mots réels, il émet une série de cris et de sons qu'il est intéressant de répertorier et d'analyser.

C'est en criant que l'enfant fait son entrée dans le monde ! En effet, les premiers cris sont une réaction-réflexe engendrée par les inspirations d'air ambiant. Le réflexe respiratoire de la naissance est donc associé à un état de malaise (naissance «traditionnelle», voir pp. 14-15).

Après le 1er mois, les cris se différencient en fonction de leurs causes. Les parents proches de leur enfant peuvent ainsi savoir si les cris signifient faim, sommeil, souffrance, colique, irritations cutanées (produites par l'acidité des urines et des selles), angoisse … D'indifférencié qu'il était à la naissance, le cri devient un moyen de communication plus précis (bien qu'il ne soit pas conscient de la part du bébé).

A environ 6 semaines, l'enfant produit une variété de sons appelés *roucoulement* (gargouillements, cris aigus, bêlements …), véritable expression orale de besoins et d'émotions. Il en est ainsi du «cri» de colère ou de déception du bébé que l'on remet dans son berceau après avoir joué avec lui, du «rire» quand il se trouve à nouveau dans les bras de l'adulte qui a fini par … céder.

Cette gymnastique vocale donne lieu, à 3-4 mois, à des émissions vocales nombreuses et variées, qualifiées de *gazouillis*, de *babillage*. Gesell qui parle de «stade oiseau» a ainsi relevé 75 espèces de sons. L'enfant se montre très loquace : il «parle» dans son berceau, dans sa chaise, quand il est content, quand il est seul …

Vers le second semestre, l'enfant devient de plus en plus attentif aux sons qu'il entend autour de lui. Certains de ces sons le calment à telle enseigne qu'il babille d'énervement quand ils s'arrêtent. Il lui arrive alors de répéter inlassablement certains de ces sons repérés fortuitement : «ma-ma-ma-ma …», «bi-bi-bi-bi …», etc. Cette *lallation* (Decroly) est à comparer à la réaction circulaire [6]. Elle tend à traduire des états affectifs mais le sens de ces monologues varie d'un enfant à l'autre.

Entre 7 et 10 mois, on assiste au passage d'un comportement de requête à une modalité d'échange et de réciprocité dans les interactions entre l'enfant et son entourage (Bruner). L'enfant devient moins exigeant dans ses demandes en assistance pour s'adonner à divers jeux et routines avec l'adulte (recevoir et donner un jouet en retour, «au revoir» répété au moment de la mise au lit …). Aux rôles de mené-agi et de meneur-agent se superposent ceux de *récepteur* et de *locuteur*, échanges vocaux qui s'organisent selon le double principe de succession et de réciprocité.

A 9-10 mois, l'enfant semble imiter consciemment les sons produits par les autres même s'il ne les comprend pas. Les conversations des parents favorisent donc la fréquence des imitations vocales des enfants. Dans ce contexte évolutif, l'*écholalie* représente une sorte de dialogue

6. A propos de la réaction circulaire, voir les notes qui précèdent sur le développement moteur et sur le développement intellectuel (pp. 26 et 32).

entre l'enfant et l'adulte, première communication verbale spécifiquement intentionnelle.

Du cri indifférencié à l'écholalie en passant par le roucoulement, le babillage et la lallation, l'enfant acquiert un répertoire de sons de base. Une fois qu'il sait comment reproduire ces sons et comment les comprendre, il est prêt pour apprendre le langage de sa culture. Cette évolution n'exclut pas la persistance, au cours de la 2e année, d'un jargon *expressif* (Gesell) propre à l'enfant, constitué d'un amalgame de sons, véritable baragouin incompréhensible (et forcément non communicatif). Il s'agit là d'un jeu vocal typique de la période sensori-motrice.

A côté de la base sensori-motrice (cris, sons ...) et de l'élément intellectuel (les sons habituels deviennent progressivement représentations d'objets, d'actes ...) intervient la composante socio-affective de l'acquisition du langage (contacts et échanges affectifs qu'implique la communication verbale entre l'enfant et les adultes).

Le stade linguistique proprement dit

Aux environs de 1 an, l'enfant indique un biscuit, un jouet, un objet et dit : «da» (par exemple). Ses parents croient comprendre : «Donne-moi ça» ou «Je veux ça». L'enfant montre la porte et dit : «pa-ti». Dans le contexte d'une situation, cela signifie soit «Je veux aller dehors», soit «Maman va partir» ...

Parmi ces premiers mots qui apparaissent entre 9 et 18 mois en fonction des sollicitations plus ou moins nombreuses du milieu «linguistique» dans lequel vit l'enfant, on relève des noms de personnes : «pa», «mam»; des noms d'objets ou de jouets «bâ», «titi»; des verbes : «pati», «miam»; des interjections : «hé !», «hue !»; des onomatopées : «wouwouw» ...

Le *répertoire verbal* d'un enfant de 10-11 mois peut prendre les expressions, les significations et les fonctions suivantes :

- «mia» = donne-moi ça (fonction instrumentale);
- «da» = fais ça à nouveau (fonction régulatrice);
- «in» = content de te voir (fonction interactionnelle);
- «ah» = c'est beau (fonction personnelle).

Ces mots isolés ne correspondent pas à des concepts précis : ils ont un contenu plus riche et expriment des pensées complètes même si les auditeurs ne sont pas toujours capables de deviner leur signification. Pour l'enfant, ils ont la valeur d'une phrase.

La signification de ces *mots-phrases* varie avec la situation et l'affectivité de l'enfant (phénomène de polysémie). Ainsi «papo» peut à la fois vouloir dire : «Mets ton chapeau pour aller promener», «Ote ton chapeau et viens près de moi», «Donne mon chapeau», «Il est beau, mon chapeau» …

Ce stade des *holophrases* montre l'importance de la fonction symbolique de représentation mentale dans l'apparition du langage. Le passage de la dénomination en situation directe et réelle (l'enfant nomme ce qu'il a sous les yeux) à l'énoncé in absentia (l'enfant dit «nounou dédé» alors qu'il cherche son ours en peluche) implique la mémorisation des signes dans leur globalité et une certaine mobilité qui permet l'*évocation* des mots mémorisés.

Au mot-phrase succède, à partir de 18 mois environ, la *préphrase* constituée de deux ou plusieurs mots rangés selon l'importance affective que leur donne l'enfant. Quand il a fini de manger, il s'exclame avec fierté : «Miam tout seul !»; quand il voit son père mettre son manteau, il s'écrie : «Moi, pa-ti !», etc. Il s'agit donc de pseudo-phrases où les mots sont juxtaposés plutôt que combinés selon des conventions grammaticales. L'enfant sélectionne dans le langage entendu autour de lui un petit nombre de mots. Dans ses préphrases à deux mots par exemple, il attribue une position fixe à un mot, l'autre position étant celle du mot susceptible d'être combiné avec le mot à place fixe. Ce sont les «énoncés-pivots» dont voici quelques exemples significatifs (Rondal) :

«*A'voir* maman (Au revoir maman)
A'voir mammy
A'voir papa
A'voir tonton
A'voir apin (lapin-jouet)

Apu papa (Il n'y a plus de papa, c'est-à-dire papa est parti)
Apu bonbon
Apu apin
Apu anana (banane)

Tauto *ama* (L'auto est à moi)
Bayon (ballon) *ama*
Ké (clé) *ama*
Bonbon *ama*»

(Rem. : le mot-pivot est écrit en italiques)

Mais ce langage — télégraphique car démuni d'articles, prépositions, conjonctions … qui assurent l'articulation grammaticale du discours — laisse apparaître certaines structures simples qui respectent, en gros, les trois grandes classes : des verbes (V), des noms (N) et des «modifiants» (M). 85% des phrases sont conformes aux enchaînements syntaxiques corrects chez les enfants de 2-2 1/2 ans tels que V + N + M («bois lait tasse», par exemple).

Ces structures sont soulignées par des comportements gestuels adéquats et renforcés par des intonations. Ainsi «dodo-bébé» peut exprimer une constatation, un ordre, une négation, une interrogation. Plus tard, ces moules mélodiques et intonatifs seront l'objet de modifications syntaxiques.

A la période de la préphrase, l'enfant entre dans le *premier âge questionneur* où la question du type «ça, c'est quoi ?» correspond au besoin d'extension de son vocabulaire, à un élargissement du champ expérimental mais aussi au désir de s'orienter et de s'organiser dans le monde matériel qu'il explore.

L'accès au langage se poursuit, à partir de 2 1/2-3 ans, par une perte progressive des moules élémentaires, du vocabulaire puéril et des usages locutoires (interjections, impératifs …) dépourvus de sens au profit de l'acquisition de *structures syntaxiques* de plus en plus conformes au langage de l'adulte.

Cette évolution s'observe notamment dans l'intérêt croissant que l'enfant témoigne à la parole de l'adulte, son goût pour les histoires qu'on lui raconte, la parole-jeu créatrice de situations et d'actions, la découverte du dialogue avec l'adulte indéfiniment poursuivi, dans l'utilisation pertinente des questions «où ? quand ? comment ? pourquoi ?» qui expriment son intense désir de connaître. Le «pourquoi ?» exprime à l'origine (vers 2 1/2-3 ans) une protestation de l'enfant à une contrainte (exemple : «Mange ta soupe ! - Pourquoi ?»). A 3 ans, époque du *deuxième âge questionneur*, le pourquoi signifie «à quoi cela sert-il ?». Selon Piaget et d'autres auteurs, cette question n'est pas causale mais finaliste (exemple : «La casserole, c'est pourquoi ? - C'est pour faire la soupe !»).

Dans un groupe composé d'adultes et d'enfants, l'enfant de 2 ans est davantage enclin à parler avec les adultes qu'avec ses pairs. En outre, la majeure partie de ses interventions verbales sont spontanées (et non provoquées par ce qu'on dit). Tel cet enfant qui dit «Papa, regarde : auto !» puis se tourne vers un adulte et ajoute «Moi montre à papa auto».

Les progrès ultérieurs du langage

C'est entre 2 et 3 ans que l'*enrichissement du vocabulaire* est le plus important (en moyenne, le nombre de mots passe de 100-200 à 2 ans à 1.000-1.200 à 3 ans). L'enfant entend le langage parlé par les personnes de son entourage d'une manière globale : il en résulte de nombreuses déformations («date» pour regarde; «yateau» pour rateau; «apapé» pour attrapé; «tapissure» pour tapis et tenture …). Ces déformations disparaissent tout naturellement entre 4 et 7 ans pour autant que les adultes, emportés par un sentimentalisme inutile, ne se mettent pas à «parler bébé !».

Quant aux *conventions grammaticales*, elles s'acquièrent au prix d'un effort continu non seulement dans le milieu familial mais aussi grâce à la fréquentation scolaire. Le jeune enfant de 3 ans confond personnels et possessifs, ce qui donne lieu à des phrases du type «C'est son papo de Cricri». Le *je* semble apparaître dans les phrases à forte charge affective alors que le *il* sert dans des phrases où l'enfant ne fait que constater ce qu'il fait.

Le langage, outre ses fonctions cognitive et symbolique, accompagne toute l'activité de l'enfant. C'est parfois un jeu, c'est surtout un moyen de communication sociale qui permet à l'enfant d'objectiver sa propre personne et l'univers ambiant.

De la syllabe inlassablement répétée (réaction circulaire) au mot-phrase polysémique puis à la préphrase infralogique et enfin à la phrase maniant les relations, les circonstances … on peut réellement parler de «marche au langage !»

Interprétation des acquisitions

Les acquisitions linguistiques ne peuvent être dissociées des progrès que l'enfant accomplit dans d'autres domaines (motricité, intelligence, affectivité …) ni des moyens de communication non linguistiques (gestes, mimiques, regards …).

Les différents plans structuraux du langage se manifestent à travers les acquisitions phonétiques, lexicales, sémantiques, morphologiques et syntaxiques.

L'acquisition du *système phonétique* repose sur la reproduction et la discrimination des phonèmes, mécanismes auditivo-moteurs qui expliquent le décalage temporel entre la perception et la production des sons.

Selon Jakobson, l'acquisition des phonèmes se fait par oppositions successives du plus contrasté au moins contrasté (*a* émarge comme première voyelle tandis que l'occlusive *p* et parfois la nasale *m* constituent généralement les premières consonnes : leur combinaison et la répétition des syllabes ainsi formées donnent *papa* et *maman* dont le sens se précise ensuite grâce aux réactions de l'entourage).

L'acquisition du *lexique* (vocabulaire : mots ou unités significatives) s'organise à travers un système de traits sémantiques d'unicité-extension-restriction. Ainsi le mot «nounou» désigne un objet unique (son ours en peluche) puis est utilisé pour tous les animaux vivants à mesure que l'enfant les découvre (chien, chat, poule, oiseau ...) jusqu'à ce qu'il soit exclusivement réservé, par un phénomène de différenciation (par rapport aux autres objets animés, à leur propriété ...), au seul ours en peluche.

Les combinaisons de mots (énoncés à 2 puis à 3, 4 mots et ensuite davantage) expriment une gamme limitée de relations *sémantiques* qui renvoient à l'organisation cognitive du monde de l'enfant (possession, localisation, attribution, instrumentation, relation ...) comme le montre le tableau établi par Rondal (page suivante).

Les acquisitions *morphologiques*, entre 2 et 3 ans, sont basées sur le repérage par l'enfant de certaines régularités dans les formes qu'il entend et qu'il généralise dans d'autres cas semblables, par analogie (exemple : les formes du pluriel). Certaines exclusions sont parfois abusives et aboutissent à des «erreurs» qui répondent, par exemple, à des répétitions écholaliques d'une formule figée (exemple : les liaisons fantaisistes telles que «mon petit ami - mon t ami»). Si l'adulte a tendance à s'en amuser, voire à les utiliser, ces comportements langagiers risquent de se fixer (d'autant plus, qu'à 3 ans, l'enfant s'intéresse passionnément au jeu de la langue et à certaines de ses irrégularités).

Quant aux acquisitions *syntaxiques*, la compréhension du discours de l'enfant n'est souvent possible qu'en passant par l'intermédiaire du codage que l'adulte en a fait. La pauvreté de l'équipement linguistique du jeune enfant implique qu'une partie des opérations de la communication soit réalisée par une personne familière. On ne peut parler de syntaxe qu'au moment où apparaît une *combinatoire* (de deux ou plusieurs mots) construite autour d'un mot-pivot à fréquence élevée associé à des mots ayant des occurrences moindres (voir supra, p. 40).

RELATIONS SÉMANTIQUES ET LIMITATIONS FORMELLES DANS LES PREMIERS ÉNONCÉS À PLUSIEURS MOTS DE L'ENFANT

RELATION	EXEMPLE	EXPANSION APPROXIMATIVE EN LANGAGE ADULTE[a]
Existence (signale l'existence d'une entité)	Auto ça	*C'est une* auto ça
Disparition (disparition ou non-existence d'une entité)	Parti papa	Papa *est* parti / *Il est* parti, papa
Récurrence (requête ou signalisation de la réapparition d'une entité)	Encore tartine	Encore *une* tartine
Attribution d'une qualité à une entité	Café chaud	*C'est* chaud *le* café *Il* est chaud *le* café
Possession (signale une relation de possession)	Auto bébé	*L'*auto *du* bébé
Localisation (indique une relation de localisation dans l'espace)	Maman bas	Maman *est* en bas
Instrumentation (exprime la fonction d'instrument que sert une entité)	Nettoyer brosse	*On* nettoie *avec la* brosse
Agent action (exprime la relation qui lie l'agent et l'action qu'il accomplit)	Papa travaille	Papa travaille
Action-objet	Coupe viande	*Maman* coupe *la* viande
Agent-action-objet	Bébé mange tartine	*Bébé mange une* tartine
Agent-action-localisation	Papa travaille bureau	Papa travaille *au* bureau / *dans le* bureau

a. Les éléments manquant dans le langage de l'enfant sont en italiques.

SCHÉMA RÉCAPITULANT L'ÉVOLUTION DU LANGAGE

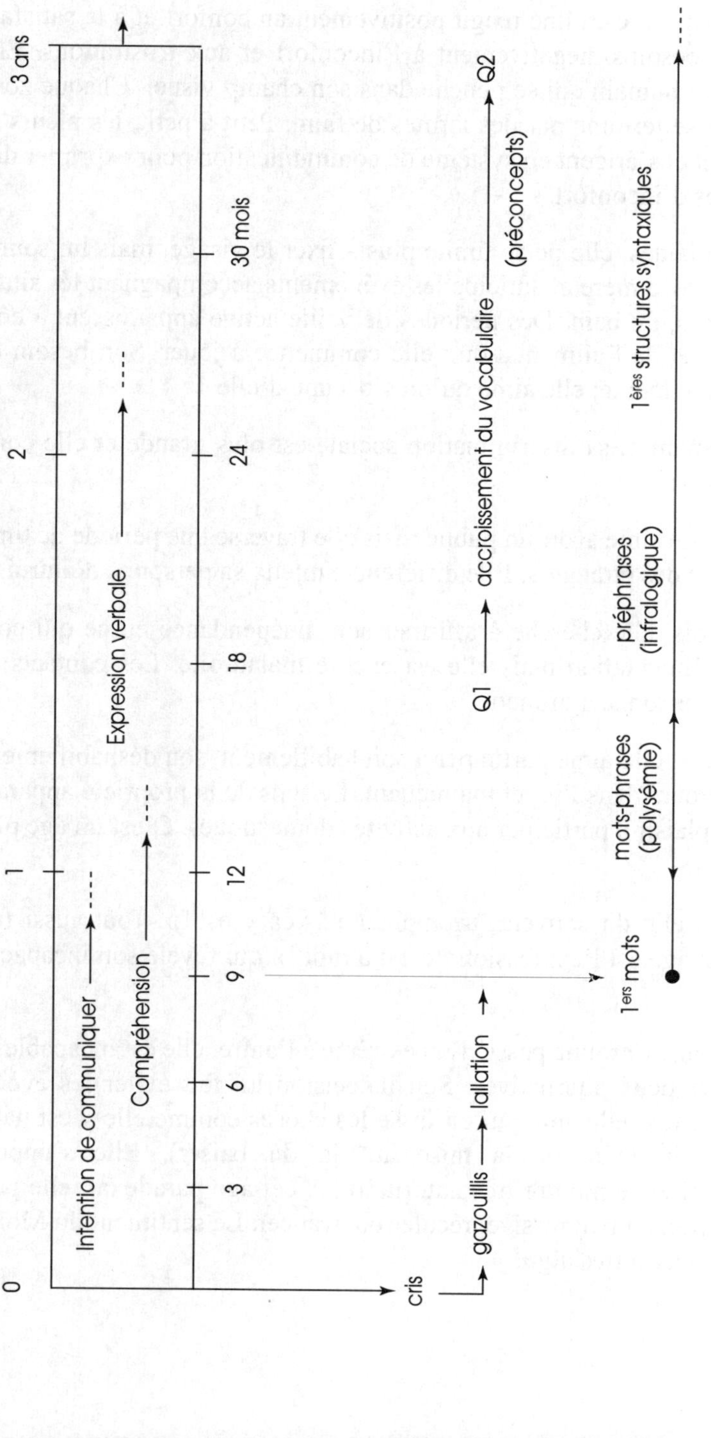

Rem : Q1 = 1er âge questionneur («Ça, c'est quoi ?»)
Q2 = 2e âge questionneur («Pourquoi ça ?») (finaliste)

LE DÉVELOPPEMENT AFFECTIF

A 4 semaines, Caroline réagit positivement au confort et à la satisfaction de ses besoins, négativement à l'inconfort et aux frustrations. Elle fixe le visage humain qui se penche dans son champ visuel. Chaque zone de sommeil se termine par des larmes de faim. Petit à petit, les pleurs se différencient et s'érigent en système de communication pour exprimer différents types d'inconfort.

A 16 semaines, elle ne se limite plus à fixer le visage, mais lui sourit. Elle reconnaît sa mère et anticipe les événements accompagnant les situations de repas, du bain. Des périodes de veille active apparaissent à côté du sommeil et de l'alimentation : elle commence à jouer. Son besoin de sociabilité augmente; elle aime qu'on s'occupe d'elle.

A 40 semaines, sa discrimination sociale est plus grande et elle commence à imiter.

A 1 an, elle aime avoir un public mais elle traverse une période de timidité vis-à-vis des étrangers. Elle différencie mieux sa personne d'autrui.

A 15 mois, elle cherche à affirmer son indépendance en ce qui concerne son alimentation mais elle est encore maladroite. Les contacts de personne à personne s'affinent.

A 18 mois, elle aime participer à son habillement, son déshabillement. Elle vit toujours dans l'ici et maintenant. Le sens de la propriété apparaît. Elle prend plaisir à participer aux activités domestiques. C'est un âge plutôt turbulent.

A 2 ans, elle dit souvent, triomphante : «ça y est !». Tout aussi fréquente à cet âge est l'expression «c'est à moi !» qui révèle son incapacité à partager.

A 2 1/2 ans, Caroline passe d'un extrême à l'autre, elle est incapable de choisir entre deux alternatives. Son indécision lui fait éviter les événements nouveaux, elle aime qu'on fasse les choses comme elle y est habituée (rites du bain, de la mise au lit, du baiser). Elle s'oppose fréquemment et se montre très autoritaire. A cet âge paradoxal, elle peut se révéler timide ou agressive, reculer ou avancer. Le sentiment du Moi et de ses besoins est très aigu.

Affectivité et physiologie

Pour Wallon, l'origine de la vie affective de l'individu est physiologique.

Le nourrisson présente des réactions de trois types :

- d'origine intéroceptive : fonctions de nutrition … (stimulants au niveau des viscères);
- d'origine proprioceptive : sensations liées à l'équilibre, aux attitudes et aux mouvements (stimulants au niveau des tendons, articulations et muscles);
- d'origine extéroceptive (stimulants au niveau de la peau, de l'œil …).

Les sensibilités intéro- et proprioceptives déterminent les tonalités agréable et désagréable, soubassement de la vie affective; quant à la sensibilité extéroceptive, elle est tournée vers la connaissance du monde extérieur.

Les émotions trouvent leur origine dans le domaine postural. La première manifestation en est le chatouillement tonique ou émotif de 6-7 mois. Il provoque des «spasmes qui entraînent des contorsions et des soubresauts de plus en plus étendus, puis provoquent des saccades de rire forcé, et enfin des secousses de sanglots avec larmes, c'est-à-dire les façons de réagir qui répondent aux deux pôles de la vie affective, la joie et la souffrance».

Les caresses créent le plaisir, la joie naît du mouvement.

Les réactions de prestance répondent à l'éveil d'attitudes en rapport avec la présence d'autrui, comme la timidité.

Un excès de stimulations (caresses ou mouvements) provoque la colère et les incertitudes posturales la peur (les premières manifestations de peur s'apparentent aux attitudes de retrait : l'enfant fléchit la tête sous le bras en parade).

Dans la tristesse, qui apparaît en dernier, l'enfant assiste à son chagrin et l'entretient en pleurant, ses pleurs lui en font oublier le motif et il a besoin d'un public pour continuer à être triste.

L'évolution de l'émotion dépend du développement du système nerveux [7] et de l'apprentissage. Celui-ci comporte :

7. Le thalamus, partie du cerveau, participe à la vie émotionnelle et affective.

– les stimulations conditionnelles, exemple : le sentiment de sécurité éprouvé auprès d'une personne «grande et forte» peut renaître en compagnie d'individus de même stature;
– le transfert, exemple : la morsure d'un chien peut engendrer la crainte de tout animal lui ressemblant.

Pour Wallon, le «social» est aussi articulé à l'«organique» : *l'émotion est à l'origine de la sociabilité*, les émotions constituent le premier système de communication de l'enfant avec son entourage [8].

L'évolution psychosexuelle de l'enfant de moins de 3 ans

Le premier, Freud [9] a attiré l'attention sur la *sexualité infantile*. Il postule l'existence d'une énergie, la *libido*, à partir de laquelle se transforme la pulsion sexuelle. A mesure que l'enfant grandit, l'excitation sexuelle investit des *zones érogènes* différentes et elle s'adresse à des *objets* différents (la libido narcissique concerne le sujet lui-même, la libido objectale un objet extérieur au sujet).

Les stades de l'évolution psychosexuelle infantile sont :

- le stade oral (0-1 an);
- le stade anal (1-3 ans);
- le stade phallique (3-6 ans);
- la période de latence (6-12 ans);
- le stade génital (à partir de la puberté).

La zone érogène du *stade oral* ou *cannibale* (0-1 an) est la bouche et la succion du sein maternel constitue la première activité sexuelle de l'enfant. La pulsion sexuelle se développe donc avec l'alimentation, fonction vitale essentielle. Elle s'en détache rapidement et l'enfant recherche alors la succion pour elle-même en suçant son pouce par exemple (conduite auto-érotique).

A l'ingestion des aliments est associée l'incorporation par laquelle l'enfant cherche à s'approprier les qualités de l'objet - ici le sein de la

8. Stade émotif : voir le développement moteur, pp. 25-26.
9. Freud a élaboré sa théorie de l'évolution de l'enfant à partir de psychanalyses d'adultes et d'une seule psychanalyse d'enfant, encore que le traitement même ait été appliqué par le père de l'enfant (il s'agit de l'analyse du petit Hans, synthétisée pp. 104-105).

mère - en le gardant à l'intérieur de soi. L'incorporation de l'objet cédera la place ultérieurement à l'identification à l'objet lorsque l'enfant distinguera entre le moi et l'objet (exemple : la petite fille qui fait comme sa mère s'identifie à elle, elle devient comme elle).

Tant qu'il y a fusion entre l'enfant et sa mère, l'enfant vit selon le principe de plaisir. Les frustrations (dont le sevrage) vont permettre la différenciation et le développement du principe de réalité : on est deux, pas un et il est impossible d'avoir tout, tout de suite, tout le temps.

On retrouve les pulsions orales chez l'enfant plus âgé, chez l'adulte : le gourmand, le gourmet, celui qui aime embrasser …

Erikson rattache au stade oral les attitudes sociales suivantes : recevoir et accepter ce qui est donné (stade oral passif), prendre (stade oral actif).

L'acquisition du contrôle sphinctérien spécifie le *stade sadique-anal* (1-3 ans) : l'expulsion des matières fécales, puis leur rétention, stimulent la muqueuse intestinale érogène. Par la rétention des fèces, l'enfant satisfait sa pulsion de maîtrise. Parallèlement à celle-ci se développent la tendance à la cruauté, le sadisme et le masochisme. L'ambivalence (présence simultanée d'amour et de haine) apparaît également : l'enfant satisfera-t-il sa mère ou non ? lui fera-t-il cadeau de ses matières ou pas ?

L'éducation sphinctérienne va parfois mettre face à face la mère et l'enfant. Exemple de l'enfant constipé au point qu'il doit subir des lavements : c'est bien d'une épreuve de force qu'il s'agit là !

Comment évoluent les pulsions anales ?

- Sublimation (dans des comportements socialement admis voire valorisés) : les jeux de modelage et de badigeonnage avec les fèces se réalisent avec de la boue humide, puis du sable …; l'enfant collectionne, il amasse, il accumule, il épargne (argent = excréments).
- Formation réactionnelle (transformation en contraire) : crainte morbide de la souillure (se laver les mains 36 fois sur la journée); prédilection pour les parfums.
- Fixation : les pulsions continuent à s'exprimer comme durant le stade anal, les comportements observés sont donc ceux d'un enfant de 1 à 3 ans.
- Régression : en cas de difficulté, l'enfant retourne à des comportements qu'il avait dépassés (exemple : la naissance d'un petit frère ou d'une petite sœur peut anéantir momentanément les résultats de l'éducation sphinctérienne).

- Refoulement : la pulsion est «oubliée» dans l'inconscient, elle réapparaît par exemple dans les rêves, les lapsus, les actes manqués.
- Traits de caractère : triade «ordonné, économe, entêté».

Erikson décrit au stade anal deux nouvelles attitudes sociales : laisser-aller (phase d'élimination) et conserver (phase de rétention). L'autonomie, la honte et le doute prennent aussi leurs racines dans cette période.

Positions paranoïde et dépressive

Klein[10] décrit le développement de l'enfant en termes de positions (paranoïde et dépressive) et non de stades : il n'y a pas de succession mais oscillation d'une position à l'autre.

De par l'allaitement et la présence maternelle, l'enfant entre en relation avec le sein de la mère, *objet partiel* (relation d'objet, relation objectale). Il incorpore ce «bon» sein parce que source de plaisir.

Dès la naissance, l'instinct de mort entre en conflit avec la libido. Cette pulsion de mort auto-destructrice crée une profonde angoisse dont l'enfant se défend en projetant une partie à l'extérieur (a) et en transformant l'autre partie en agressivité tournée vers autrui (b).

a) La projection, mécanisme de défense par lequel l'individu attribue à autrui ses propres sentiments, se fait ici sur le sein de la mère : c'est donc l'objet partiel qui cherche à détruire l'enfant et qui devient aussi «mauvais» objet ressenti comme dangereux.

b) Quant à l'agressivité, elle est dès lors dirigée contre le sein persécuteur que l'enfant désire détruire. Ce désir de «dévoration» s'étend par la suite à l'intérieur du corps de la mère.

Au sadisme oral (qui atteint son apogée pendant et après le sevrage) s'ajoutent les sadismes urétral et anal où l'enfant cherche à détruire l'objet par l'urine et les fèces. A la période prégénitale (précédant celle où la zone génitale devient zone érogène), les tendances libidinales sont donc associées aux pulsions destructrices :

---

10. Pour Klein, psychanalyste d'enfants, la partie la plus importante du développement psychique se déroule durant les trois premières années de la vie.

STADES	LIBIDO	PULSIONS DESTRUCTRICES
Stade oral de succion	Plaisir de sucer	Sucer à mort, assécher, vider
Stade oral de morsure	Plaisir de mordre	Dévorer
Stade anal 1er étape	Plaisir d'expulser	Anéantir, détruire
Stade anal 2e étape	Plaisir de retenir	Contrôler, dominer

La position paranoïde [11] se caractérise donc par :

– la relation à l'objet partiel (le sein de la mère);
– le processus de clivage (de l'objet : «bon» ou «mauvais», et du moi : j'aime ou je détruis);
– l'angoisse paranoïde (crainte de la destruction du moi par le «mauvais» objet).

Elle se termine par la suprématie de l'objet idéal (le «bon» sein) sur l'objet persécuteur (le «mauvais» sein), de la pulsion de vie sur la pulsion de mort et par l'identification à l'objet idéal. Tout ceci à condition que les bonnes expériences de l'enfant l'emportent sur les mauvaises.

La position dépressive est marquée par la relation à *l'objet total* : «Reconnaître sa mère comme objet total signifie pour nous que cela diffère aussi bien des relations d'objet partiel que des relations d'objet clivé : en d'autres termes, non seulement le nourrisson se situe par rapport au sein, aux mains et aux yeux de la mère qu'il voit comme des objets séparés de lui, mais il la reconnaît comme une personne totale, qui peut être parfois bonne, parfois méchante, tantôt présente, tantôt absente, et qui peut être aussi bien aimée que détestée. Il commence à voir que ses sensations bonnes ou mauvaises ne proviennent pas d'un bon et d'un mauvais sein ou d'une bonne et d'une mauvaise mère, mais d'une même mère, source en même temps de ce qui est bon et de ce qui est mauvais … Reconnaître sa mère comme personne totale signifie aussi la reconnaître en tant qu'individu qui mène une vie propre et a des rapports avec d'autres personnes».

L'intégration de l'objet s'accompagne de celle du moi : «le nourrisson se rend de plus en plus clairement compte que c'est la même personne - lui-même - qui aime et déteste une même personne, sa mère». La position

---

11. Du grec «paranoïa» : démence, folie; la paranoïa est une maladie mentale caractérisée par le sentiment de persécution.

dépressive voit donc l'apparition de l'ambivalence, les objets d'amour étant aussi les objets de haine.

L'angoisse paranoïde fait place à l'angoisse dépressive, crainte que les pulsions destructrices n'aient anéanti l'objet aimé : la peur pour l'objet remplace la peur de l'objet. La présence chaleureuse de sa mère signifie pour l'enfant qu'il peut «réparer», son absence lui fait craindre sa perte et le confirme dans son sentiment d'abandon.

La position dépressive se caractérise donc par :

- la relation à l'objet total (la mère);
- l'intégration du moi et de l'objet;
- l'ambivalence;
- l'angoisse dépressive.

Préoccupation maternelle primaire, phase du maintien, développement de l'indépendance et du «self»

Winnicott s'est attaché à étudier le développement du nourrisson et plus particulièrement les six premiers mois de sa vie. Au départ, il n'y a pas pour lui de nourrisson en tant que tel mais une structure mère-nourrisson dont dépend la bonne évolution de l'individu.

En fin de grossesse s'installe chez la mère un état d'hypersensibilité, la *préoccupation maternelle primaire* :

- «il se développe graduellement pour atteindre un degré de sensibilité accrue pendant la grossesse et spécialement à la fin;
- il dure encore quelques semaines après la naissance de l'enfant;
- les mères ne s'en souviennent que difficilement lorsqu'elles en sont remises, et j'irais même jusqu'à prétendre qu'elles ont tendance à en refouler le souvenir».

La mère est donc biologiquement conditionnée à son rôle qui consiste à s'adapter aux premiers besoins du petit enfant (en s'identifiant à lui) et à lui donner ainsi un «sentiment continu d'exister».

Pour pouvoir bien remplir son rôle, il faut cependant que la mère connaisse des relations d'amour, de sécurité, avec le père du bébé, avec sa famille … avec la société.

Une mère adoptive ou toute femme capable d'entrer dans cet état de «maladie normale» peut s'identifier au bébé et donc s'adapter à ses besoins.

Le terme de «maintien» (holding) signifie que l'on porte physiquement l'enfant (Winnicott rattache l'angoisse la plus primitive à l'insécurité provoquée par une certaine façon de tenir le nourrisson); il désigne aussi l'ensemble des soins maternels aux petits enfants. Les six premiers mois de la vie constituent dès lors la *phase du maintien.*

Dire que la mère maintient l'enfant indique qu'elle est le support de son moi, son soutien.

«Le maintien :

- protège contre les dangers physiologiques;
- tient compte : de la sensibilité de la peau de l'enfant (toucher, température); de la sensitivité auditive, de la sensitivité visuelle, de la sensitivité à la chute (action de la pesanteur); ainsi que du fait que l'enfant ignore l'existence de toute autre chose que le 'self' [12];
- il comprend toute la routine des soins de jour et de nuit, soins différents suivant l'enfant, puisqu'ils font partie de lui et qu'il n'y a pas deux enfants semblables;
- il s'adapte aussi jour après jour aux changements dus à la croissance et au développement, changements à la fois physiques et psychologiques».

Trois processus essentiels se déroulent durant la phase du maintien :

- l'intégration : le moi est unique et permanent;
- la personnalisation : reconnaissance d'un moi et d'un non-moi, élaboration du schéma corporel;
- la réalisation : appréciation du temps, de l'espace.

L'enfant se construit donc en tant que personne par rapport à autrui et à son environnement.

Le développement de l'enfant au cours de sa première année se réalise par rapport aux soins maternels. Ce processus de maturation compte trois étapes :

12. Le «self» = le moi.

- la double dépendance ou dépendance absolue (à la phase du maintien) : l'enfant n'en a pas conscience;
- la dépendance relative (de 6 à 12 ans) : l'enfant en est conscient. L'environnement offre une carence progressive (normale et saine tant pour la mère que pour l'enfant). L'enfant peut y faire face car il est capable de se représenter sa mère et les premiers réflexes conditionnés lui permettent d'anticiper la satisfaction de ses besoins (ainsi, des bruits dans la cuisine lui indiquent que le repas est bientôt prêt). Il devient aussi apte à signaler à son entourage quand il a besoin d'attention (les non-satisfactions amènent l'enfant à percevoir objectivement sa mère, à ne plus la croire omnipotente);
- l'indépendance : elle s'installe progressivement et les moments où l'enfant éprouve le besoin de dépendance se font de plus en plus rares à mesure qu'il grandit.

L'intégration, la personnalisation, la réalisation et l'indépendance de l'enfant s'élaborent à condition qu'une mère «suffisamment bonne» s'adapte aux besoins de l'enfant durant la phase du maintien.

Winnicott décrit l'évolution de la structure «individu-environnement» (nourrisson-mère) et du «self» de la façon suivante.

Au départ, l'individu est isolé. Puis, il découvre l'environnement (par exemple, le sein maternel). Il accepte cet envahissement ou le refuse. Dans ce dernier cas, il retourne à son isolement (l'environnement étant perçu comme dangereux pour le «self»).

La première tétée et la répétition de cette situation créent chez l'enfant l'illusion que le sein fait partie de lui.

Il remplace ensuite l'illusion par un «objet transitionnel» : pouce, morceau de couverture, poupée de chiffons (l'adulte aussi a parfois besoin d'un intermédiaire entre la réalité subjective et la réalité extérieure - Winnicott cite l'exemple de la religion - de même, l'art, la vie imaginative, la création scientifique sont des manipulations de la réalité extérieure).

Dans certains cas, l'envahissement de l'individu par son environnement provoque un clivage de la personnalité et le développement d'un faux «self» soumis aux exigences de l'environnement. Le faux «self» constitue en fait la conduite sociale (avoir une attitude sociale polie, de bonnes manières, une certaine réserve) qui peut devenir une défense chargée de dissimuler le vrai «self» (ainsi l'individu utilisant un intellect brillant et qui se sent d'autant plus «factice» qu'il réussit).

La relation objectale

Spitz étudie l'évolution de la dyade mère-enfant au cours de la première année de sa vie. L'enfant se différencie peu à peu de sa mère et la relation objectale s'établit vers la fin de la première année. Son développement comporte trois stades.

Le stade non objectal

Le nouveau-né ne différencie pas le moi du non-moi. Entre 2 et 3 mois, le nourrisson suit des yeux les mouvements d'un visage et fixe le visage de sa mère durant la tétée. Dans la situation d'allaitement, la perception de contact (toucher oral) et la perception à distance (perception visuelle) sont concomitantes; la main du bébé participe aussi à l'événement, sa peau est en contact avec celle de la mère et il est sensible aux changements de position (perception labyrinthique).

Le sourire du 3e mois (stade du précurseur de l'objet)

Entre 2 et 6 mois, l'enfant sourit à n'importe quel visage mobile présenté de face, de façon qu'il puisse voir les deux yeux.

L'enfant répond à une «Gestalt» (configuration faite du secteur front-yeux-nez et centrée autour des yeux), pas à une personne privilégiée ni même au visage d'un être humain : le sourire n'apparaît pas à la vue d'un visage de profil mais bien à celle d'un masque de carton présenté de face.

«L'apparition de la réponse par le sourire marque le début des relations sociales chez l'homme. Elle constitue le prototype et la base de toutes relations sociales ultérieures».

A 3 mois, l'enfant devient donc une entité psychologique distincte : il différencie le Je (ce qu'on sent à l'intérieur) et le non-Je (ce qu'on voit à l'extérieur).

L'angoisse du 8e mois (stade de l'objet libidinal) [13]

Après 6 mois, l'enfant ne sourit plus à n'importe quel visage; tout inconnu l'effraie. Il distingue donc bien sa mère, puis les personnes amies, des personnes étrangères.

13. Cf. Piaget : permanence de l'objet vers 9 mois (p. 34).

Le «Non» sémantique du 15e mois. De l'action à la communication

Pour Spitz, le geste «Non» trouve son origine dans le comportement de fouissement, de recherche du mamelon par le nouveau-né mis au sein. Ce réflexe, déjà présent chez le fœtus à partir de 3 mois, se compose (Gamper) :

- du réflexe d'orientation orale («tendre vers»), comportement d'exploration constituant le fouissement proprement dit;
- de la préhension du stimulus au moyen des lèvres, ou étreinte labiale, permettant l'acte consommatoire.

De 3 à 6 mois, le fouissement disparaît peu à peu; en même temps s'élabore le comportement d'évitement : «l'enfant rassasié signifie qu'il refuse de manger davantage en évitant activement le mamelon».

La signification du signe de tête «Non» naît de l'identification de l'enfant à l'objet agresseur (Anna Freud), frustrateur.

La deuxième année de la vie de l'enfant se caractérise, en effet, par une plus grande autonomie (marche, contrôle sphinctérien) et la multiplicité des interdictions : la mère dit «Non, Non», secoue la tête en signe de dénégation et menace l'enfant du doigt.

Par identification à sa mère, objet frustrant, l'enfant utilise bientôt lui-même le signe «Non» lorsqu'il est près de faire quelque chose d'interdit (stade préliminaire du développement du Surmoi) mais aussi pour exprimer l'agression. L'enfant cumule donc les fonctions d'agent d'exécution, de surveillant et de juge.

Le «Non», premier concept abstrait, devient le «slogan triomphant» de la période d'obstination anale (ou période négativiste) : même si l'enfant fait ce qu'on lui demande, au moins aura-t-il marqué son désaccord !

A 15 mois, l'enfant devient ainsi une entité sociale distincte : il différencie le soi d'autrui. A 18 mois, la conscience du soi existe : l'enfant parle de lui à la 3e personne.

Qu'en est-il de l'affirmation ? Elle trouve aussi son prototype moteur dans la situation d'allaitement :

- au stade précurseur, il s'agit des mouvements de la tête pendant la succion (comportement consommatoire);

– à 3 mois, l'enfant réagit au retrait du sein : les mouvements d'approche de la tête sont rendus possibles par la perception visuelle et la maîtrise de la musculature du cou.

Le stade du miroir

Dès 6 mois, et jusqu'à 18 mois, l'enfant esquisse des gestes vers son image dans un miroir; il y réagit aussi par une mimique «jubilatoire».

Le stade du miroir comporte, selon Lacan, trois étapes :

- l'image est pour l'enfant une réalité dont il cherche à s'emparer (il croit que «l'autre» se cache derrière le miroir);
- l'image n'est plus un objet réel;
- l'image devient image propre par identification du corps à son image (16-18 mois) : l'enfant intègre son image à son corps propre et conquiert ainsi son identité et son unité (le corps propre du stade du miroir succède à l'état antérieur de corps morcelé).

La relation au miroir est une relation «duelle» - il y a confusion du soi et de l'autre - donc aliénante : l'enfant est assujetti à son image, comme il l'est à ses semblables et au désir de sa mère.

La relation au miroir possède en effet les caractéristiques de la relation première à la mère où l'enfant se fait désir du désir de sa mère en désirant être le complément de sa mère, c'est-à-dire le phallus [14].

Le développement de l'attachement

Bowlby étudie le lien qui unit l'enfant à sa mère : il l'appelle l'attachement.

Il s'agit pour lui d'un comportement instinctif présent chez l'individu par empreinte : «phénomène (observé par Lorenz en éthologie animale [15]) par lequel, dans les premiers moments de l'existence, le jeune animal 'fixe' d'une manière irréversible l'aspect du premier objet en mouvement qu'il rencontre (en général un des parents ou un congénère) et qu'il suivra désormais (réaction de poursuite)» (Thines et Lempereur).

---

14. Voir p. 106.
15. L'éthologie étudie les «coutumes» (du grec «éthos») des animaux (guêpes, rats, singes … : Lorenz, Tinbergen, Harlow …) et des hommes (la communication non verbale, la genèse des comportements de l'enfant : Montagner, voir pp. 63-67).

L'attachement consiste en une interaction - une communication - qui vise à rapprocher la mère de l'enfant.

Elle comporte :

– des signaux pour attirer et retenir l'attention de la mère : crier, appeler, sourire, babiller et tendre les bras;
– des comportements d'approche : chercher, suivre, se cramponner, sucer.

Le développement de l'attachement comporte 4 phases :

- les signaux existent mais ne s'adressent pas à une personne en particulier (12 semaines);
- les signaux sont dirigés vers une (ou plusieurs) figure(s) discriminée(s) (6 mois);
- l'enfant reste à proximité d'une figure discriminée par la locomotion comme par les signaux (6-7 mois à 2-3 ans) : l'enfant explore son environnement à partir de sa mère et, pour se rassurer, retourne fréquemment auprès d'elle. A 8 mois, l'enfant traverse une période durant laquelle il a peur des étrangers, mais à 2-3 ans, il peut s'attacher à une figure secondaire s'il s'agit de quelqu'un de familier qu'il a connu avec sa mère, s'il est en bonne santé et n'a aucune raison de s'alarmer, s'il sait qu'il retrouvera bientôt sa mère et où elle est;
- formation d'une relation objective («a goal-corrected partnership») où la mère devient un objet indépendant, permanent dans le temps et l'espace.

La carence affective

On l'a vu dans les pages qui précèdent, jusqu'à 3 ans - et surtout durant la première année de la vie - la relation à la mère est essentielle pour le bon développement de l'enfant.

Qu'arrive-t-il en cas de séparation, si l'enfant ne peut établir de relation privilégiée avec une personne faisant fonction de mère (facteur quantitatif) ?

Spitz a observé qu'entre 6 et 8 mois, une séparation d'avec la mère de 3 mois entraîne une dépression anaclitique. Au-delà d'une durée de 5 mois, elle provoque l'hospitalisme.

Les enfants atteints de *dépression anaclitique* restent pour la plupart du temps couchés à plat ventre dans leur berceau [16]. Rigidité faciale et refus de tout contact les caractérisent aussi. Ils se cognent parfois la tête contre les barreaux de leur lit, la frappent de leurs poings et s'arrachent les cheveux par poignées.

Dans l'*hospitalisme*, le quotient de développement diminue, la locomotion, l'alimentation, l'habillement, l'apprentissage de la propreté et le langage sont également affectés et le taux de mortalité augmente.

Les enfants souffrant d'hospitalisme, âgés de 9 mois à 1 1/2 ans et ayant été nourris au sein pendant les trois premiers mois de leur vie, répondent par des «mouvements céphalogyres négatifs» à l'approche d'une personne étrangère. Il s'agit de mouvements de rotation de la tête autour de l'axe vertical de la colonne vertébrale ressemblant au geste «Non» et accompagnés de vocalisation exprimant le déplaisir : ils semblent donc signifier un refus de contact. Ils sont en fait une régression à la période pré-objectale, au comportement de fouissement du nouveau-né mis au sein et qui cherche le mamelon : l'un et l'autre constituent des techniques de réduction de tension, la faim dans le cas du fouissement, le fait d'être dérangé dans son repos dans le cas du mouvement céphalogyre négatif.

Qu'advient-il à présent en cas de carence partielle (facteur qualitatif) ? [17]

Parmi les répercussions constatées par Bowlby, retenons : une grande anxiété, un besoin excessif d'affection, de puissants désirs de vengeance (d'où, des sentiments de culpabilité et des états dépressifs) et, à long terme : instabilité du caractère, difficulté à établir des contacts affectifs …

L'allaitement artificiel constitue-t-il une carence partielle ? Les auteurs attachent en effet beaucoup d'importance au sein de la mère !

Winnicott précise que le «sein» désigne l'organe lui-même mais aussi toute la technique du maternage. Pourvu que le contact soit chaleureux et que l'ensemble des soins soit adéquat, avec le biberon, ça marche aussi …

16. En grec, «anaclitos» signifie couché.

17. Exemple : problème des mères au travail et des enfants placés en crèche.

La naissance psychologique de l'être humain

Mahler décrit le *processus de séparation-individualisation*, processus inné dont le déroulement anormal explique la psychose [18]. Evoluer de la fusion à l'identité, c'est échanger son délire de toute-puissance contre le plaisir lié à son autonomie et à son estime de soi.

La phase autistique normale

Elle prolonge la période fœtale. Durant le premier mois de la vie, la libido se déplace depuis l'intérieur du corps vers la périphérie.

La phase symbiotique normale (2 mois)

Au sein de l'unité duelle mère-enfant, la mère est le moi auxiliaire du nourrisson et son comportement de soutien (holding) est essentiel. Parallèlement à la préoccupation maternelle primaire, le nourrisson a une capacité innée de susciter le type de maternage dont il a besoin.

Différenciation et développement du schéma corporel (6 mois)

L'enfant explore son corps, celui de sa mère. Sa curiosité et son intérêt pour le neuf et le non-familier vont de pair avec son angoisse et sa méfiance devant l'étranger. C'est l'éclosion hors de la sphère symbiotique.

Essais (12 mois)

L'enfant marche et est tout à sa joie de la motilité et de la découverte. Il a besoin de contact à distance avec sa mère et revient fréquemment près d'elle pour se recharger émotionnellement.

Rapprochement (18 mois)

La filature (l'enfant suit sa mère partout) et le départ-précipité-en-flèche caractérisent cet âge; ces comportements traduisent le désir de réunion avec l'objet d'amour et la peur d'y être réenglouti.

18. Autisme : «il existe entre le sujet et l'objet humain un mur désanimé et glacé» ou symbiose : «il y a fusion, amalgame et perte de différenciation entre le self et le non-self - une perte totale des limites».

La source du plus grand plaisir est à présent l'interaction sociale avec la mère, le père et les autres enfants. L'éventail émotionnel s'étend et il y a début d'empathie.

Le Moi se structure grâce à la communication (l'enfant peut demander que son désir soit exaucé), l'identité sexuelle commence, l'enfant cherche et trouve une distance optimale entre le self et le monde objectal.

Consolidation de l'individualité et début de la permanence de l'objet émotionnel (24 mois)

L'enfant et sa mère sont devenus deux individus séparés qui entament une relation sous la forme d'un échange (donner-recevoir) mutuel.

LE DÉVELOPPEMENT SOCIAL

Comme on vient de le voir, l'enfant établit sa première relation à autrui avec sa mère. Rappelons ici le sourire du 3ᵉ mois, puis l'angoisse du 8ᵉ mois où tout inconnu effraie l'enfant.

Comment réagit-il en présence de pairs, d'enfants de son âge ? [19]

Pour s'en rendre compte, on peut utiliser, par exemple, la grille d'observation suivante, inspirée de Moreno.

GRILLE D'OBSERVATION DU COMPORTEMENT SOCIAL DU BÉBÉ EN PRÉSENCE DE PAIRS

BÉBÉ : AGE : SEXE : TEMPS D'OBSERVATION : ACTIVITÉ :	STIMULUS	RÉPONSE	TOTAUX
Bébé en a regardé un autre	(α)	(β)	
Bébé a crié avec un autre			
Bébé a souri à un autre			
Bébé a essayé d'en attraper un autre			
Bébé en a touché un autre			
Totaux			
(α) Bébé était le premier à regarder l'autre. (β) Bébé répondait au regard de l'autre.			

Isolement organique. Osmose affective

Avant 3 mois, le bien-être digestif et postural constitue le seul souci de l'enfant : il est complètement absorbé par lui-même.

A 3 mois, la coordination des mouvements de la tête et des yeux puis le développement de la préhension lui permettent d'explorer son environnement proche. S'il montre encore une sorte d'indifférence en présence de ses petits voisins, il y a pourtant *osmose* (influence réciproque) : le cri entraîne le cri, les pleurs entraînent les pleurs, le sourire entraîne le sourire.

19. Nous envisageons la relation au père et à la fraterie ultérieurement (pp. 102-104 et pp. 108-109).

Premiers comportements sociaux

A partir de 6 mois, chaque bébé fait la connaissance avec ses voisins immédiats : placés ensemble sur un tapis ou dans un parc, les enfants se recherchent, s'étreignent, s'accrochent, sans paraître d'abord s'en rendre compte.

La découverte de l'autre se développe avec la locomotion : vers 8-9 mois, les enfants commencent à s'observer, se toucher, se sourire, s'imiter, se tendre des objets et se livrer à toutes sortes de manœuvres d'approche. Le jeu à deux consiste à cet âge en manifestations affectueuses ou agressives : se caresser, s'embrasser, se mordre, se tirer les cheveux …

Vers 9 mois apparaît la jalousie : l'enfant crie, pleure … quand une grande personne s'occupe d'un autre enfant. Les premiers conflits au sujet d'objets naissent aussi bientôt.

A 18 mois, l'enfant ne pleure plus avec l'autre mais essaie de le consoler : il éprouve de la compassion, le désir d'aider et de soulager. La sympathie devient possible, l'enfant faisant la différence entre soi et autrui.

Mécanismes de la communication non verbale et profils de comportement

Montagner a isolé les *comportements sociaux non verbaux* suivants [20] :

a) Le lien et l'apaisement :
- l'offrande;
- la caresse et le baiser;
- prendre la main et prendre par le cou;
- poser la tête sur l'épaule d'un autre;
- incliner latéralement la tête et le buste;
- dandiner et balancer le haut du corps;
- tourner sur soi-même;
- tapoter (sur la tête ou le bras d'un enfant);
- fléchir plusieurs fois les jambes;
- la sollicitation.

20. Il est bien sûr possible de les utiliser pour construire une grille d'observation, valable d'ailleurs pour les enfants de plus de 3 ans.

b) La menace et l'agression :
   - menacer;
   - mordre;
   - griffer;
   - agripper, ou pincer les joues, le nez ou les bras;
   - tirer les cheveux;
   - agripper et tirer jusqu'à faire tomber;
   - pousser brusquement;
   - porter des coups non amortis avec le pied, le bras ou la main, celle-ci tenant ou non un objet.

Ces mécanismes de la communication non verbale permettent de définir des *profils de comportement* (voir tableau pp. 66-67) qui se forment à partir de l'acquisition de la marche et plus particulièrement entre 1 et 2 ans. Il s'agit des :

- dominants-agressifs;
- leaders;
- dominants au comportement fluctuant;
- dominés aux mécanismes de leaders;
- dominés-craintifs;
- dominés-agressifs;
- enfants à l'écart ou dominés peu gestuels.

Mère et père influencent le profil de comportement de l'enfant et les premières années de la vie se révèlent capitales pour son élaboration. Le développement social, comme le développement affectif, se constitue donc en grande partie entre 0 et 3 ans et à partir de la relation à la mère, aux parents.

Montagner a aussi analysé les correspondances entre le profil de comportement et la physiologie surrénalienne, l'influence des changements de rythme de vie et l'influence de l'éducateur. Ainsi, une rupture de rythme de vie peut désynchroniser les courbes d'hormones de défense (sécrétées par les glandes surrénales), la pression familiale et la pression scolaire rendent les enfants plus ou moins aptes à répondre aux agressions de leur milieu, et l'utilisation par l'éducateur de mécanismes de lien et d'apaisement ou de menace et d'agression se répercute sur le comportement de l'enfant.

Jusqu'à 3 ans, l'enfant découvre l'autre comme il découvre son propre corps et l'ensemble de son environnement : ses pairs sont des stimuli qui lui permettent d'exercer sa motricité, son intelligence, son langage et de commencer à s'affirmer en tant que personne. A ce titre, un milieu social comme la crèche peut apporter beaucoup à l'enfant. En retour, le développement de ces différents domaines va rendre possible une socialisation de plus en plus réelle et riche.

LES PROFILS DE COMPORTEMENT

PROFILS DE COMPORTEMENT	LE LIEN ET L'APAISEMENT
Dominants-agressifs	- actes de lien et d'apaisement rares, non organisés en séquences, s'interrompant brusquement, sans cause apparente
Leaders	- séquences fréquentes, complexes, appropriées à la situation vécue
Dominants au comportement fluctuant	- fluctuation entre le profil de type leader …
Dominants aux mécanismes de leaders	- comportement riche en actes d'apaisement et organisé en séquences homogènes
Dominés-craintifs	- offrandes et séquences d'apaisement ressemblant à celles des leaders
Dominés-agressifs	- offrandes peu fréquentes ou nulles - actes de lien et d'apaisement rares
Enfants à l'écart (ou dominés peu gestuels)	- comportement pauvre en actes d'apaisement - sollicitation nulle

CHEZ LES ENFANTS DE 1 À 3 ANS

LA MENACE ET L'AGRESSION	
- agressions fréquentes - alternance agressions-isolements - mélange d'actes de menace et d'agression (actes de menace perdent leur fonction d'avertissement)	- peu attractifs, peu suivis et peu imités - G (garçons) : 2 à 3 fois plus nombreux que F (filles) - ne conservent pas longtemps la même activité - n'attendent pas réponse pour … répondre - participent aux compétitions
- fréquence agressions faible - quand séquence menaçante : séquence d'actes non ambiguë et non précédée ou non accompagnée d'une agression (fonction d'avertissement maintenue) - quand agression : coups amortis	- attractifs, imités et suivis - initiateurs des activités communes les plus complexes et les plus durables - attendent réponse - adaptation à environnements extérieurs à la famille, à changements de rythme de vie - entre 2 et 3 ans : 60% de G - à 4 ans : autant de F que de G - participent aux compétitions
… et celui de type dominant agressif	- attractivité et pouvoir d'entraînement varient en fonction de fluctuation - à 3 ans : autant de G que de F
- faible développement des conduites d'agression - parfois isolement - entre 3 et 4 ans : agressions toujours peu fréquentes, actes de menace plus fréquents (en séquence homogènes)	- 30 à 40% des petites F dominées de 2 à 3 ans, 5 à 10% des G - entraînent le plus souvent des groupes de 3 ou 4 enfants - peu de réussites ou non-participation aux compétitions - à 3 ou 4 ans, les dominés qui présentent des séquences homogènes deviennent attractifs, suivis et imités
- souvent isolés - après un isolement prolongé : bouffées d'agressions très violentes, comparables à celles des dominants-agressifs - subissent le plus d'agressions	- comportements de crainte, de recul et de fuite fréquents - sollicitent beaucoup les puéricultrices - autant de F que de G
- tendance marquée à l'isolement - agressions le plus souvent inattendues, répétées et appuyées alternant avec des périodes d'isolement (pas de séquences d'actes homogènes, cf. dominants-agressifs)	- participent rarement aux compétitions - cf. dominants-agressifs : difficulté à fixer l'attention sur des activités demandant un effort soutenu - plus faible fréquence de réponse au comportement des autres que dominants-agressifs - autant de F que de G
- isolés - actes de menace rares - comme les dominés-craintifs, subissent la plupart des agressions réorientées, celles-ci provenant des dominants comme des dominés-agressifs	- de 2 à 3 ans : F, dans 70% des cas - ne participent presque jamais aux compétitions - ne répondent pas

Chapitre 3 *L'enfant de 3 à 6 ans*

Pendant la période allant approximativement de 2-3 ans à 6-7 ans, l'enfant éprouve toujours un intense besoin de mouvements qu'il maîtrise et coordonne de mieux en mieux.

Le jeu est la vocation de la deuxième enfance. L'activité ludique se distingue de l'activité fonctionnelle (exercer les sens) de la période précédente pour devenir une manifestation typique : plaisir d'être cause, épreuve de force, affirmation de soi, expression du symbolisme («comme si», «faire semblant») ...

Le développement de la fonction sémiotique (aptitude à évoquer) et du langage verbal conduit progressivement aux premières abstractions (formation des concepts).

L'imagination prend son essor : prédominance du subjectif sur l'objectif, interpé-

nétration de l'imaginaire et du réel, fabulation, goût pour la fiction ...

Le raisonnement intuitif permet à l'enfant de se représenter des perceptions et des actions mais il ne peut pas encore les coordonner par des opérations logiques.

L'égocentrisme constitue une autre marque dominante de cette période : l'enfant se considère naïvement comme le centre du monde, a tendance à tout rapporter à lui, déforme la réalité en fonction de ses besoins, est incapable de tenir compte des idées d'autrui.

Sa perception et sa pensée sont syncrétiques : ce qui apparaît à l'enfant, c'est un ensemble où tout est entassé sans distinction et non les parties ou les propriétés dont il est fait.

A la relation privilégiée avec la mère succède la relation triangulaire enfant-mère-père bien connue par le complexe d'Oedipe : l'identification au parent du même sexe et l'intériorisation des interdits parentaux en constituent des acquis importants.

A présent, l'enfant désire vivement le contact avec ses pairs mais l'égocentrisme empêche la coopération et l'agressivité caractérise souvent les premières relations sociales.

L'égocentrisme, renforcé par l'attrait éprouvé pour l'adulte, maintient aussi l'enfant de moins de six ans au stade de la morale hétéronome : l'enfant y fait siennes les obligations, les interdictions, les règles édictées par ses parents et il ne peut les réviser au contact de ses pairs.

LE DÉVELOPPEMENT MOTEUR

Les progrès de la motricité

Quand on voit ce qu'un enfant de trois ans est capable de faire, on réalise combien son développement a été rapide au cours des derniers mois aux points de vue force, vitesse et coordination des mouvements.

S'habiller prend de moins en moins de temps, sauter à la corde ou à cloche-pied est un vrai plaisir, courir — jusqu'à l'épuisement — partout et autour de tout, grimper sur tout, rouler en tricycle, attraper une balle, commencer à patiner et à nager … autant d'activités qui élargissent le champ exploratoire de l'enfant. Quelle joie aussi de pouvoir soulever et déplacer des objets qui résistaient aux efforts antérieurs !

L'enfant oriente spontanément toutes ses activités vers le jeu [1]

Certes l'enfant ne possède pas encore la maîtrise motrice de l'adulte. Néanmoins, il a déjà acquis la tonicité musculaire, des automatismes, la locomotion et la préhension, l'aptitude à imiter et à créer des mouvements.

On peut se faire une idée de l'évolution de l'*activité ludique* en se référant à la classification de Bühler.

Quand l'enfant jette les blocs dans toutes les directions plutôt que de les utiliser pour construire une tour, quand il joue «dans» le sable plutôt que de construire un château-fort, l'enfant exerce ses fonctions sensorimotrices et en retire d'intenses satisfactions. Ce sont les jeux *fonctionnels* (3-4 mois à 3-4 ans).

Quand l'enfant «joue» au facteur, à l'épicier …, il imite des actes en exécutant des mouvements ayant une signification sociale. Ce sont les jeux de *fiction* (2 à 5 ans).

Si l'enfant écoute une histoire qu'on lui raconte, s'il regarde des images dans un livre ou à la télévision, il s'agit alors de jeux de *réception* (2 à 5 ans).

1. Voir annexe 5 : la signification du jeu de l'enfant (pp. 209-214).

Dans les jeux de *construction* (3 à 7 ans), l'enfant éprouve le maximum de plaisir dans ce qu'il a construit plutôt que dans ce qu'il fait présentement. Quelle joie, en effet, que celle de l'enfant qui a réussi son puzzle, qui a terminé sa construction, qui a accompli son dessin !

A 3 ans, les enfants interrompent fréquemment leurs jeux pour diverses raisons : parler (!), changer d'activité ... Cette instabilité disparaît pratiquement à l'âge de 6 ans, époque où l'action est essentiellement stimulée par le but à atteindre.

Quelques caractéristiques du développement moteur entre 3 et 6 ans

Dans la marche, la rencontre du pied avec le sol engendre des sensations multiples (kinésiques, tactiles ...) qui influencent instantanément les postures préparant le pas suivant. Cette *automatisation progressive* requiert des ajustements constants des mouvements, de leur vitesse, de leur rythme ainsi que l'élimination des obstacles extérieurs que les actes moteurs rencontrent. Les gestes ainsi automatisés remplissent une fonction de réalisation : gestes utilitaires mais aussi gestes spécialisés tels que l'écriture, etc.

L'enfant a horreur de l'immobilité imposée, par exemple, par la station assise à table (à la maison et/ou à l'école). C'est un «bougillon» infatigable qui éprouve un *intense besoin de mouvement* tout au plaisir de se dépenser physiquement, d'agir et de vivre.

Néanmoins, l'enfant devient progressivement persévérant. La *continuité* dans l'activité s'observe quand l'enfant proteste au moment où l'adulte l'empêche de terminer son jeu sous prétexte de venir à table.

Sous l'influence de l'*inhibition croissante*, l'enfant devient capable d'exécuter des mouvements coordonnés (manipulations, préhensions, imitations ...) à telle enseigne que des psychologues désignent la période 3 à 5 ans de l'expression «âge de la grâce» en raison de l'aisance, de la liberté des mouvements et de l'harmonie de certains d'entre eux. Cette évolution s'explique également par les progrès de la motricité fine (à la force près, un enfant de 6 ans sait utiliser au mieux ses mains et ses doigts) et par la disparition progressive des syncinésies [2].

2. Exécutions symétriques de mouvements, gestes accompagnés de mouvements parasites (exemple : l'ouverture active de la bouche entraîne un mouvement d'écartement des doigts). Ces syncinésies disparaissent avant 6 ans chez 80% des enfants.

La latéralisation

On entend par «dominance latérale» l'asymétrie fonctionnelle du corps dont un côté est plus habile et utilisé de préférence à l'autre.

Il existe plusieurs formes de latéralité : latéralité mixte ou croisée (exemple : dominance de l'œil gauche accompagnée de la dominance du pied droit), latéralité innée et latéralité acquise (exemple : utilisation de la main gauche dans les gestes spontanés et de la main droite dans les gestes sociaux), etc.

C'est vers l'âge de 3-4 ans que certains aspects de la latéralisation semblent s'établir chez la plupart des enfants. Pour se rendre compte des différentes manières dont la latéralisation se concrétise, il suffit de demander aux enfants de se peigner, de se brosser les dents, de planter un clou, de tourner les pages d'un livre, de déboucher une bouteille, d'enfiler des perles … ou encore de regarder par le trou d'une serrure, de shooter dans un ballon, etc.

Une observation plus systématique de la prédominance gauche-droite peut se réaliser :

– sur soi-même : demander à l'enfant de montrer son oreille gauche puis son genou droit;
– sur autrui : demander à l'enfant de montrer la jambe gauche puis le bras droit de l'observateur placé *en face* de lui;
– sur un plan : demander à l'enfant d'indiquer les changements de direction quand il va de A à B puis de B à A.

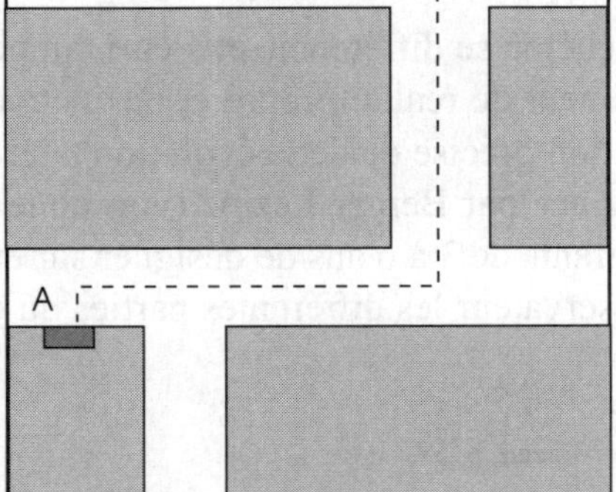

Le schéma corporel et l'image de soi

Le schéma corporel est l'image que chacun a de son corps, de ses différentes parties, de la place et des positions qu'il prend dans l'espace. Il évolue avec le développement de l'individu : à la puberté, par exemple, le corps se modifie de même que l'image que s'en fait l'adolescent.

Le schéma corporel se rapporte aux relations entre l'espace gestuel et l'espace des objets, à l'accommodation motrice de l'individu au monde extérieur (Wallon).

Le schéma corporel est lié :

- à la trame spatiale basée sur l'activité posturale (positions couchée, assise et debout);
- à l'enveloppe corporelle (objet d'explorations ludiques oro-digitales);
- à l'image du corps (intégration progressive des différentes zones qui perdent peu à peu leur caractère d'individualité et d'extériorité : tel cet enfant de 9 mois qui distingue ses mains de ses gants, ce qui n'était pas le cas avant l'âge de 6 mois);
- au rôle d'autrui dans la prise de conscience et la connaissance du corps (comportements d'imitation, d'exploration de l'adulte … cherchant à établir des comparaisons, des correspondances).

L'élaboration de ce schéma commence très tôt, entre 6 et 12 mois. L'intégration des sensations visuelles, auditives, tactiles … et des perceptions multiples propres à son corps en rapport avec les stimulations du monde extérieur permet à l'enfant de prendre progressivement conscience de son existence et de celle d'autrui. Dans ce contexte, l'expérience du *miroir* constitue une situation privilégiée [3].

Vers 3 ans, les éléments essentiels du schéma corporel sont présents : il suffit d'analyser les dessins des enfants pour s'en rendre compte.

Par la suite, le schéma se différencie et s'enrichit permettant à l'enfant de fonder son sentiment de réalité propre et distincte et celui de sa cohérence. Une observation précise de cette évolution peut être réalisée, à partir de la grille imaginée par Berger-Lézine (voir annexe n° 3, p. 203), en demandant à des enfants de 3 à 6 ans de désigner sur eux-mêmes, puis sur la personne de l'observateur les différentes parties du corps nommées par l'observateur.

3. Voir le stade du miroir-Lacan, p. 57.

L'acquisition du schéma corporel peut également être analysée par le biais de l'épreuve du « dessin du bonhomme » conçue par Goodenough qui dit à l'enfant : « Sur ce papier (ni ligné, ni quadrillé), tu vas dessiner un bonhomme. Fais le meilleur dessin que tu peux. Prends ton temps et travaille consciencieusement ». On dépouille le dessin obtenu en donnant un point pour chaque élément du dessin (voir grille de cotation, annexe n° 4, pp. 205-207). On situe le résultat global (maximum : 52 points) dans le barème suivant :

Ages	3	4	5	6	7	8	9	10	11	12	14
Points	2	6	10	14	18	22	26	30	34	38	42

Simultanément à l'élaboration du schéma corporel, c'est à partir du corps et du geste que les notions spatiales de base (dedans/dehors, en haut/en bas ...) se forment au cours de la période de 3 à 6 ans (le schéma corporel sert de repère dans l'espace).

L'expression graphique [4]

Entre 3 et 7 ans, l'enfant s'efforce de *représenter* des objets réels, des figures reconnaissables mais les résultats qu'il obtient sont très inférieurs à ses intentions.

Malgré la maturation des aptitudes perceptivo-motrices, les gestes graphiques de l'enfant sont encore souvent maladroits, son attention est mobile, ses dessins sont relativement peu structurés.

Voici quelques indices typiques des dessins d'enfants âgés de 3 à 7 ans :

- absence d'éléments importants (exemple : un bonhomme sans bras);
- détails en surnombre (exemple : multiplication des doigts de la main);
- disproportions entre certains éléments constitutifs du dessin (exemples : la main plus grande que la tête, la sonnette plus grande que la selle du vélo). Ces disproportions s'expliquent : l'enfant n'organise pas son dessin en tenant compte de la surface de la feuille (en commençant « au milieu », il n'a plus de place pour dessiner des jambes aux dimensions proportionnées; en commençant « tout en haut », il éprouve le besoin de remplir la feuille en agrandissant certains éléments d'une manière exagérée). L'importance affective que l'enfant attribue à tel ou tel élément de l'objet se traduit également par des disproportions graphiques (exemple : la

4. Voir annexe 6 : quelques critères objectifs de l'analyse du dessin (p. 215).

sonnette est certainement un élément «important» du vélo … pour l'enfant de 3 à 6-7 ans !);

- indifférence aux relations spatiales : des éléments continus sont disjoints dans le dessin (exemples : pipe en dehors de la bouche, chapeau en l'air au-dessus de la tête, pommes autour de l'arbre, bras attachés à la tête …).

Il est intéressant de faire dessiner un «bonhomme» par des enfants de 2 à 7 ans. Voici quelques repères empruntés à Davido :

- vers 3 ans : bonhomme «têtard» (rond représentant à la fois la tête et le tronc vu de face auquel sont rattachés deux bâtons, les jambes, et souvent deux autres, les bras) (ce type de graphisme persiste jusqu'à l'âge de 5 ans);
- vers 4 ans : bonhomme qui s'agrémente de détails (yeux, bouche, nombril);
- vers 5 ans : apparition du tronc sous la forme d'un deuxième rond auquel s'articulent, à un niveau variable, les bras vus de face;
- vers 6 ans : corps complet et articulé.

La planche ci-dessous, reprise à Leif, illustre les variations de la représentation du bonhomme à partir de 3 ans :

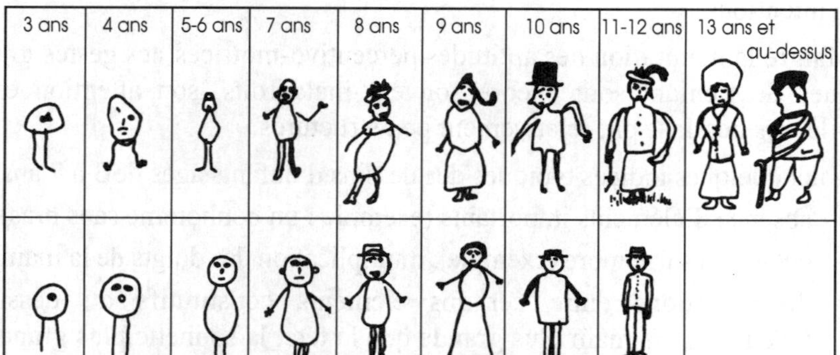

Le dessin du bonhomme apporte des informations sur l'affectivité, le caractère et certaines aptitudes graphiques de l'enfant. La présence d'organes sexuels démesurés *peut* traduire l'existence de perturbations affectives et relationnelles, l'absence des yeux (ou leur agrandissement exagéré) *peut* signifier la jalousie d'un enfant à l'égard d'un frère cadet dont «les beaux yeux émerveillent l'entourage». La tentation est grande de se livrer à des interprétations des dessins d'enfants mais la prudence s'impose si on désire ne pas tomber dans un amateurisme grotesque.

LE DÉVELOPPEMENT DE LA PERCEPTION

Si de nombreux enfants âgés de 4 ans sont capables de reconnaître sur une pochette de disque chacun des titres des mélodies qu'ils préfèrent, c'est que la pochette possède une physionomie globale signalétique.

Ce mécanisme d'identification se retrouve chez les enfants qui, bien avant l'âge de la lecture, reconnaissent, avec une facilité déconcertante (pour l'adulte !), dans leurs livres d'images, les pages qui correspondent à des histoires qu'on leur a lues (et il ne s'agit pas de «passer» un paragraphe !).

Claparède a appelé *syncrétisme* «cette première vue générale compréhensive, mais obscure et incorrecte où tout est entassé sans distinction».

Quelques caractéristiques du syncrétisme perceptif

Le globalisme

(lorsque l'enfant centre sa perception sur le tout)

On présente aux enfants des dessins constitués de deux ou plusieurs objets dont les lignes sont *enchevêtrées* et on leur demande de contourner, à l'aide de couleurs différentes, les différents objets.

UNE MAISON ET UN CAMION ENCHEVÊTRÉS

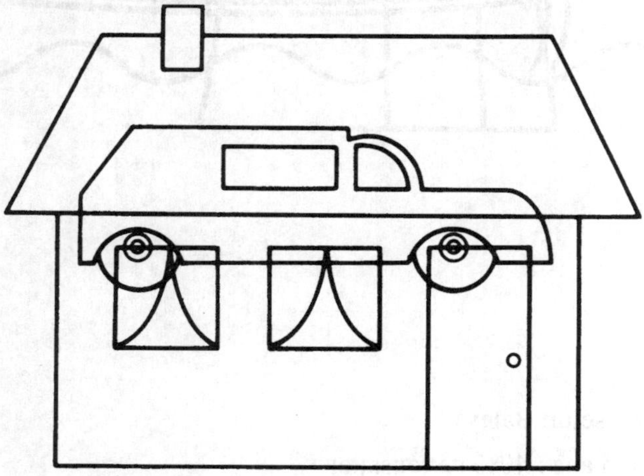

UN PHARE, UN BATEAU À VOILES ET UN POISSON ENCHEVÊTRÉS

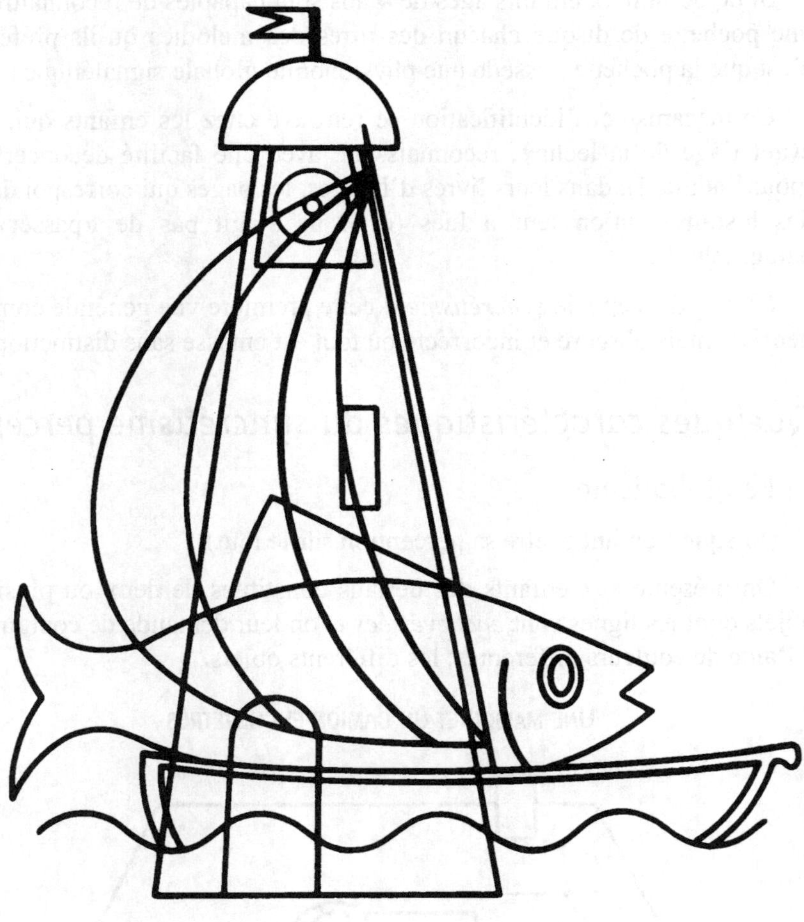

Résultats (selon Baley)

- de 4 à 5 ans : 40% de réussite;
- de 5 à 6 ans : 50% de réussite;
- de 6 à 7 ans : 75% de réussite.

On peut également présenter aux enfants des dessins d'animaux *composites* et leur demander de dénommer le croquis.

UNE TÊTE DE CHEVAL SUR UN CORPS DE CYGNE

UNE TÊTE D'ÉLÉPHANT, UNE CARAPACE DE TORTUE ET UN CORPS DE LION

Résultats (selon Seghers) :

– de 3 à 5 ans : dénomination selon le corps;
– de 5 à 7 ans : dénomination selon la tête;
– de 7 à 9 ans : perception du caractère insolite du dessin.

La juxtaposition

(lorsque l'enfant est attentif aux parties)

Si on demande aux jeunes enfants d'interpréter des images, on se rend vite compte que ceux-ci citent de nombreux détails.

Quand, d'autre part, on analyse des dessins réalisés par des enfants de 4 à 6-7 ans, on remarque que, très souvent, des détails sont simplement juxtaposés (aucun agencement; pas ou peu de relations entre les éléments).

Exemple : dessin de la maison (la maison «ne tient pas debout» mais l'enfant y a représenté toutes les tuiles, les volets, les rideaux, de nombreux pots de fleurs aux fenêtres, des escaliers très détaillés, la clenche de la porte d'entrée ...).

Il est tout aussi intéressant de lui faire dessiner un vélo !

Globalisme et *juxtaposition* sont des caractéristiques corrélatives du syncrétisme perceptif : «tous deux résultent de l'inaptitude de l'enfant aux opérations complémentaires de l'analyse et de la synthèse réglées».

LE DÉVELOPPEMENT DU LANGAGE

Paroles, gestes et contextes

La relation de l'enfant à lui-même et la communication avec les autres révèlent l'importance du langage comme activité symbolique orale souvent associée d'ailleurs à des *éléments paraverbaux* (intonations et accentuations expressives) et *non verbaux* (gestes, attitudes, mimiques, etc.). Des énoncés («ici» et «là», par exemple) sont soulignés par des gestes directionnels de monstration; objets-personnes-événements sont accompagnés voire remplacés par des gestes pantomimiques et des expressions faciales; des informations verbales sont nuancées, renforcées ou contredites par des gestes sémantiques (exemple : approuver ou nier de la tête). La nature de la communication dépend aussi de la proxémique qui concerne la distance entre les interlocuteurs présents physiquement (contact, face à face, éloignement …)

Le *contexte* de la communication contribue en outre à préciser la compréhension des énoncés comme en témoignent les phases suivantes (Rondal) :

1. Fermez cette porte (phrase impérative)
2. Pouvez-vous fermer cette porte ? (phrase interrogative)
3. Il fait glacial dans cette pièce (phrase déclarative)

Ces trois énoncés amènent l'interlocuteur à fermer la porte en référence à un contexte de pièce froide avec porte ouverte même si le sens littéral des énoncés 1 et 2 ne comporte pas cette spécification : la requête est intégrée à partir du contexte.

L'acquisition du langage : un processus long et complexe

Nous avons vu précédemment comment s'effectue la «marche au langage» de l'enfant, de la naissance à l'âge de 3-4 ans.

Jusqu'à l'âge de 12-13 ans (au moins !), l'enfant continue à développer son langage par un processus long et graduel qui occupe une partie importante de ses activités.

En effet, l'enfant doit progressivement s'approprier les données linguistiques de l'entourage familial et scolaire : abandonner les formulations simplistes pour accéder aux énoncés plus élaborés et mieux articulés. Corrections explicites ou implicites, approbations ou désapprobations, commentaires … des parents sont certes adaptés aux possibilités variant avec l'âge de l'enfant : on mesure dès lors l'importance des modèles parentaux dans la construction du langage par l'enfant. On pense notamment à la prononciation correcte des phonèmes (sons), à la différenciation des morphèmes (exemple : écol-e et écol-ier), à l'assimilation des difficiles règles grammaticales et au recours adéquat aux multiples fonctions du langage (satisfaire ses désirs, contrôler autrui, entrer en contact, s'exprimer, s'informer et informer, imaginer-créer …)

L'apprentissage du code linguistique

Une *phrase* (P) doit contenir au minimum un syntagme nominal sujet (SN) et un syntagme verbal (SV) qui, lui-même, peut contenir un ou plusieurs syntagmes nominaux compléments du verbe (V + SN) :

soit P ⟶ SN + SV

ou P ⟶ SN + (V + SN)

Le tableau qui suit (Rondal) présente un résumé de la chronologie approximative de l'émergence des différents constituants du syntagme nominal : on s'en servira utilement pour caractériser le parler de l'enfant.

Ages (mois)	Articles	Pronoms personnels	Pronoms possessifs	Prépositions et adverbes
24		*Moi*		Préposition marquant la possession et le bénéfice (*à, de, pour*)
30	Indéfini	*Je, tu, toi*		
– 36	Accord en genre avec le nom déterminé	*Il* *Elle, le, la*	Mon mien	Adverbes de lieu (*dedans, dessus, devant, derrière*)
–	Définis	*Vous, me, te*	Ton tien	Prépositions de lieu (*à, dans, sur, sous, près de, en*); *avec* (exprimant l'accompagnement)
42	Accord en nombre avec le nom déterminé	*Nous, on*	Son sien	

48 – 54 –	Les indéfinis tendent à être employés en lieu et place des définis	Autres pronoms personnels		*Avec* (exprimant l'instrumentation) Adverbes de temps (*aujourd'hui, hier, demain, maintenant, tout de suite, d'abord, tout à l'heure, etc.*)
60 – 66			*Le mien* *Le tien*	Prépositions de temps (*avant, pendant*)
– 72	Emploi correct des articles		*Le sien,* *Le nôtre,* *Le vôtre,* *Le leur*	

Le *marquage verbal du temps* est progressivement produit par l'enfant, de la 4e à la 11e année, avec les «erreurs» liées aux difficultés inhérentes à la conjugaison et à l'emploi correct des formes verbales, sans oublier la nécessité de maîtriser la tendance naturelle à régulariser les formes irrégulières («il a beaucoup souffri»).

Activités métalinguistiques

Selon Bredart et Rondal, l'évolution entre 5 et 13 ans de la structure et du fonctionnement du langage a des répercussions importantes sur les apprentissages scolaires.

La capacité d'isoler des unités *phonétiques* dans les productions orales (exemple : frapper dans les mains autant de fois qu'il y a de syllabes ou de sons dans un mot) influence positivement l'apprentissage de la lecture.

Les jugements portant sur la composante *sémantique* du langage contribuent progressivement (et ultérieurement pendant l'adolescence) à l'aptitude à communiquer des informations pertinentes (exemples : détecter les «anomalies» engendrées par l'animisme comme «la table rêvait de son prochain mariage», évaluer la synonymie de deux phrases différentes, expliquer le double sens des jeux de mots …).

L'intuition de l'enfant et sa disposition à la discrimination vont, petit à petit, l'amener à la connaissance des règles *syntaxiques* de la langue afin de faire la part des choses entre les formes incorrectes spontanées et les énoncés conformes aux règles grammaticales.

Langage et classes sociales

Plusieurs chercheurs ont mis l'accent sur un des problèmes les plus criants de notre société : les enfants des milieux défavorisés accusent des retards et des handicaps linguistiques par rapport aux enfants des classes moyennes :

- ils arrivent à l'école sans le savoir-faire nécessaire pour aborder des programmes; ils ont un retard moyen de 2 à 3 ans à la fin de l'école primaire; ils risquent plus d'abandonner les études secondaires (dès que la loi sur l'obligation scolaire ne les concerne plus);
- leur développement linguistique (oral et écrit) est déficitaire;
- leurs aptitudes de discrimination auditive et visuelle ne sont pas bien installées.

Par rapport aux enfants des classes socio-culturellement favorisées, ces enfants :

- acquièrent le langage plus tardivement;
- retiennent des prononciations erronées plus longtemps;
- connaissent moins de mots;
- font des phrases courtes et simples n'offrant que peu de détails ou de précisions sur les idées et les informations qu'elles véhiculent.

Les familles aisées emploient un code *extensif* (messages complexes, individualisés, spécifiques) centré sur la *personne* de l'enfant (considéré comme personne unique, intelligente, précoce ...). Les familles socio-économiquement modestes utilisent un code *restreint* orienté vers le *statut* de l'enfant (statut fait d'obéissance et de conformité à des rôles précis). Cet environnement produit des enfants qui se définissent par rapport à l'autorité plutôt qu'à la réflexion et qui considèrent les conséquences de leurs actes surtout sous l'angle de la punition et de la récompense immédiates plutôt que des conséquences futures et des buts à long terme.

LE DÉVELOPPEMENT INTELLECTUEL

La période pré-opératoire

A 2-3 ans, l'enfant sort de la période de l'intelligence sensori-motrice qui ne pouvait s'organiser que directement sur les objets. Il entre dans la phase pré-opératoire qui peut, selon Piaget, être subdivisée en stade pré-conceptuel (2-4 ans) et stade intuitif (4-7 ans).

La période pré-opératoire commence avec la première apparition de la *représentation symbolique* qui consiste à élaborer «en pensée» des images à partir des objets ou des mouvements du monde réel mais qui ne sont pas immédiatement présents aux sens. Elle s'achève par la *pensée intuitive* qui se caractérise par la concentration de l'enfant sur l'apparence des choses et par l'absence de raisonnement logique.

Un enfant qui, à cette époque, entend pour la première fois le bruit du tonnerre peut penser que quelqu'un a fermé bruyamment une porte dans la chambre voisine. Il assimile alors une nouvelle expérience à une structure psychologique antérieure. A un autre moment, il peut penser que le bruit était trop intense pour avoir été causé par une personne se trouvant dans la maison. Il réajuste, dans ce cas, toutes ses idées sur les bruits et leur origine en fonction de ses anciennes catégories mentales et de la nouvelle expérience.

La représentation symbolique

Au cours de la période précédente de l'intelligence sensori-motrice (0-2 ans), l'enfant ne pouvait qu'utiliser les éléments de son entourage qui lui arrivaient à travers ses cinq sens. S'il n'avait pas, à un moment donné, l'occasion de voir, entendre, sentir, goûter ou toucher un objet ou une personne, cet objet ou cette personne n'avaient aucune existence pour lui.

A la fin de ce stade, l'enfant avait néanmoins développé ses premières aptitudes symboliques (encore très primitives). Quand il entendait la voix de sa mère, par exemple, il reconnaissait ce symbole vocal (appelé «signe») et y réagissait comme si sa mère se trouvait présentement dans sa chambre. De même le biberon était devenu un symbole visuel (appelé «signal») de nourriture auquel il répondait avec la joie qu'il éprouvait à la tétée réelle.

Mais avant le stade pré-opératoire (2-7 ans), l'enfant ne pense pas encore d'une façon réellement symbolique puisqu'il réagit à des stimuli concrets et actuels. L'enfant n'atteint le stade de la représentation symbolique que lorsque, par exemple, couché dans son lit, il *pense* à la voix de sa mère sans l'avoir entendue ou il *s'imagine* la tétine sans voir le biberon. Un autre exemple est celui du garçon (3 ans) qui, ayant vu son père se raser le matin, se met brusquement à imiter les gestes de l'adulte l'après-midi à l'école au cours d'un jeu.

A la période antérieure, l'intelligence était donc liée aux objets concrets et aux événements actuels, présents. A partir du moment où elle emploie des symboles pour représenter des objets, des lieux, des personnes, des situations..., la pensée de l'enfant dépasse le «ici et maintenant» : elle peut évoquer un objet absent, un événement actuel se produisant ailleurs ...

La représentation symbolique se différencie de l'intelligence sensori-motrice

En premier lieu, la représentation symbolique est à la fois plus profonde et plus souple que l'intelligence sensori-motrice. Chez l'enfant qui aime jouer avec un bateau, la pensée lui permet non seulement de se représenter la navigation du jouet dans la baignoire, dans une flaque d'eau, dans l'étang du jardin public ... mais aussi de décider de l'endroit où il ira faire naviguer le bateau.

En deuxième lieu, la représentation symbolique n'est pas liée aux buts concrets de l'action. L'enfant peut réfléchir et réexaminer ses connaissances antérieures. Le jeune «navigateur» se rappelle ainsi que son bateau s'était abîmé dans la flaque boueuse ou qu'il dérivait dans l'étang.

En troisième lieu, la représentation symbolique permet à l'enfant d'étendre ses considérations au sujet de certaines propriétés (quantité, taille ...) au-delà de lui-même et des objets qu'il rencontre chaque jour. Le bateau possède un mât et une voile. Cela n'empêche pas notre navigateur de l'imaginer plus grand avec plusieurs mâts et quelques voiles supplémentaires.

Finalement, la représentation symbolique est codifiée, socialisée. L'enfant traduit ses pensées dans des formes qui peuvent être communiquées à d'autres individus. Le jeune navigateur jouant avec un ami peut décider qu'il est le capitaine et l'autre le matelot.

Le développement de la représentation symbolique trouve son origine dans l'*imitation*. De la période sensori-motrice à la période pré-opératoire, une porte qui se ferme peut être imitée successivement par une rotation entière du tronc, par des balancements des bras, par des gestes de la main.

Finalement, l'imitation est tout à fait intériorisée et prend la forme d'une image mentale, d'une représentation symbolique qui fournit à la pensée un champ d'application illimité par opposition aux frontières restreintes de l'action sensori-motrice.

La pensée intuitive

Plusieurs expériences de Piaget expliquent bien ce qu'est la pensée intuitive.

On présente à l'enfant une boule de plasticine et on lui demande d'en faire une autre de même grandeur. On laisse sur la table la boule confectionnée par l'enfant au titre de témoin. On transforme, sous les yeux de l'enfant, la boule en galette, puis en boudin. Quand on lui demande s'il y a encore dans les boules transformées «la même chose» (= la même quantité) de plasticine, l'enfant répond qu'il y en a moins dans la galette (parce qu'elle est plus mince que la boule) et qu'il y en a plus dans le boudin (parce qu'il est plus long). Un autre enfant peut répondre exactement le contraire en affirmant que la galette est plus grande (parce que plus large que la boule) et le boudin plus petit (parce que plus étroit).

On imagine les réponses des enfants lorsqu'on transvase une même quantité d'eau dans deux récipients de hauteur et de largeur différentes ou lorsqu'on répartit le liquide dans plusieurs récipients (voir schémas empruntés à Hurtig).

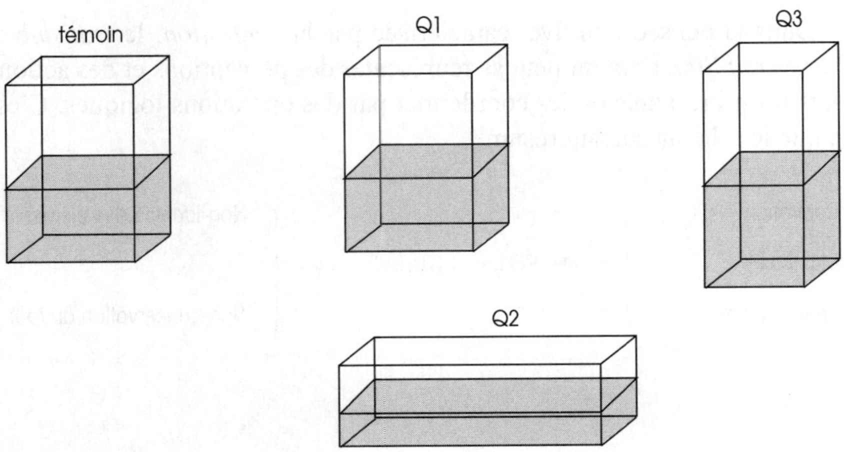

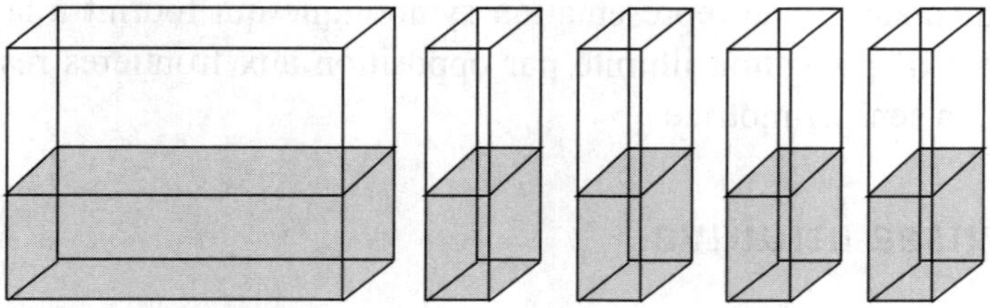

Les réactions des enfants nous apprennent :

- qu'ils concentrent leur perception sur un aspect apparent de la transformation et négligent ainsi l'importance des autres états de la matière. Ils ne peuvent logiquement résoudre le problème parce qu'ils sont incapables de considérer simultanément la grandeur et le volume : ils sont plus préoccupés par des états que par des changements;
- qu'ils ne comprennent pas la signification des états transitoires d'un phénomène : ils sont surtout attentifs au début et à la fin d'un processus;
- qu'ils ne peuvent retracer les étapes parcourues par les stades intermédiaires de la transformation. Ils ne comprennent pas l'idée que l'opération de transvasement (par exemple) est réversible. En effet, s'ils pouvaient concevoir la possibilité de retrouver l'état original de la matière, ils réaliseraient que la quantité d'eau est la même dans les deux verres.

Dans la pensée intuitive, caractérisée par la *centration*, le *statisme* et l'*irréversibilité*, l'enfant peut se représenter des perceptions et des actions mais il est incapable de les coordonner par des opérations logiques. C'est ce que le schéma suivant résume.

Centration
Statisme
Irréversibilité

→ PENSÉE INTUITIVE →

Non-identité des éléments
Non-conservation du tout

L'égocentrisme de la pensée

Une mouche vole autour de Philippe (4 ans) qui s'énerve de plus en plus. Il agite les bras pour chasser l'insecte, mais en vain. Exaspéré, il lance : «Mouche, va-t'en, retourne chez ta maman !». Philippe croit donc que d'autres créatures — comme la mouche, par exemple — ont une vie et des sentiments comme lui et qu'il peut obtenir ce qu'il désire.

A la même époque, Nathalie est incapable de se mettre à la place d'une autre personne. Le seul point de vue qui existe est le sien. Quand on lui demande d'observer un objet à trois dimensions (un de ses jouets, par exemple) et de décrire ce qui serait vu par quelqu'un placé en face d'elle, elle énonce sa propre perception. Elle ne réalise pas que quelqu'un d'autre pourrait avoir un point de vue différent du sien.

L'enfant qui appréhende progressivement le monde extérieur a tendance à considérer sa perception personnelle comme absolue : il ne sait pas que son expérience n'est que partielle et momentanée et est incapable de tenir compte des idées d'autrui.

Pierre (4 ans) voit la mer pour la première fois. Intrigué par le va-et-vient des vagues, il s'écrie : «Mais quand cela s'arrête-t-il ?» — «Jamais», répond son père. — «Même pas quand nous sommes au lit ?», demande l'enfant incrédule. Pierre ajuste donc le monde sur sa personnalité plutôt que d'adapter sa pensée à la réalité.

La pensée de l'enfant est *égocentrique* dans la mesure où elle ne peut considérer que quelque chose ait une existence propre, indépendante de la vie même de l'enfant.

Cet égocentrisme est facilement repérable dans le langage. Tel cet enfant qui, au téléphone, dit à son interlocuteur : «Tu sens la bonne soupe que maman fait !». Tel cet enfant qui, invité à compter les personnes présentes, s'omet lui-même.

Le compte rendu d'une conversation entre enfants de cet âge a de quoi surprendre l'observateur non averti. Plusieurs enfants assis autour de la même table parlent apparemment ensemble mais quand on écoute leurs conversations, on réalise qu'aucun d'entre eux n'accorde la moindre attention à ce que les autres disent. Ils parlent alternativement — ou simultanément — sans se soucier de s'adresser à autrui. Chaque enfant soliloque donc en suivant le cours de sa propre pensée. Ces «monologues collectifs» ressemblent étrangement à une pièce de théâtre absurde.

La conversation suivante le prouve à suffisance :

René : «Qu'est-ce qu'il y a à manger ce soir ?»

Anne : «C'est bientôt mon anniversaire»

René : «De la purée et des épinards»

Anne : «Je vais recevoir beaucoup de cadeaux»

René : «J'aimerais mieux un gâteau au chocolat»

Anne : «J'aurai des bonbons et une poupée»

Le syncrétisme de la pensée

Le *syncrétisme* est une manière de penser antérieure à l'analyse et à la synthèse. C'est une connaissance globale des choses où tout est entassé indistinctement : le principal et l'accessoire, le fortuit et le nécessaire.

Pour l'adulte, pluie et tonnerre sont des circonstances accidentellement réunies tandis que l'enfant les intègre dans un seul phénomène et les perçoit comme constamment et obligatoirement liés.

La pensée de l'enfant est constituée d'amas confus de notions, d'amalgames de souvenirs. En témoigne cet exemple emprunté à Wallon : «Comment est-on quand on est mort ? — On est mort, on ferme les yeux et puis après on vient arroser les fleurs ... Des fois, il y a des Messieurs qui font des trous ... Ça se voit dans un trou ...».

Dans la pensée de l'enfant de 3 à 6-7 ans, tout — ou presque — est en désordre (la succession chronologique n'est même pas respectée). Les souvenirs les plus marquants sont juxtaposés et entrecoupés par des éléments secondaires. Il y a absence de structuration selon des relations précises telles que cause, effet, moyen, but ... «Le jour, c'est pour travailler. On est fatigué. Le soleil est là. Mémé vient dire bonjour. Je joue avec ma poupée ...».

Le syncrétisme se retrouve aussi dans la *fabulation*, comportement fréquent et normal d'évasion du réel au cours de la deuxième enfance. En effet, la fabulation traduit souvent la difficulté que l'enfant éprouve à distinguer le réel de l'imaginaire. Tel cet enfant qui, ayant entendu dire par ses parents : «Le petit du dessous de chez nous est mort» raconte peu après : «Tu sais, j'ai vu un gros avion qui est passé plein de grosses pierres et il les a jetées sur le toit de la maison; il y avait des ouvriers sur le toit et ils sont tous blessés, et même ils sont morts ... Et il y avait un petit enfant et il est mort. Mais on est allé chercher le docteur Moriller : c'est le docteur qui guérit les morts. Il a une auto qui va très vite, il arrive tout de suite mais ça coûte cher, il faut au moins dix mille médicaments et il faut six mois pour guérir» (Cousinet).

La fabulation est également une sorte de compensation pour l'enfant qui ressent son infériorité par rapport à l'adulte (exemple : les enfants qui se construisent un monde à eux où ils jouent un rôle important en compagnie d'un être mythique, imaginaire). La fabulation est parfois utilisée comme moyen de transgresser les interdictions (exemple : l'enfant a prononcé un «vilain» mot et l'attribue à autrui en fabulant).

Le raisonnement

La façon dont l'enfant raisonne est souvent déconcertante pour l'adulte : l'enfant peu soucieux du réel est en effet peu sensible à ses contradictions.

Selon Wallon, le jeune enfant a une *pensée en îlots*, c'est-à-dire fragmentaire, constituée d'éléments juxtaposés. Il est dès lors incapable d'intégrer dans une même idée deux aspects d'un même objet (exemples : fromage et lait, blé et farine, soleil et jour …).

Les premières structures apparaissent sous la forme de *couples* : l'indifférence — due au syncrétisme — aux relations logiques entre les concepts limite souvent le raisonnement à deux termes. Cette structure binaire est une sorte d'unité existant entre deux mots associés par hasard comme flamme et fumée ou phonétiquement comme mur et dur, pondre et fondre.

En accédant au raisonnement par couples, l'enfant commence à sortir de la confusion totale dans laquelle son intelligence œuvrait jusqu'alors. Le couple peut être considéré comme le moule (encore informe et fragile) dans lequel viendra se couler, à l'âge scolaire, la notion de relation (cause-effet, contenant-contenu …).

Entre 3 et 6 ans, le raisonnement de l'enfant prend différentes formes.

La rétention d'événements passés joue un rôle important. L'enfant qui, chaque jour, reçoit un bain après le dîner peut penser en voyant sa mère œuvrer aux préparatifs : «Maman remplit la baignoire, c'est pour mon bain».

Considérer une préférence personnelle comme une évidence constitue une autre forme de raisonnement. Michel désire aller jouer au jardin en dépit d'une averse violente. Sa mère objecte qu'il sera trempé. Mais cette réponse ne l'impressionne guère car il croit qu'il suffit de vouloir aller dehors pour ne pas être mouillé. L'enfant ne réalise donc pas que les faits peuvent être tout à fait indépendants de ses désirs les plus forts.

La *transduction* est une véritable chaîne d'associations dans laquelle l'enfant unit les concepts sans nécessité logique, en procédant du particulier au particulier, du spécial au spécial, en percevant des analogies mais sans se soucier de les contrôler. Comme le garçon qui pensait avoir provoqué la panne d'électricité dans son quartier en heurtant un poteau électrique avec son vélo, l'enfant de 3 à 6 ans pense souvent que deux faits particuliers sont liés parce qu'ils se produisent simultanément. Si son père revient à la maison chaque jour au moment où la nuit tombe, l'enfant peut penser que l'un est la cause de l'autre. Le raisonnement transductif explique donc une relation de cause à effet entre deux événements non corrélés.

Dans notre société, le raisonnement adulte est basé sur deux processus logiques : nous appliquons des règles générales à des cas particuliers (déduction) ou nous partons de faits particuliers pour formuler des règles générales (induction).

Quelques concepts

Si nous voulons comprendre le fonctionnement de la pensée, il est nécessaire de voir comment l'enfant de 3 à 6 ans utilise des concepts de base comme le temps, l'espace, la quantité, la relation, etc.

Le concept de *temps* est une notion difficile à comprendre pour les enfants. Généralement, ils semblent différencier clairement «hier», «aujourd'hui» et «demain» mais comme ils n'ont qu'un petit passé dont ils se souviennent, ils ne possèdent guère de base pour conceptualiser les notions de passé, présent et futur.

Le concept de temps est lié à ceux de la distance et de la vitesse. Un enfant de 5 ans considère que des deux derniers trajets qu'il a effectués en bus dans le même temps et vers la même destination — mais à des allures différentes — c'est celui où l'autobus a roulé le plus vite qui a été la plus long. Au cours d'un troisième et même déplacement, le car s'arrête pour prendre du carburant : l'enfant estime que ce voyage était le plus long alors que le temps réel du trajet est resté identique.

Nous constatons que, dans l'estimation de la durée, l'enfant centre son attention sur des moments «arrêtés», ce qui l'empêche de considérer d'autres éléments comme la vitesse de l'autobus.

De nombreux enfants de cet âge sont incapables d'ajouter des intervalles successifs de temps. Si on leur dit que les durées A, B et C sont égales, ils ne peuvent déduire que A + B = B + C. A nouveau, c'est leur inaptitude à se concentrer sur deux aspects simultanés d'un problème qui limite leur compréhension de ce principe fondamental de la logique de notre civilisation.

En tant qu'adultes, nous sommes très concernés par l'orientation dans l'*espace*. En effet, nous employons une grande variété de mots pour décrire les relations spatiales : «au-dessus et en dessous», «gauche et droite», «sous et sur», «ici et là», «dans et hors» nous aident à situer les objets dans l'espace.

Les jeunes enfants doivent acquérir ces notions au prix d'expériences qui les touchent personnellement. La gauche et la droite ne deviendront des concepts qu'au moment où ils penseront élever la main droite ou tourner vers la gauche par exemple.

De nombreux aspects du temps et de l'espace sont intimement liés. Ainsi les éléments constituant le début, l'arrêt et la fin d'un phénomène sont communs à ces deux concepts. La difficulté d'appréhender la notion de temps a donc des répercussions sur la mesure de l'espace.

La perception adulte de la *quantité* repose sur deux concepts fondamentaux : la conservation et la correspondance terme à terme.

Chez les enfants de 3 à 6-7 ans, ces notions se développent lentement. Nous renvoyons le lecteur aux expériences des verres d'eau et des boules de plasticine [5]. A 4 ans, ils ne comprennent pas que la quantité d'eau reste constante malgré les variations de la forme des récipients. A 5-6 ans, l'aptitude à comprendre la conservation de la quantité commence à se développer pour s'établir vers 7 ans. Il est intéressant de noter que la conservation des différentes propriétés se développe à des âges différents. A 7 ans, Sophie comprend la conservation de la quantité; au même âge, elle n'est pas capable de comprendre la conservation du poids ou du volume.

Le *nombre* est un aspect important de la quantité. C'est ici que la notion de correspondance terme à terme intervient.

5. Voir pp. 87-88.

Après avoir aligné 8 jetons bleus, on demande à l'enfant de prendre « la même chose » de jetons rouges. On obtient la configuration suivante :

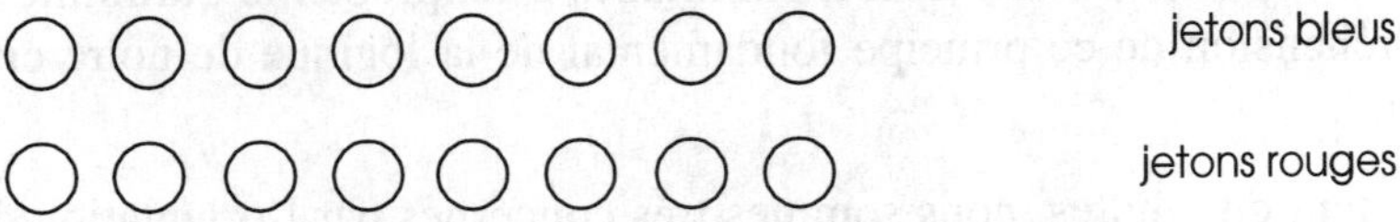

Si l'on modifie la correspondance visuelle entre les deux ensembles, les enfants pensent que les quantités ont changé. La rangée A contient plus de jetons que la rangée B parce qu'elle est plus longue.

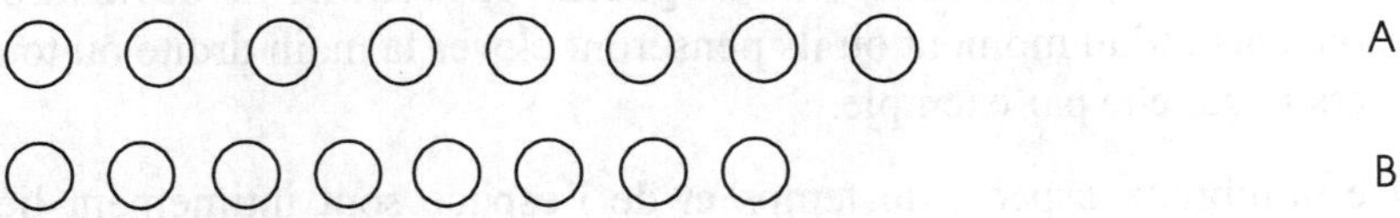

La disposition en cercle contient plus de jetons parce qu'elle occupe plus de place sur la table.

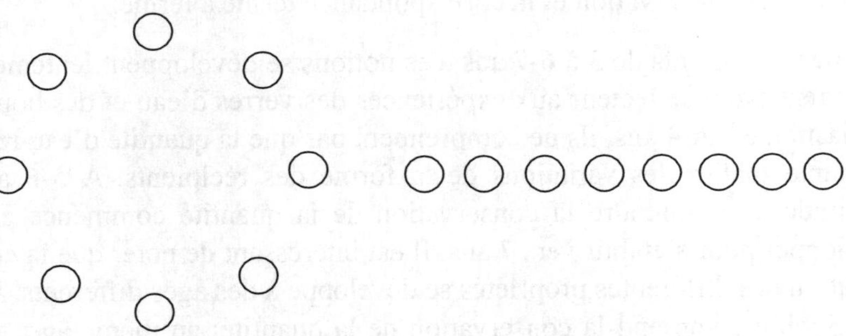

Si une des deux rangées est transformée en tas, ce dernier contient plus de jetons parce qu'il est plus haut.

Les enfants sont donc incapables de considérer simultanément les facteurs densité et longueur et de compenser l'effet de l'un sur l'autre.

Ces expériences suffisent à démontrer que la capacité de compter — devant laquelle s'émerveillent tant d'adultes — n'indique pas automatiquement la maturation du concept de quantité.

Entre 3 et 6 ans, les enfants éprouvent des difficultés à manier les relations qui incluent plus de deux éléments. S'ils soupèsent deux sacs, ils distinguent aisément le plus lourd. Mais s'ils ont à comparer un troisième sac un peu plus léger que les deux premiers, ils sont incapables de dire lequel des trois est le plus lourd. Ils portent leur attention sur l'expérience immédiate et ne sont plus certains de la relation apprise antérieurement.

Une expérience de Piaget nous permet de mieux comprendre le comportement des enfants face à un problème de *sériation*.

Il s'agit d'ordonner une série de dix réglettes en fonction de leur hauteur croissante.

Les enfants de 4-5 ans réagissent de plusieurs manières. Certains créent un «arrangement» complet tout à fait par hasard. D'autres commencent correctement la sériation puis continuent au hasard.

A 5-6 ans, ils construisent des «duos» ou «trios» indépendants les uns des autres, ou un «escalier» en tenant compte que des sommets et non des bases (cf. schémas).

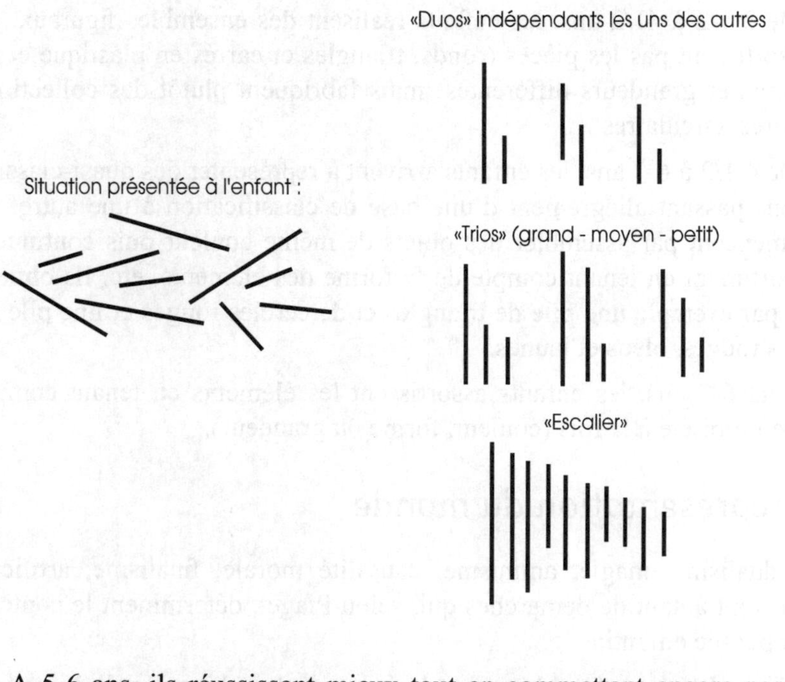

A 5-6 ans, ils réussissent mieux tout en commettant encore pas mal d'erreurs.

A 6-7 ans, ils sont capables d'insérer une nouvelle série dans la série initiale et obtiennent l'ensemble suivant :

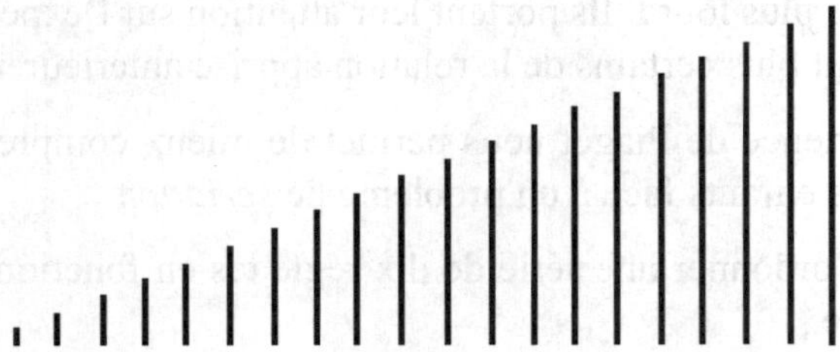

La *classification* est une des opérations mentales les plus importantes. En effet, la capacité d'organiser des objets et des idées en catégories constitue une des bases fondamentales du raisonnement logique.

Pour tester la capacité de classer, on présente aux enfants des assortiments d'objets de formes, couleurs et grandeurs différentes et on leur demande de «mettre ensemble ceux qui se ressemblent».

De 2 1/2 à 41/2 ans, les enfants réalisent des ensembles figuraux. Ils n'assortissent pas les pièces (ronds, triangles et carrés en plastique et de couleurs et grandeurs différentes) mais fabriquent plutôt des collections linéaires, circulaires …

De 4 1/2 à 6-7 ans, les enfants arrivent à représenter des quasi-classifications passant allégrement d'une base de classification à une autre. Ils commencent par assembler des objets de même couleur puis continuent l'assortiment en tenant compte de la forme des éléments, etc. Ils obtiennent par exemple une pile de triangles et de cercles rouges et une pile de carrés rouges, bleus et jaunes.

Vers 6-7 ans, les enfants assortissent les éléments en tenant compte d'une propriété à la fois (couleur, forme ou grandeur).

La représentation du monde

Adualisme, magie, animisme, causalité morale, finalisme, artificialisme sont autant de démarches qui, selon Piaget, déterminent le contenu de la pensée enfantine.

L'*adualisme* confond le moi et le non-moi, le subjectif et l'objectif en une indifférenciation primitive.

Exemples :

- origine de la pensée : l'enfant de moins de 6 ans croit que l'on pense «avec la bouche» (la pensée = la voix);
- origine des noms : les noms sont une propriété des choses, ils sont «dans» la chose;
- origine des rêves : les rêves «viennent du dehors» (de la chambre où l'on dort) et sont confondus avec la réalité (l'enfant considère souvent comme réel ce qu'il a imaginé ou rêvé. Cf. fabulation).

Trois types de confusions caractérisent l'adualisme enfantin :

1) Confusion signe-signifié : toucher au nom de la lune, c'est toucher la lune elle-même; rêver de l'école, c'est rêver à l'école.
2) Confusion interne-externe : la pensée est située à la fois dans la bouche et dans l'air; tout en sortant de la tête, le rêve est situé dans la chambre.
3) Confusion matière-pensée : la pensée est une voix, un souffle; le rêve est fumée, air, nuit, lumière.

Piaget a classé les *pratiques magiques* des jeunes enfants en quatre catégories :

1) La magie par participation des gestes : l'enfant exécute un geste dans le but d'obtenir ce qu'il souhaite (exemples : compter jusqu'à 10 en retenant sa respiration; marcher sur le bord du trottoir sans perdre l'équilibre).
2) La magie par participation de la pensée : l'enfant croit que sa pensée modifie la réalité (exemple : Philippe qui «joue à l'école» en distribuant bons points à ses amis et mauvais points à ses ennemis. Le lendemain, il est persuadé avoir influencé le comportement de l'institutrice à l'égard de ses condisciples).
3) La magie par participation de substance : le jeune enfant est convaincu qu'une substance peut avoir une influence sur une autre (exemple : jeter des cailloux dans l'étang pour y faire naître des poissons).
4) La magie par participation d'intentions : la «volonté» d'un corps peut agir sur celle d'un autre (exemple : la magie par commandement : tel enfant de 4 ans qui conduit, à sa guise, le soleil, la lune, les étoiles et les nuages).

Dans l'*animisme*, l'enfant a tendance à considérer les corps comme vivants, conscients, ayant des intentions. Jusqu'à l'âge de 6-7 ans, tout ce qui a une activité (même subie) est conscient : un caillou sent qu'on le lance, l'herbe sent qu'on l'arrache, une porte sait qu'on la ferme.

Dans la *causalité morale*, les êtres naturels sont conscients car ils ont une fonction à remplir. Ce sont les règles morales beaucoup plus que des lois physiques qui expliquent le déterminisme des phénomènes (exemple : le soleil accompagne l'enfant dans sa promenade «pour le réchauffer»).

Dans le *finalisme*, tout objet a nécessairement une fonction ou une utilité (exemples : un banc, c'est pour s'asseoir; une colline, c'est pour monter dessus; la nuit, c'est pour dormir).

Dans l'*artificialisme*, tout est fabriqué, tout se fabrique (exemples : le soleil a été fabriqué par le Bondieu; la rivière, ce sont des gens qui l'ont faite avec de la terre et de l'eau).

L'intelligence pratique

Rey a étudié, d'une manière expérimentale, comment les enfants âgés de 3 à 8 ans se comportent vis-à-vis d'un *problème pratique nouveau*. Exemple d'expérience : au fond d'un bouteille se trouve une rondelle de bouchon dans laquelle est fixé un piton. A côté sont posées des tiges diverses (bouts de corde, tiges métalliques souples et rigides, crochets de différentes dimensions …). L'enfant est invité à retirer le plot se trouvant dans le fond de la bouteille.

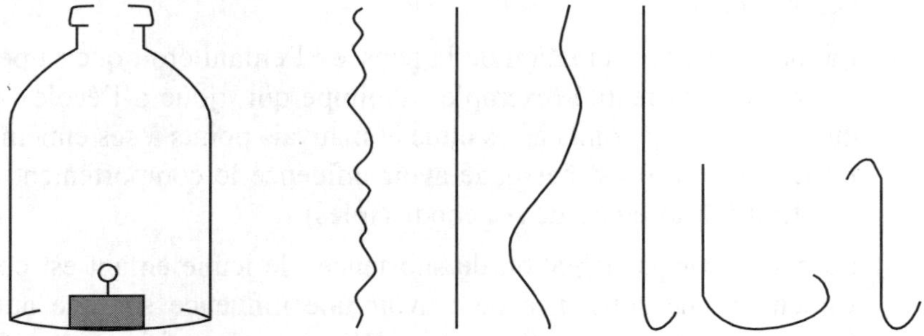

Entre 3 et 5 ans, l'enfant n'a d'abord aucune idée de la nécessité d'organiser un lien entre lui, l'instrument et la situation donnée. Son premier geste pour «saisir» la rondelle est de tendre vers elle la main et d'essayer de l'atteindre directement (les tout jeunes enfants retournent carrément la bouteille !).

Entre 4 et 6 ans, l'enfant entrevoit l'utilité que peut avoir le matériel mis à sa disposition. Mais il ne fait aucun choix parmi ces outils : il en change au hasard et arrive à la solution après tâtonnements.

Entre 6 et 8 ans, l'enfant substitue un instrument à un autre en tenant compte du rapport qui existe entre le but à atteindre et les instruments mis à sa disposition. Un outil est remplacé par un autre mieux adapté, chaque essai conservant les apports positifs des essais précédents. On peut également assister à la découverte immédiate de la solution : dans ce cas, l'enfant a analysé les données *concrètes* de la situation et en a retiré *mentalement* les éléments de la réponse *avant* d'agir.

D'où viennent les difficultés rencontrées par l'intelligence pratique ?

L'*égocentrisme* (tendance à tout rapporter à soi) empêche l'enfant d'établir une distinction entre lui et la situation. En effet, l'enfant se fait à lui-même sa réalité en même temps que sa vérité.

Le *syncrétisme* (vue globale mais inexacte des choses) l'empêche aussi de structurer les différents éléments de la situation. Dans les épreuves qui exigent l'utilisation d'un instrument, cet instrument est à la fois pour l'enfant un organe qui prolonge le membre (voire le corps tout entier) et un outil, étranger au corps propre et susceptible de remplir une fonction. Le comportement de l'enfant implique un mélange syncrétique de l'usage des membres et de l'utilisation de l'instrument. Cette confusion relève de deux approches qui peuvent à la fois s'exclure et se compléter : l'accommodation et l'assimilation. Par l'accommodation, l'enfant s'intègre au milieu et se soumet à ses exigences (adaptation objective); par l'assimilation, l'enfant s'intègre *le* milieu en le pliant à ses propres exigences (adaptation subjective).

La réalisation des cinq expériences qui suivent permet de se rendre compte de l'évolution du comportement intellectuel de l'enfant.

L'atteinte d'un appât

Matériel : un bonbon fixé à la paroi à 2 m du sol environ.

Consigne : demander à l'enfant d'attraper le bonbon, là-haut (l'enfant fait comme il veut, peut utiliser tout ce qui est dans la chambre).

Remarques :

1) dans la chambre, à des distances variables du but, se trouvent chaises, caisses, tables, bâtons;
2) si l'enfant reste inactif, on peut lui montrer une chaise ou un bâton.

La préparation d'instruments

Matériel : bocal + tiges + piton.

Consignes et schéma : voir p. 98.

Remarque : on peut finir par donner au choix trois instruments que l'on confectionne sous les yeux du sujet.

La construction d'un pont

Matériel : 2 blocs et 3 ou 5 plots de bois.

Consignes : demander à l'enfant de construire un petit pont entre deux blocs posés sur une table.

Solutions :

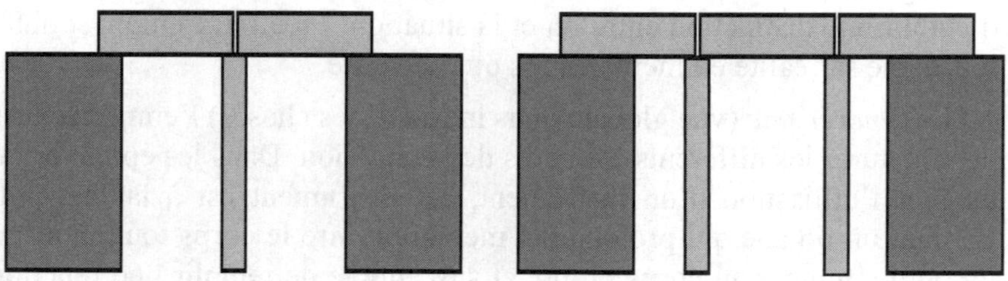

Remarque : si l'enfant demeure inactif ou si sa construction est «fantaisiste», on peut construire sous ses yeux l'arche représentée ci-dessous.

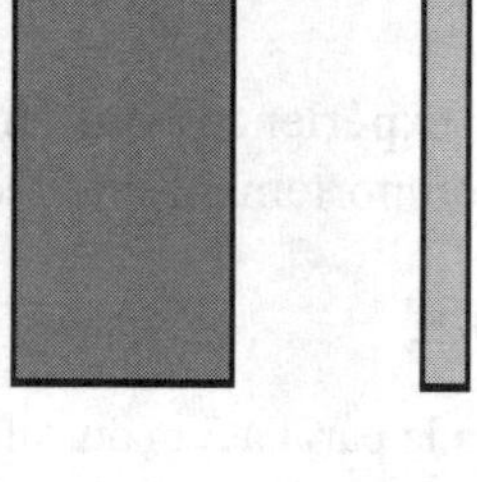

Un problème de statique

Matériel : 2 planchettes assemblées en forme de T; à chaque extrémité de la planche horizontale sont fixés une paire d'arceaux pouvant recevoir des barres métalliques (lests); deux ficelles fixées en A et B tombent librement sur la table; à proximité de ce dispositif se trouvent : 2 barres métalliques de même poids et des barres de différentes longueurs et matières.

Schéma :

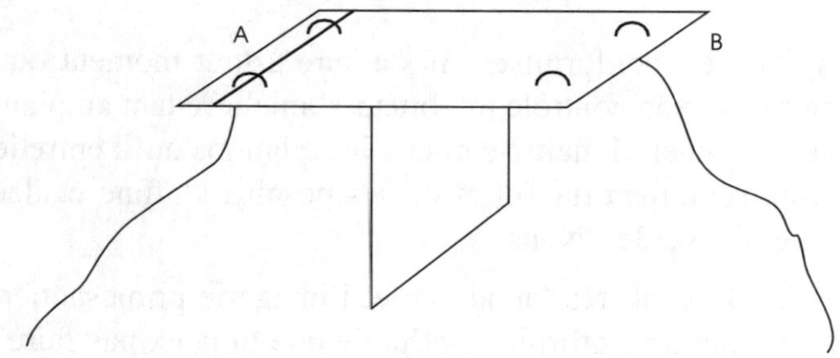

Consigne : demander à l'enfant d'équilibrer «la machine pour qu'elle reste debout toute seule».

Solutions possibles :
- retirer la tige métallique placée en A;
- placer une tige métallique semblable sous les arceaux de B;
- placer un étai sous A;
- placer sur la ficelle B un poids suffisant;
- répartir des objets sur la planche horizontale jusqu'à obtenir l'équilibre;
- etc.

La recherche d'un objet caché

Demander à l'enfant de chercher un bonbon caché dans la chambre, observer ses faits et gestes, inscrire ses déplacements sur un plan reproduisant la disposition de la chambre (actogramme) et examiner les résultats (interprétation du «circuit», de la recherche de l'enfant).

Exemple d'actogramme d'un enfant de 4 ans :

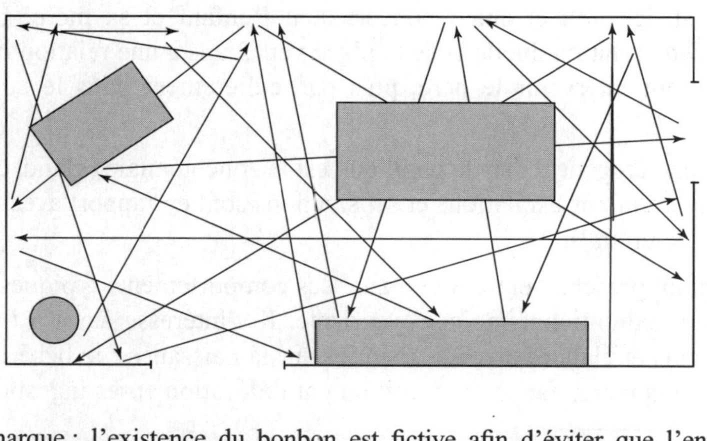

Remarque : l'existence du bonbon est fictive afin d'éviter que l'enfant ne découvre la friandise au début de sa recherche (seule une observation «prolongée» d'une dizaine de minutes est intéressante à réaliser). On n'oubliera pas d'offrir un bonbon à l'enfant, après l'expérience !

LE DÉVELOPPEMENT AFFECTIF

A 3 ans, Paul est conformiste : il s'assure à tout moment que «c'est bien comme ça ?». Son contrôle inhibiteur s'améliore tant au plan moteur qu'au plan émotionnel. Il maîtrise mieux les relations qu'il entretient avec les autres. Son sentiment du Toi et de ses besoins s'affine également. Il commence à employer le «Nous».

A 4 ans, il a l'esprit très fantaisiste et l'imagerie primesautière. Il est fanfaron par besoin de s'affirmer : «J'parie que tu peux pas faire comme moi !». Grand bavard, il est commentateur et auditoire de ses faits et gestes. Devenir un être social l'intéresse au plus haut point et ses multiples «pourquoi» et «comment» en sont la preuve.

A 5 ans, il atteint une phase d'équilibre personnel et social. Il se sent à l'aise dans son monde de l'«ici et maintenant» dont sa mère est encore le centre. Il se familiarise avec le monde «familier», encore nouveau pour lui, et sa maison plus particulièrement est son centre d'attraction. Il se limite au domaine de ses connaissances qu'il utilise pleinement. Quand nécessaire, il fait appel à l'adulte. Il recherche la satisfaction du succès, de l'approbation sociale : «Comment faut-il faire ça ?». Il est encore «pénétré de lui-dans-le-monde» et ne peut envisager le point de vue d'autrui. Si à 5 ans Paul est plus réservé et plus «chaste» qu'à 4 ans, son intérêt pour l'origine des bébés et son étonnement devant les différences sexuelles persistent.

Le stade phallique

Les stades oral et anal[6] concernaient l'enfant et sa mère. D'après Freud, cette relation duelle cède la place vers 3 ans à une relation triangulaire faisant intervenir le père, plus particulièrement dans le *complexe d'Oedipe*.

La zone érogène du stade phallique est la zone génitale (gland, clitoris) dont les premières excitations et satisfactions sont en rapport avec la miction (stade urétral).

L'enfant présente, entre 3 et 6 ans, des comportements typiques : masturbation, exhibitionnisme et voyeurisme. Il s'intéresse aussi à l'origine des enfants et élabore diverses théories sur la naissance : le bébé naît par le sein de la mère, par son nombril ou par défécation après ingestion d'un

6. Voir pp. 48-50.

aliment spécial (théorie cloacale : l'enfant méconnaît la distinction du vagin et de l'anus : pour lui, c'est par le même orifice que naissent les enfants et que se pratique le coït). Quant aux rapports sexuels, il en a une conception sadique.

Filles et garçons ne reconnaissent qu'un seul organe génital, le phallus (d'où la dénomination du stade). La fille a dès lors «envie du pénis» : le *complexe de castration* la conduit au complexe d'Oedipe par le désir du pénis paternel puis par le désir d'avoir un enfant du père. Le garçon croit aussi que la fille a été castrée et il craint la même chose pour lui, comme punition de son désir pour sa mère : chez lui, le complexe de castration clôt le complexe d'Oedipe.

	Chez le garçon	Chez la fille
Stades oral et anal	garçon → mère (relation privilégiée)	fille → mère (relation privilégiée)
Stade phallique	garçon → mère (amour) garçon → père (hostilité)	fille → mère (hostilité) fille → père (amour)
Remarque : La fille change d'objet libidinal (d'abord la mère puis le père), le garçon transforme sa relation à l'objet initial (la mère).		

Le complexe d'Oedipe

Le petit garçon qui clame : «Lorsque Papa ne sera plus là, j'épouserai Maman !» et la petite fille ravie de faire une promenade seule avec son père rivalisent avec le parent de même sexe (hostilité) pour se rapprocher du parent de sexe opposé (amour) [7].

7. Il existe des situations d'Oedipe renversé (attirance envers le parent de même sexe, rivalité avec le parent de sexe opposé), de contre-Oedipe (attirance du père envers sa fille, de la mère envers son fils), d'Oedipe concernant d'autres personnes que les parents (sœur ou frère aîné, grand-père ou grand-mère …).

La résolution du complexe d'Oedipe réside dans la renonciation aux désirs libidinaux et hostiles et dans l'*identification* au parent de même sexe, pris pour modèle : la petite fille devient comme sa mère, le petit garçon comme son père. L'enfant intègre son image sexuelle, il adopte les comportements et les valeurs du parent de même sexe.

Le déclin du complexe d'Oedipe est donc marqué par l'intériorisation des images parentales, des exigences et des interdits parentaux qui constituent le *Surmoi* [8]. Quel est son rôle ? Contrôler les pulsions et autoriser certains comportements au Moi [9], lui en interdire d'autres.

L'analyse du petit Hans, illustration du stade phallique [10]

A partir de 3 ans, Hans manifeste un grand intérêt pour son «fait-pipi» : il aime qu'on le regarde uriner (exhibitionnisme), il se masturbe et est menacé par sa mère de castration.

Il s'intéresse au fait-pipi des autres pour le comparer au sien (voyeurisme) : à celui de son père, de sa mère, de la bonne, des grands animaux et en particulier des chevaux. Sa mère étant grande, il croit qu'elle a un fait-pipi comme un cheval.

A 3 1/2 ans, naît sa petite sœur Anna. Il s'étonne que son fait-pipi soit tout petit et croit qu'il grandira (primauté du phallus).

Il reconnaît la différence entre les sexes après 4 1/2 ans, moment où son complexe de castration se développe : «Et tout le monde a un fait-pipi, et mon fait-pipi grandira avec moi, quand je grandirai, car il est enraciné».

Il adopte des comportements amoureux vis-à-vis de sa mère et de ses petites amies : à 4 ans et 3 mois, il tente de séduire sa mère en lui demandant de toucher son fait-pipi, sa mère refuse en disant que c'est une cochonnerie; à 4 1/2 ans, «il traite les filles de façon agressive, virile, conquérante, il les prend dans ses bras et leur donne des baisers» et est amoureux d'une petite fille de 8 ans avec qui il voudrait coucher.

---

8. Equivalant à ce que Piaget a appelé la morale hétéronome (voir p. 115).
9. Freud décrit trois instances de la personnalité : le Ça (pôle pulsionnel), le Moi et le Surmoi. Un exemple de fonctionnement : l'agressivité (pulsion issue du Ça) ne peut s'exprimer par le meurtre (valeur intériorisée dans le Surmoi), le Moi va dès lors chercher un compromis : l'injure par exemple. Le Moi utilise des «mécanismes de défense» dont certains exemples ont été donnés pp. 49-50.
10. Freud, S., *Analyse d'une phobie chez un petit garçon de cinq ans*, in *Cinq psychanalyses*, Paris, PUF, 1967.

Il désire posséder sa mère et craint la réaction de son père. Il veut aussi écarter celui-ci et l'hostilité contre son père entre en conflit avec l'amour qu'éprouve Hans pour lui : il a alors peur que son père ne revienne plus (complexe d'Oedipe).

Tous ces fantasmes [11] s'expriment chez Hans à partir de 4 ans 9 mois par la peur d'être mordu par un cheval (peur du père) et par la peur que les chevaux ne tombent (peur pour le père) : «Le cheval (le père) mordrait Hans à cause du désir de l'enfant que lui (le père) tombe».

Hans est aussi jaloux de sa petite sœur et exprime le désir qu'elle ne soit pas là, qu'elle meure : sa sœur, comme son père, l'empêche d'être seul avec sa mère.

Durant la même période, Hans accompagne souvent sa mère ou une petite amie au WC et aime les voir «faire loumf» (aller à selle).

Il assimile Anna, sa petite sœur, à un loumf : malgré l'histoire de la cigogne, il sait que sa mère a grossi puis maigri après la naissance de l'enfant et ses parents lui ont dit plus tard que les enfants grandissent dans leur mère puis sont poussés dehors comme un loumf.

Ces fantasmes s'expriment chez Hans par le fait que sa crainte des chevaux se concentre sur ceux qui tirent des voitures chargées, assimilées à des femmes enceintes.

Bientôt, Hans désire épouser sa maman et avoir un enfant d'elle (il croit que les petits garçons ont des filles et les petites filles des garçons), dont son père serait le grand-père.

Au développement de la phobie des chevaux correspond le développement du refoulement : Hans a honte d'uriner devant les autres, il s'accuse de mettre le doigt à son fait-pipi et s'efforce de renoncer à l'onanisme, il manifeste aussi du dégoût du loumf et du pipi.

Erikson traite de l'évolution des attitudes sociales en rapport avec la théorie de la sexualité infantile de Freud. Le mode incorporatif caractérise le stade oral et les modes éliminatif et rétentif dominent au stade anal [12]. Quant au stade phallique, il est marqué par le mode intrusif : l'enfant pousse des cris bruyants, ses mouvements sont brutaux et sa curiosité dévorante; en un mot, il est «envahissant». La période de 3 à 6 ans voit

11. «Images» issues de l'imaginaire, sans rapport objectif avec la réalité (exemple : le fantasme de persécution du paranoïaque qui croit qu'on le persécute).

12. Voir pp. 49-50.

dès lors le développement de l'activité, du sens de la poursuite d'un but intéressé et de l'initiative.

Le complexe d'Oedipe selon Lacan et Klein

Chez Lacan, la troisième étape du stade du miroir [13] constitue le premier temps du stade de l'Oedipe. L'enfant s'identifie au manque de la mère, au phallus [14] : cette identification maintient l'enfant assujetti à sa mère, à son désir (domaine de l'imaginaire).

Dans un second temps, le père intervient pour signifier à l'enfant qu'il n'est pas le phallus et à la mère qu'elle n'a pas le phallus. La Loi du père constitue donc une castration symbolique : «le père castre l'enfant en le distinguant du phallus et en le séparant de la mère».

Le troisième temps du stade de l'Oedipe consiste en l'identification de l'enfant à la Loi, au père détenteur du phallus. L'enfant quitte alors l'imaginaire et entre dans l'ordre symbolique, dans l'ordre du langage, dans le monde de la culture et de la civilisation : il devient sujet distinct des deux autres, le père empêchant la fusion de l'enfant et de la mère.

Mannoni [15] montre que, le sujet (l'enfant) se situant face au désir de l'Autre (sa mère), l'arriération et la psychose sont des perturbations «au niveau du langage» et plus particulièrement dans la relation mère-enfant car «l'enfant est le manque de la mère» (Lacan).

L'exemple suivant illustre ce fait : «Qu'est-ce qu'il deviendrait, Henri, s'il prenait goût à la vie ?» me disait une mère bien intentionnée, préférant l'idée d'un placement à celle d'une poursuite de traitement qui risquerait d'amener chez le fils des idées de mariage (le fils au QI de 0,80, considéré comme un gêneur, se montrait dans la vie, en réponse à la demande maternelle, un grand débile complètement inexistant, perdu dans les abîmes d'un masochisme total)». L'enfant répond bien dans ce cas au désir de sa mère.

Le symptôme de l'enfant débile ou psychotique protège parfois l'adulte de la folie ou du désespoir : l'analyse de l'enfant risque alors de réveiller le problème de l'adulte. La vraie question en ce qui concerne la

---

13. 16-18 mois, voir p. 57.
14. Cf. la primauté du phallus chez Freud; c'est l'enfant qui en tient lieu ici.
15. Mannoni a fondé en 1969 l'Ecole expérimentale de Bonneuil-sur-Marne, lieu de vie pour enfants psychotiques, débiles ou caractériels, cas de psychiatrie lourde mais aussi enfants «normaux» en révolte contre le «système».

mère d'Henri serait plutôt : «Qu'est-ce que je deviendrais s'il prenait goût à la vie ?»

Chez Klein, la position dépressive [16] qui s'organise autour du sevrage, première perte de l'objet, marque aussi l'entrée de l'enfant dans l'Oedipe. La situation oedipienne apparaît d'après elle entre le milieu de la première année et la fin de la troisième année.

L'enfant, attentif au lien qui unit sa mère et son père, interprète la scène primitive (le coït parental) en termes de satisfaction orale et il en conçoit de la frustration puisque c'est ce qu'il désire pour lui-même. Pour lui, le pénis paternel est incorporé par la mère (c'est-à-dire qu'elle le garde à l'intérieur d'elle). D'autres objets précieux (excréments = enfants = pénis) reposent à l'intérieur du corps de la mère et l'enfant désire les découvrir, les «dévorer». Les pulsions épistémophiliques [17] et les pulsions sadiques sont donc liées et la connaissance devient pour l'enfant un moyen de maîtriser son angoisse.

Le sevrage (frustration orale) et l'éducation sphinctérienne (frustration anale) détournent le garçon comme la fille de l'image maternelle castratrice [18]. Tous deux se tournent vers un nouvel objet d'amour oral, le pénis. De même que le sein, le pénis peut être «bon» ou «mauvais» objet.

La fille adresse en même temps à son père ses désirs oraux et génitaux; elle désire avoir des relations sexuelles avec son père et recevoir de lui des bébés. Elle cherche aussi à s'emparer du pénis paternel dans la mère et craint d'être attaquée par elle.

Après la phase de féminité où le garçon se tourne vers son père, il désire s'unir à sa mère de façon génitale et détruire le pénis paternel qui est en elle. Tout cela lui fait craindre la castration comme punition de ses désirs.

Quand l'enfant a choisi le parent de sexe opposé comme objet de désir libidinal, il rivalise et s'identifie avec le parent de même sexe. Telle est l'évolution normale de l'Oedipe.

L'incorporation du sein et du pénis durant la phase cannibale (ou de sadisme oral) constitue le noyau du Surmoi (partie de la personnalité constituée des exigences, intérêts … des parents, de la société).

16. Voir pp. 50-52.

17. Qui poussent à savoir, à connaître.

18. Image maternelle parce que ce n'est pas la mère réelle; la castration concerne la possibilité de satisfaire ses pulsions.

Dans un premier temps, l'enfant introjecte (incorpore, intériorise) des objets destructeurs même si ses parents ne le sont pas dans la réalité. Le Surmoi dépend donc de la réalité de l'objet (des parents) et du sadisme du sujet (de l'enfant) : marqué par les pulsions destructrices sado-orales, sado-urétrales et sado-anales et l'angoisse qu'elles suscitent, le Surmoi est en effet particulièrement sadique et cruel.

Durant la position dépressive, le sadisme du Surmoi diminue et fait place à la culpabilité, rendant ainsi possibles les tendances réparatrices et les sublimations.

Le relation fraternelle

La situation de rivalité fraternelle constitue le *complexe de Caïn*. Pour Baudouin, «la manière dont un enfant résout ce conflit avec ses frères et sœurs tend à se répéter dans ses rapports avec ses camarades d'école ou de jeu et plus tard dans ses rapports sociaux».

La naissance d'un frère ou d'une sœur constitue pour l'enfant une expérience de frustration de la mère : dans le complexe de Caïn, comme dans le complexe d'Oedipe, l'enfant désire posséder seul sa mère.

La réaction de l'enfant dépend de :

- l'attitude de sa mère : une mère captative accentue la jalousie fraternelle;
- sa position dans la fratrie : l'aîné se sent détrôné, l'enfant du milieu balloté de l'un à l'autre et le cadet se sent déshérité;
- l'importance de la fratrie : la tension est plus grande dans une fratrie de deux enfants que dans une famille nombreuse;
- son âge : le sevrage et l'Oedipe constituent deux moments délicats;
- son sexe et son intelligence;
- la différence d'âge : la plus critique se situe de 18 à 36 mois.

L'enfant réagit à la frustration par :

- agression (sur le bébé, la mère ou les deux) et anxiété : rivalité de corps à corps, rejet, négation de l'existence du rival, agressivité verbale, vœux de mort;
- régression (l'enfant redevient bébé) : énurésie (incontinence), anorexie (l'enfant ne veut plus manger);
- formation réactionnelle : enfant trop sage n'exprimant aucune agressivité;

- retournement contre soi de l'agressivité : enfant dépressif et anxieux;
- isolement : enfant solitaire et indifférent;
- terreurs nocturnes, somnambulisme;
- maladies «imaginaires» mais avec symptômes : l'enfant cherche à retenir l'attention de ses parents et à être choyé;
- renversement des rôles : l'enfant se déclare plus petit que son petit frère ou sa petite sœur;
- arrêt du développement : «à la naissance d'un puîné, l'enfant ne sait pas s'il peut continuer à grandir ou s'il lui faut rester petit pour être conforme au désir de l'adulte» (Mannoni).

L'enfant s'identifie petit à petit à sa mère et s'occupe comme elle du bébé. Il peut aussi se développer une solidarité fraternelle xénophobe caractérisée par une agressivité commune contre la mère, le père, un autre frère ou une autre sœur.

L'enfant unique vit généralement la rivalité fraternelle avec un cousin, un autre enfant ou un enfant imaginaire.

Quant aux jumeaux, ils ont tendance à vivre dans leur monde à eux, ce qui ne favorise pas leur sociabilité.

Le système familial

L'école de Palo Alto (Bateson, Watzlawick ...) décrit la famille comme un *système régi par une logique de la communication*.

Une famille se définit par les membres qui la composent et leurs interactions, c'est un système ouvert qui possède un état de stabilité et une forme d'équilibration : le comportement de l'un détermine — et est déterminé par — le comportement des autres (elle est secrète, il est curieux : elle est de plus en plus secrète, il est de plus en plus curieux), tout changement de comportement de l'un a des répercussions sur les autres (l'enfant qui grandit, devient indépendant, quitte ses parents; la guérison d'un enfant-problème, symptôme d'un couple malade).

Bateson et ses collaborateurs ont surtout étudié des familles de schizophrènes. Pour eux, il ne s'agit pas là de la maladie d'un individu mais d'un modèle spécifique de communication où il y a *double bind*, double contrainte contradictoire entre les deux niveaux de langage : le message (son contenu littéral) et le métamessage (message à propos du message, qui indique comment le contenu littéral doit être compris).

«L'analyse d'un incident survenu entre un schizophrène et sa mère illustre bien la situation de double contrainte. Un jeune homme qui s'était assez bien remis d'un accès aigu de schizophrénie, reçut à l'hôpital la visite de sa mère. Il était heureux de la voir et mit spontanément le bras autour de ses épaules; or, cela provoqua un raidissement. Il retira son bras; elle demanda : «Est-ce que tu ne m'aimes plus ?». Il rougit, et elle continua : «Mon chéri, tu ne dois pas être aussi facilement embarrassé et effrayé par tes sentiments». Le patient ne fut capable de rester avec elle que quelques minutes de plus; lorsqu'elle partit, il attaqua un infirmier et dut être plongé dans une baignoire.

Il est évident que cette issue aurait pu être évitée si le jeune homme avait été capable de dire : «Maman, il est clair que c'est toi qui te sens mal à l'aise lorsque je te prends dans mes bras, et que tu éprouves de la difficulté à accepter un geste d'affection de ma part» …

L'impossible dilemme peut se traduire ainsi : «Si je veux conserver des liens avec ma mère, je ne dois pas lui montrer que je l'aime; mais si je ne lui montre pas que je l'aime, je vais la perdre».

L'affectivité imprègne toute la personnalité de l'enfant de 3 à 6 ans.

Sur le plan intellectuel, l'égocentrisme de sa pensée et la représentation qu'il se fait du monde le prouvent clairement.

A cet âge, l'enfant exprime surtout sa vie affective au travers de sa motricité; c'est pourquoi on utilise, lors d'un examen psychologique ou d'une thérapie, le dessin (du bonhomme, de la famille …) et le jeu (avec des petits personnages représentant les différents membres de la famille …).

Les contes passionnent aussi le jeune enfant.

Pour Bettelheim [19], le conte de fées conçoit le monde de la même façon que l'enfant, il lui parle de difficultés psychologiques qui sont les siennes (bonne et mauvaise mère, situation oedipienne, rivalité fraternelle), il lui apporte du soulagement et lui permet de se comprendre mieux (mais «il ne faut jamais expliquer à l'enfant les significations des contes de fées»).

19. Fondateur de l'Ecole Orthogénique à l'Université de Chicago et auteur de nombreux ouvrages concernant l'autisme infantile.

Le conte présente donc les caractéristiques suivantes :

- problèmes existentiels posés en termes brefs et précis (besoin d'être aimé et peur d'être considéré comme un bon à rien, amour de la vie et peur de la mort);
- situations simplifiées;
- mal aussi répandu que vertu;
- personnages non ambivalents;
- solutions que l'enfant peut saisir selon son niveau de compréhension.

Bettelheim précise : «Si on considère que ces histoires nous décrivent la réalité, il est évident qu'elles sont alors révoltantes : cruelles, sadiques et tout ce que vous voudrez. Mais en tant que symboles d'événements ou de problèmes psychologiques, elles sont parfaitement vraies».

Pour Berne, le conte intervient dans le choix que fait l'enfant de 3-6 ans d'un plan de vie, d'un «scénario». D'autres facteurs entrent en ligne de compte dans cette «programmation» : les grands-parents, les ancêtres; les conditions dans lesquelles l'enfant a été conçu; le rôle de l'enfant dans le scénario des parents; les noms et prénoms … La façon dont l'individu va vivre (et mourir) serait donc déterminée très tôt par son environnement et plus particulièrement par ses parents [20]. Pour en revenir au conte, une petite fille peut par exemple choisir de vivre l'intrigue de «La Belle au bois dormant» … et attendre le Prince charmant !

La psychogénéalogie

Chantal Rialland, à la suite d'Alejandro Jodorowsky, résume notre «hérédité psychologique» par la formule :

Projections + Identifications = Répétitions.

Dès sa conception, le bébé est généralement la cible de multiples *projections* de la part de son entourage. Ainsi :

- donner son prénom à son fils ou à sa fille invite l'enfant à prolonger son père ou sa mère;

20. On retrouve ici l'idée de Mannoni selon laquelle l'enfant répond au désir de sa mère, de ses parents, de la société.

– la perfection n'étant pas de ce monde, l'enfant de parents exigeants sera étiqueté de «nul» et deviendra probablement un enfant catastrophe.

L'être humain se construit au travers de ses *identifications* :

– à la mère, en tant que mère et en tant que femme;
– au père, en tant que père et en tant qu'homme;
– au couple;
– aux frères et aux sœurs;
– aux grands-parents, aux bisaïeuls et parfois au-delà.

Projections et identifications conduisent l'individu à la *répétition*, par scénario ou contre-scénario[21], de son histoire familiale (y compris les non-dits, les secrets).

Si les Projections - Identifications - Répétitions nous conviennent, car elles sont en accord avec notre Moi profond, elles nous rendent heureux. Sinon, elles génèrent des tensions intérieures. On peut cependant se libérer de «cette famille qui vit en nous» … renaître … en travaillant sur soi.

21. Dans l'un et l'autre cas, il vit «en fonction de …».

LE DÉVELOPPEMENT SOCIAL

Socialité

Cette tendance qui pousse l'être humain vers les autres se développe de 2-3 à 7-8 ans : l'enfant désire être avec les autres, il s'intéresse à ce que font les autres, mais son comportement est encore présocial. Il y a à cet âge besoin de compagnie mais l'égocentrisme (l'enfant ne peut considérer qu'un seul point de vue, le sien) et l'instabilité du caractère constituent encore des entraves au développement de la coopération.

Jusqu'à 4 ans, les échanges restent très limités et les rares actions communes sont commandées par le matériel. Il y a le plus souvent juxtaposition de sujets indépendants les uns des autres : activité solitaire ou parallèle (les enfants jouent à la même chose mais chacun pour soi), monologue collectif (chacun parle pour soi sans se soucier de ce que dit le voisin)[22].

A partir de 4 ans, les interactions se multiplient. Les rapprochements naissent d'abord de conflits : une relation un peu stable entre deux enfants s'établit quand un troisième est détesté. Puis, petit à petit, les enfants agissent ensemble, poursuivent des fins constructives. A côté de l'imitation, unilatérale ou réciproque, apparaissent des séquences de collaboration plus fréquentes et plus durables.

Phase de présocialisation

Jusqu'à 8-9 ans se situe, pour Cousinet, l'apprentissage à la vie sociale.

Les premières tentatives de socialisation se manifestent fréquemment par un comportement agressif : agressivité manuelle ou parlée, exhibitionnisme, taquinerie.

La première prise de contact consiste en batailles qui cessent aussi brusquement qu'elles ont commencé : les enfants se poussent, se tirent, se bousculent, se battent, puis esquissent des tentatives de relations pacifiques.

Quand on croit que l'enfant veut jouer avec la pelle d'un autre, il veut en réalité jouer avec le camarade-pelle. Dès lors, lui donner la même pelle ne sert à rien et si l'autre enfant lui cède la sienne, il n'en est pas plus satisfait. Problème sans solution ! Le premier jeu social rudimentaire pos-

22. Cf. Egocentrisme de la pensée (3-6 ans), pp. 89-90.

sible est le jeu de ballon où chaque enfant participe à l'activité de l'autre sans l'entraver.

L'agressivité verbale consiste en manifestations de vanité (forme d'affirmation de soi) à direction sociale : chacun veut prouver la précieuse collaboration qu'il peut apporter (bien que les avantages cités soient souvent ceux que l'enfant attribue à ses parents).

Par l'exhibitionnisme, et entre autres la coquetterie, l'enfant veut devenir un objet d'envie : il cherche une surévaluation, donc une valeur sociale par l'appel symbolique à l'adulte (devenir le «chouchou» de l'institutrice).

La taquinerie affirme le besoin de l'enfant d'attirer l'attention sur soi. Elle consiste aussi en un comportement social : «le pinceau constitue un objet commun quand A l'a fait tomber de la main de B et que B se penche pour le ramasser; A et B semblent jouer au même jeu quand A cache le béret de B et que B le cherche, quand A dénoue le ruban qui tient la chevelure de B et que B le retient avec peine et le rattache et ainsi de suite».

Approche sociométrique du développement social

La sociométrie est la mesure des relations sociales au sein d'un groupe. Le test sociométrique consiste à demander à chaque membre du groupe de choisir et de rejeter d'autres membres pour une activité bien précise. Les motivations sociométriques sont les raisons des choix et des rejets. Ici ce n'est donc plus un observateur qui note les comportements sociaux des individus mais ceux-ci qui expriment leurs sentiments.

Le test sociométrique chez des enfants de 3 à 6 ans révèle :

- des choix hétérosexuels fréquents (premier stade hétérosexuel, jusqu'à 6-8 ans);
- des structures simples (couples où un enfant en choisit un autre);
- des choix réciproques rares;
- des cas isolés fréquents;
- l'absence de clivage racial.

Les motivations sont égocentriques (un enfant en choisit un autre parce qu'il répond à ses propres besoins) et ont un caractère esthétique (un enfant en choisit un autre parce qu'il est beau).

Le développement du jugement moral[23] d'après Piaget

La *morale hétéronome* naît du respect unilatéral de l'enfant pour l'adulte, du petit pour le grand. C'est la morale de l'autorité, de la contrainte (celle-ci enfermant l'enfant dans son égocentrisme).

Jusqu'à 9-10 ans, l'enfant considère la règle (du jeu par exemple) comme sacrée, intangible, d'origine adulte et d'essence éternelle (idée de gérontocratie).

Dans ses jugements concernant une maladresse ou un vol, l'enfant tient compte du résultat matériel : l'enfant qui a cassé le plus de tasses est le plus coupable, quelles que soient les circonstances (*réalisme moral — responsabilité objective*).

Le mensonge quant à lui est d'autant plus grave qu'il est invraisemblable (dire qu'on a vu un chien gros comme une vache) et mentir à l'adulte est plus «vilain» que mentir à un camarade (respect unilatéral).

Le réalisme moral, résultat du mode de pensée de l'enfant de moins de 6 ans (adualisme, égocentrisme), est aussi la conséquence de la contrainte adulte et du respect unilatéral.

Le réalisme de l'enfant lui fait croire à une *justice immanente* : avant 7 ans, en effet, «la nature est un ensemble harmonieux, obéissant à des lois qui sont morales autant que physiques» (Piaget) (animisme, artificialisme).

La sanction juste est la *sanction expiatoire*. Elle est même nécessaire et d'autant plus efficace qu'elle est plus sévère. Sans relation avec l'acte sanctionné (priver l'enfant de dessert, le corriger ...), cette règle imposée du dehors va de pair avec la contrainte adulte.

La nécessité de la sanction conduit l'enfant à une attitude de *responsabilité générale* dans le cas où un coupable ne se dénonce pas spontanément (il faut punir tout le monde, les autres étant coupables de ne pas dénoncer l'auteur du méfait).

La justice est assimilée à l'autorité (respect unilatéral) et en cas de conflit entre l'égalité et l'autorité, l'enfant penche pour l'autorité (entre enfants cependant il affirme déjà la nécessité morale de l'égalité).

---

23. Le lecteur trouvera page 217 des situations (inspirées de Piaget) permettant d'étudier l'évolution du jugement moral chez l'enfant.

Cette *absence d'égalitarisme* et la nécessité de la sanction font aussi que la sanction l'emporte toujours sur l'égalité : il y a *justice rétributive*, pas justice distributive (il ne faut pas redonner de friandise à l'enfant qui a perdu la sienne).

La période de 3 à 6 ans illustre bien les interactions existant entre développement intellectuel, affectif et social : la socialité s'explique en grande partie par l'égocentrisme et le jugement moral est influencé à cet âge par le réalisme, l'animisme, l'artificialisme et l'omnipotence que l'enfant accorde encore à l'adulte.

Chapitre 4 *L'enfant de 6 à 12 ans*

L'enfant grandit ! Sa taille croît, il apprend de nouvelles techniques, il développe l'appréhension des concepts.

Mais les présentes années constituent davantage une période de consolidation des nombreux aspects de la personnalité plutôt qu'une succession d'acquisitions nouvelles. Sur le plan moteur, par exemple, si l'enfant a appris comment lancer une balle durant les années précédentes, il perfectionne maintenant sa manipulation et son lancer.

La bonne résolution du conflit oedipien permet à l'enfant d'investir son énergie dans l'étude. L'école devient le foyer de la vie de l'enfant qui y passe plus de temps qu'avec ses parents. Aussi ses progrès intellectuels sont-ils liés à ses apprentissages scolaires.

De même, les relations avec les pairs prennent petit à petit le pas sur la vie familiale : l'enfant devient capable de coopérer au sein d'un groupe, souvent de même sexe. Cette vie sociale intense (réalisée parfois au sein de bandes d'enfants) permet le développement d'une morale autonome : aux obligations émanant de l'adulte se substituent, grâce aux expériences sociales, des obligations fondées sur la volonté commune et sur l'adhésion de l'individu aux décisions du groupe.

«A 9 ans environ, l'enfant résout les problèmes de la vie usuelle et pense l'univers d'une manière fort correcte, mais à condition de lui laisser pour appui une action réelle ou possible, des objets manipulés ou à manipuler; ses règles de pensée sont encore solidaires de son activité. C'est le temps des opérations concrètes ... Vers la douzième année, ou bien il continue à penser comme à l'âge précédent à travers des considérations pratiques, des schémas tirés de l'action, ou bien il apprend à manier les idées et les symboles selon les préceptes de la logique abstraite, dont le premier est sans contredire d'accepter l'hypothèse et de déduire en évitant la contradiction dans les termes ... Pensée pragmatique et pensée formelle, telles seraient les deux directions principales au moment où l'enfance s'éteint et où point l'adolescence» (Michaud).

LE DÉVELOPPEMENT MOTEUR

Il est très intéressant de suivre jusqu'à leur maison des enfants sortant de l'école, l'après-midi par exemple.

Nous les voyons qui courent dans tous les sens, sautent des obstacles, se poursuivent les uns les autres, se balancent à des «engins» les plus inattendus, établissent des records de vitesse, d'endurance ...

Arrivés à la maison, ils se dépêchent de goûter, de faire un brin de toilette, d'exécuter devoirs et leçons pour retourner à la rue, au jardin public, au stade ...

Sauts divers, jeux variés (ballons, patins ou planches à roulettes, traîneaux ... selon les saisons) l'emportent nettement — pour des raisons d'ordre économique, on s'en doute — sur la pratique du cheval, du ballet ...

Certains jeunes fréquentent un «club» d'éducation physique. Il est étonnant de voir ce que ces enfants peuvent faire de leur corps. Ils exécutent des mouvements en force, plus rapides et mieux coordonnés qu'à la période précédente. Ils éprouvent en outre un véritable plaisir à tester leurs possibilités motrices.

Les progrès moteurs de 6 à 12 ans

Les progrès moteurs se manifestent de plusieurs façons complémentaires :

- la *coordination* des mouvements augmente (exemples : maîtrise des mouvements de l'écriture, manipulation de certains outils comme les ciseaux, exécution de certains exercices gymniques, pratique de la danse);
- la *force* s'accroît pendant cette phase d'une manière considérable (le goût pour les jeux violents en est la meilleure preuve);
- la *rapidité*, la *précision*, l'*endurance* se développent d'une manière très marquée (jusqu'à 13-15 ans) et se manifestent dans les jeux de compétition.

La période qui s'étend de 6 à 12 ans est l'âge scolaire. La vie en groupe y prend une importance croissante. Les possibilités motrices permettent aux enfants (aux garçons notamment) de se mettre en valeur, de se mesurer à des «rivaux».

Le développement des performances motrices

Courir, sauter et lancer sont trois activités courantes dans les jeux et activités motrices des enfants. Il est donc intéressant d'étudier leur évolution selon l'âge et le sexe.

Nous reproduisons ci-dessous quatre graphiques empruntés à Espenchade.

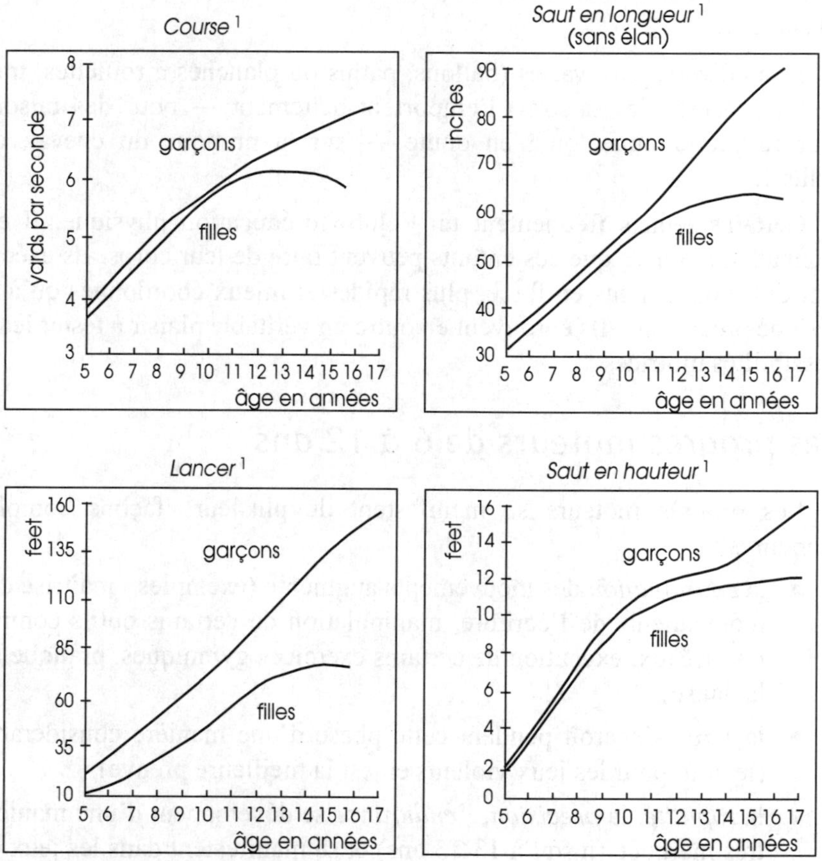

1 1 inch = 2,54 cm; 1 foot = 30,48 cm; 1 yard = 91,44 cm

Les modifications observées d'âge en âge sont dues à l'interdépendance de facteurs tels que l'évolution fonctionnelle, la maturation physiologique, l'exercice, l'éducation.

Quant aux différences sexuelles, elles s'expliquent par la double influence de la maturation et des pratiques culturelles. En d'autres mots, les garçons ont de meilleures performances au lancer (par exemple) parce qu'ils ont des aptitudes motrices spécifiques et/ou parce qu'ils s'adonnent, plus que les filles, à des activités où ce geste intervient plus souvent.

L'inhibition et l'activité motrice volontaire

Dans ses mouvements volontaires, l'enfant devient petit à petit capable d'inhiber une réaction alors que l'excitation est présente, ce qui lui permet de *différer* certains actes :

- actes différés à courte échéance (à partir de 7 ans) : temps de guet dans les jeux comme cache-cache; pratique de la «feinte» offensive dans les jeux de compétition, etc.;
- actes différés à longue échéance (plus tardifs) : comprennent un temps creux entre la stimulation et la réaction. C'est l'attention progressive aux repères sociaux du temps jouant le rôle de «déclencheurs», de réflexes conditionnés qui permettent l'établissement des attitudes d'ordre, de régularité et de prévoyance (exemple : «Cette après-midi, à 4 heures, j'irai nager»).

Les relations entre le développement physique et la personnalité

La typologie de Sheldon est basée sur l'examen métrologique de sujets adultes normaux et s'exprime dans un *système morphologique à trois dimensions* [1].

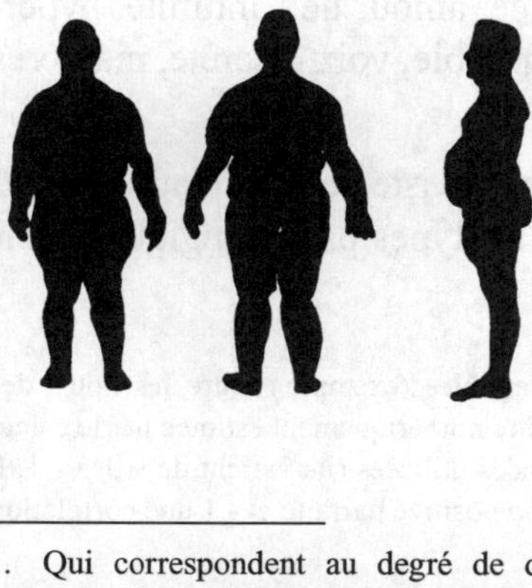

Le type *endomorphe*

Ce type correspond à la dominance du tronc sur les extrémités et des hanches sur la ceinture scapulaire, à des contours arrondis et mous, à de faibles reliefs musculaires.

1. Qui correspondent au degré de développement des tissus dérivés des trois feuillets embryonnaires : ecto-, méso-, et endoderme.

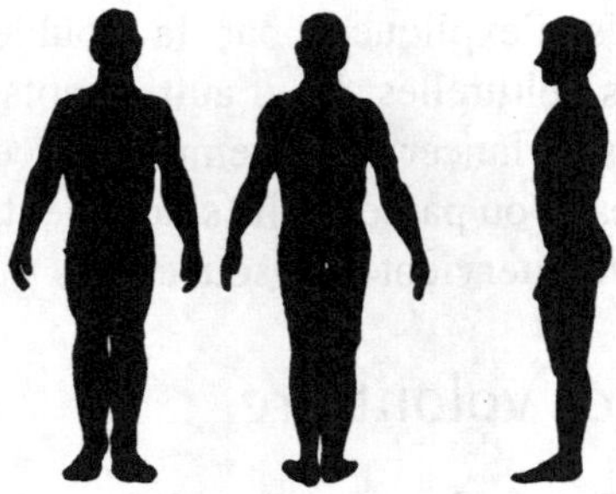

Le type *mésomorphe*

Ce type est caractérisé par la robustesse des os et des muscles. Le corps est fortement équarri, le relief musculaire puissant, les extrémités longues et puissantes et la ceinture scapulaire plus forte que les hanches.

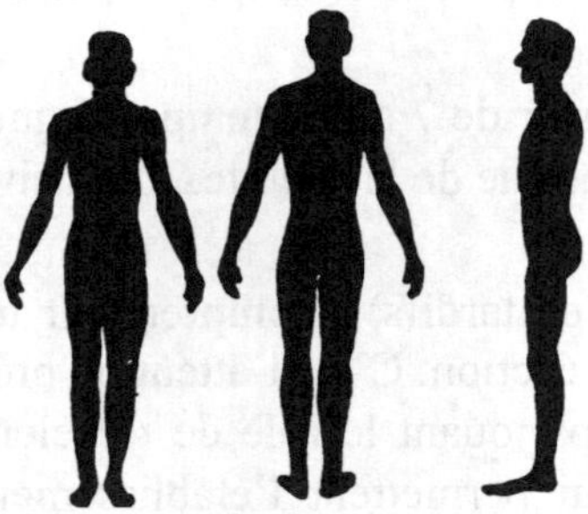

Le type *ectomorphe*

Ce type se distingue par une augmentation de la longueur des membres par rapport au tronc. La cage thoracique et le bassin sont plats.

A ces trois variables morphologiques correspondent trois *types psychologiques* (endomorphie-viscérotonie, mésomorphie-somatotonie, ectomorphie-cérébrotonie).

Principaux traits comportementaux de ces trois types psychologiques :

- type *viscérotonique* : attitude relaxée, amour du confort physique, sociophilie, tolérance, contentement de soi, extraversion …
- type *somatotonique* : attitude assurée, aventureux sur le plan physique, caractère énergique, manières brutales, agressivité compétitive, voix bruyante, hypermaturité de l'aspect …
- type *cérébrotonique* : attitude réservée, amour de l'intimité, hyperintensité mentale, introversion, sociophobie, voix discrète, manières juvéniles …

Sheldon a montré expérimentalement qu'il existe des corrélations [2] très élevées entre les types morphologiques et les types psychologiques (voir tableau page suivante).

2. Corrélation : liaison pouvant exister entre deux variables (exemple : entre les notes des mêmes étudiants à deux examens). La corrélation peut être numériquement estimée par le calcul de divers «coefficients» dont le choix dépend des données utilisées (ils varient de + 1 à - 1; 0 signifie une corrélation nulle, + 1 indique une corrélation positive parfaite et - 1 une corrélation négative parfaite).

Types morphologiques \ Types psychologiques	Viscérotonie	Somatotonie	Cérébrotonie
Endormorphie	**+.79**	-.29	-.32
Mésomorphie	—	**+.82**	-.58
Ectomorphie	—	—	**+.83**

Staffieri a procédé à la classification d'enfants âgés de 6 à 10 ans en endo-, ecto- et mésomorphes. Il a demandé à ces jeunes :

- de décrire comment ils se perçoivent actuellement;
- de nommer le type physique auquel ils s'identifient;
- d'attribuer une série de qualificatifs à chacune des trois silhouettes types.

Il évalua ensuite la popularité des enfants à l'aide du test sociométrique (garçons et filles furent invités à classer, par ordre décroissant, leurs meilleurs amis et les cinq noms de pairs pour lesquels ils éprouvent des sentiments négatifs) [3].

De toutes ces évaluations, c'est le *mésomorphe* qui émerge clairement en tant que type physique idéal de la masculinité. Sur le plan social, ce type atteint la popularité maximale. Résolu, amical, combatif, aimable, heureux, altruiste, courtois, sincère, courageux, débrouillard et simple sont les traits psychologiques le plus souvent cités.

Cette étude tend donc à prouver que, depuis leur jeune âge, les enfants sont influencés par les *stéréotypes* véhiculés par la société dans laquelle ils vivent et qu'ils apprennent vite à s'y accommoder.

Les «lois» du développement psychomoteur

Les faits que nous avons mis en évidence dans les chapitres consacrés au développement moteur montrent que celui-ci s'effectue selon certaines «lois» :

- le déterminisme anatomique : l'évolution de la motricité est fonction de la myélinisation des fibres nerveuses (exemple : modification de certains réflexes innés en réflexes «adaptés»);

3. Voir pp. 166-167 (sociométrie).

- le processus de différenciation : la motricité «globale» de masse qui est faite de décharges généralisées à tout le corps et en particulier aux membres chez le nouveau-né, s'affine progressivement, prend forme, se différencie en activités de plus en plus localisées et fines au fur et à mesure du développement;
- le développement céphalo-caudal (Coghill) et proximo-distal (Gesell) : le contrôle de la motricité s'établit d'abord pour les muscles proches de l'extrémité céphalique. Exemple pour les muscles de l'axe du corps : d'abord les muscles oculaires (poursuite oculaire des objets), puis les muscles de la nuque (tenue de la tête), enfin les muscles du tronc (station assise) passent sous le contrôle volontaire;
- les stimulations du milieu extérieur : la vie de groupe, par exemple, influence le développement de la motricité.

L'expression graphique [4]

Au cours de la période précédente, l'enfant essayait de représenter quelque chose. S'il échouait, il renonçait à son projet (réalisme manqué). Vers la fin de ce stade, il tentait parfois de corriger un élément du dessin pour trouver la ressemblance qu'il cherchait (exemple : ajout des yeux pour renforcer la ressemblance avec un être vivant). Dans ce cas, l'intention réaliste est voulue par l'enfant : nous entrons dans le stade du *réalisme intellectuel* (Luquet). L'enfant devient capable d'utiliser un système de signes plus ou moins développé pour représenter la réalité. Mais il ignore encore la portée de ce système d'expression symbolique qu'est le dessin.

Le stade du réalisme intellectuel

«... l'enfant use des schèmes graphiques dont il dispose dans le but de signifier la réalité extérieure ... On pourrait supposer que l'enfant, instruit de son pouvoir de représenter les objets, s'efforce d'en rendre toujours plus fidèlement l'apparence visuelle. Au contraire, l'enfant ne garde de cette apparence visuelle que ce qui permet la reconnaissance de l'objet» (Widlöcher).

L'enfant éprouve le besoin d'exprimer *tout ce qu'il sait* et pas seulement tout ce qu'il voit.

4. Voir annexe 6 : quelques critères objectifs de l'analyse du dessin (p. 215).

Le stade du réalisme intellectuel se caractérise notamment par :

- la transparence (exemples : à travers la façade d'une maison, l'enfant dessine l'intérieur des chambres, les habitants, les meubles …; dessin des racines dans le sol; tête visible sous le chapeau; intestins visibles dans le ventre de l'animal; bébé dessiné dans le ventre de sa mère; passagers visibles dans le train, dans l'auto …);
- la diversité des points de vue : représentation en plan de parties d'objets vus de face, de profil ou d'en haut (exemples : pot de fleurs dessiné de face et trou du fond dessiné en vue aérienne; le dessus et le dessous de la bobine; bateau dont le corps est vu d'en haut et les voiles de profil; visage dessiné de profil et corps de face, etc.);
- le doublement des organes pairs dans les représentations de profil (exemples : les quatre roues de l'automobile, les deux yeux du visage);
- le rabattement : l'enfant veut tout représenter, les objets vus en plan, de profil, en élévation … Il en résulte le phénomène du rabattement (exemples : sur les deux côtés d'une rue, les maisons sont représentées avec leur façade comme si elles étaient «rabattues» sur le même plan que la rue; les arbres d'une avenue sont rabattus de part et d'autre de celle-ci; la voiture est vue en plan mais ses quatre roues sont dessinées latéralement comme si elles étaient posées sur le sol …);
- l'usage du détail exemplaire (exemple : des traits verticaux représentent les cheveux sur la tête ou l'herbe dans la prairie);
- l'inscription de légendes (sans pour cela confondre le graphisme du dessin avec celui de l'écriture).

Vers le réalisme visuel

Luquet définit le *réalisme visuel* par la soumission à la perspective. Selon Widlöcher, «le fait demeure : le dessin se subordonne de plus en plus à un point de vue unique. D'une juxtaposition d'objets dans un espace abstrait et conventionnel, il devient projection d'un fragment de l'espace tel que nous pouvons le saisir par la vue».

Le réalisme visuel est acquis lorsque l'enfant renonce au syncrétisme du réalisme intellectuel grâce au développement de ses capacités d'attention et de concentration.

Mais comme l'écrit Widlöcher déjà cité, «l'apparition du réalisme visuel est contemporaine chez l'enfant du dépérissement du dessin». L'enfant ne se rallie pas avec joie à la représentation réaliste des choses, ce qui peut plaider en faveur d'une option surréaliste dans l'action des ateliers d'expression libre.

Osterrieth synthétise à la fois ses propres observations et des systématisations antérieures dans le tableau ci-après.

Niveau 1 *Le gribouillage* de 2 à 3 ans	Production de tracés par activités motrice, sans intention figurative Apparition d'éléments représentatifs, révélés surtout par les verbalisations; entrée en jeu de la fonction symbolique
Niveau 2 *Le schématisme* de 3 à 9 ans	Intention figurative manifeste, dessin délibérément représentatif : «âge d'or» du dessin enfantin *Vocabulaire graphique* = schémas individuels produits par juxtaposition et combinaison d'éléments graphiques simples (3 ans) Combinaison de schémas en scènes élémentaires (4 ans) Combinaison de schémas en scènes complexes et paysages, premières tentatives de représentation du mouvement et de l'espace (5-6 ans) Infléchissement du schéma vers une représentation plus souple, plus anecdotique, plus réaliste (7-9 ans)
Niveau 3 *Le réalisme conventionnel* de 9 à 13 ans	Représentation plus fidèle aux apparences visuelles, abandon du schématisme, attention croissante aux formes, aux détails, aux attitudes, aux rapports topologiques et aux proportions, ébauche de la troisième dimension, particularisation des sujets représentés, tendance à une figuration objective et conventionnelle
Niveau 4 *Différenciation et tarissement* adolescence	Différenciation des évolutions individuelles et tarissement de l'activité graphique Parfois, évolution vers une production de niveau artistique

(*L'étude du dessin enfantin*, in H. Gratiot-Alphandery et R. Zazzo (éds.), *Traité de psychologie de l'enfant,* Paris, PUF, 1976).

L'émergence de la puberté

La croissance physique subit l'effet conjugué de variations individuelles et d'influences culturelles. Les variations individuelles s'observent, par exemple, dans les différences morphologiques : tous les enfants de 12 ans d'une même école n'ont pas la même corpulence (certains possèdent déjà un corps d'adulte alors que d'autres présentent encore des configurations infantiles). La croissance physique dépend également des facteurs sociaux : dans les sociétés industrialisées, l'amélioration des conditions de vie (hygiène, nutrition, médication, scolarisation, urbanisation ...) favorise la précocité de la puberté et l'avancement de l'âge de la maturation sexuelle.

Depuis un siècle, on constate, dans les pays occidentaux, une accélération de la croissance et l'*éclosion de plus en plus précoce de la puberté.* En témoignent ces exemples (Tanner) :

- augmentation de la taille moyenne masculine de plus de 1 cm par décennie (1873 : 1,64 m - 1953 : 1,73 m);
- achèvement de la croissance (1880 : 24-25 ans - de nos jours : 18 ans) (Meredith)
- avancement de 4 ans (de 17 à 13 ans), en un siècle, de l'âge des premières menstruations.

Ce «décalage séculaire de la croissance» s'explique par l'action de facteurs cérébraux et endocriniens renforcés par des conditions — psychologiques, sociales, économiques et culturelles — favorables au développement précoce des individus.

L'image corporelle

La représentation mentale du corps est perturbée dès le début de la croissance pubertaire. L'implication, dans la vie quotidienne, de l'augmentation rapide de la stature et de l'envergure est manifeste. Des enfants jusqu'alors égaux en taille peuvent devenir rapidement très différents : les uns restent (provisoirement) petits en attendant leur poussée de croissance tandis que d'autres les dépassent de 12 à 15 cm avant qu'éventuellement ils ne retrouvent une stature identique, les seconds voyant leur croissance se stabiliser tandis que les autres les rattrapent.

Par conséquent, l'apparence physique est l'objet :

- de préoccupations narcissiques, subjectives (ce qui explique l'usage de plus en plus intensif du miroir : les jeunes se contemplent et vérifient leur développement);
- de satisfactions et d'insatisfactions (sans toujours se l'avouer, les jeunes se comparent entre eux).

Les disproportions temporaires (souvent dysharmonieuses) du développement morphologique engendrent parfois des *dysmorphophobies* (phénomène névrotique) au sujet de la grandeur exagérée des membres, de la croissance accélérée de la taille ou du poids, du déraillement de la voix ... sans oublier l'importance «culturelle» de l'apparition des seins (pouvoir de séduction).

Le tableau qui suit donne une idée de ce qui inquiète les jeunes pubères.

CARACTÉRISTIQUES	GARÇONS	FILLES
Taille	Crainte d'être trop petits, de manquer de carrure	Crainte d'être trop grandes
Poids		Phobie de l'obésité
Voix	Horreur de la voix aiguë	
Visage	Gêne due à la persistance des joues glabres, aux oreilles trop grandes, aux dents irrégulières, à la présence de boutons (acné)	Gêne due aux points noirs et à l'acné, à une pilosité accentuée, au nez disproportionné et aux dents irrégulières
Développement génital	Anxiété à l'égard du développement tardif des organes génitaux et d'une poussée mammaire	Angoisse à propos du développement tardif des seins

Ces inquiétudes sont essentiellement dues au *besoin de conformité* aux normes sociales. Par exemple, les Israélites et les Musulmans n'appréhendent pas la circoncision comme les jeunes Européens circoncis pour raison médicale. Chez les premiers, il s'agit d'un fait culturel commun; chez les autres, il s'agit souvent d'une «mutilation» engendrant un sentiment d'infériorité qui s'exprime notamment par la gêne de se dévêtir devant les camarades.

Les filles semblent plus vulnérables que les garçons étant donné l'énorme importance accordée au pouvoir de séduction, aux images de la beauté féminine et à ses canons culturels actuels.

Dans ce contexte, on peut rencontrer des comportements déviants tels que l'obésité et l'anorexie mentale.

L'obésité se manifeste par une série de comportements conscients et inconscients : boulimie, régression infantile, recherche du plaisir immédiat (hyperconsommation d'aliments sucrés), perturbation précoce de la relation à la mère, refus de la sexualité adulte, négation du corps sexué (cacher les formes sous la graisse), protection du contact avec l'autre grâce à l'épaisseur cutanée …

La phobie de l'obésité (renforcée par le port «obligé» de certains vêtements à la mode) donne lieu à des restrictions alimentaires draconiennes au nom de la … coquetterie (alors que les arrière-grand-mères accentuaient, par des artifices de toilette, leurs propres rotondités !). L'anorexie mentale se caractérise par l'amaigrissement et l'aménorrhée psychogène : désir éperdu d'être maigre (lutte forcenée contre la nourriture), refus d'accéder à la sexualité génitale, répudiation du corps féminin au moment où il est en train de se transformer, investissement narcissique.

En conclusion, on constate combien les images corporelles des jeunes pubères sont tributaires des :

- signes visibles socialement valorisés (force musculaire, beauté physique);
- puissants stéréotypes culturels de la masculinité-féminité (silhouette d'athlète ou type mannequin);
- normes idéalisées par la société et véhiculées par les médias (magazines, publicité, cinéma, télévision).

Les irrégularités du développement sexuel

Les irrégularités de la maturation sexuelle peuvent également entraîner des difficultés sérieuses :

- le développement hâtif (pubertés précoces) confère une efficacité sociale élevée (indépendance, popularité) par rapport aux pairs du même âge. Dans certains cas, ce sentiment de confiance en soi peut conduire les jeunes à choisir prématurément des modèles adultes conventionnels (Peskin);
- le développement tardif (impubérisme) confère un statut social d'infériorité et de dépendance par rapport aux autres, engendre une image négative de soi et un sentiment d'incompétence et de rejet social. Ces problèmes peuvent persister à l'âge adulte (Mussen et Jones).

L'inacceptation (voire l'incompréhension) des transformations pubertaires par l'entourage familial, les moqueries, plaisanteries et quolibets des pairs peuvent perturber l'image de soi et donner naissance à des réactions névrotiques et agressives.

Un tableau comparatif permet d'y voir plus clair au sujet des conséquences émotionnelles de la maturation sexuelle.

GARÇONS	FILLES
11-12 ans Curiosité pour la sexualité doublée d'une peur de l'inconnu, d'où : – fausse désinvolture – fanfaronnades proches de l'exhibitionnisme – plaisanteries obscènes, histoires graveleuses (pornolalie et pornographie) – timidité (voire hostilité) à l'égard des filles	**10-13 ans** Etat de conflit intérieur : oscillations entre le désir d'indépendance et la peur d'être abandonnée (par la mère), entre la soumission anxieuse et la révolte Début d'affranchissement par l'établissement de liens (chastes) d'amitié avec une fille du même âge ayant les mêmes goûts et les mêmes intérêts (conversation, vêtements, chansons ...)
12-14 ans Masturbation perçue à la fois comme expérience agréable et source de culpabilité, de honte, de dépréciation de soi Désir d'autonomie affective par rapport aux parents Recherche d'un camarade confident idéalisé Intérêt (souvent platonique) pour les filles	**12-14 ans** Premières menstruations accueillies avec un mélange de joie et d'anxiété, de fierté et d'angoisse Poursuite de la lutte pour l'autonomie affective se traduisant dans une situation de «bisexualité» : – intérêt «inavoué» pour les garçons – attitudes de garçon manqué ou de fille capricieuse Amitié intense et idéalisée pour une autre fille

LE DÉVELOPPEMENT INTELLECTUEL

L'intelligence sensori-motrice (1-3 ans), vu l'absence du pouvoir d'évocation, ne pouvait ni généraliser ni comparer les schèmes-réflexes et les explorations motrices. L'enfant ne saisissait les situations que dans leur compréhension liée à l'action propre.

Au stade pré-opératoire (3 à 7 ans), l'assimilation portait exclusivement sur les objets absents aussi bien que présents. La fonction sémiotique et l'intuition délivraient l'enfant de la situation présente en le faisant passer de la compréhension à l'extension (exemples : classements, correspondances, pré-concepts …). Au niveau pré-opératoire, l'intelligence se trouve donc à mi-chemin du schème d'action et du concept.

Vers l'âge de 7 ans apparaît la phase déterminante des *opérations*, actions conceptualisées, réversibles et coordonnées à d'autres en un système d'ensemble (exemple : sériation de hauteurs).

Comment s'effectue le passage de l'intuition à l'opération ?

Par exemple, l'enfant qui compte dix cailloux et découvre qu'ils sont toujours dix quand bien même il en changerait l'ordre, «expérimente en réalité non pas sur les cailloux qui lui servent simplement d'instruments, mais sur ses propres actions d'ordonner et de dénombrer».

Si on présente deux boulettes identiques de plasticine et qu'on en écrase une, l'enfant de 5-6 ans nie que la quantité de la pâte reste la même; au contraire, vers 7-8 ans, il affirme que la quantité (la substance) est conservée (l'étendue compense l'épaisseur).

Que s'est-il donc passé ? Si on lui demande ses raisons, l'enfant répond : «On n'a rien enlevé ni ajouté» (= identité) ou bien «On peut remettre comme c'était avant» (= réversibilité) ou bien «C'est plus grand mais plus mince» (compensation).

On constate donc que la pensée se détache de la perception momentanée, corrige l'intuition perceptive et établit des relations objectives qui permettent l'apparition des notions de *conservation* et d'*invariance*.

La modification qui se produit dans la pensée enfantine peut être représentée de la manière suivante :

Pensée intuitive →	**Pensée opératoire**

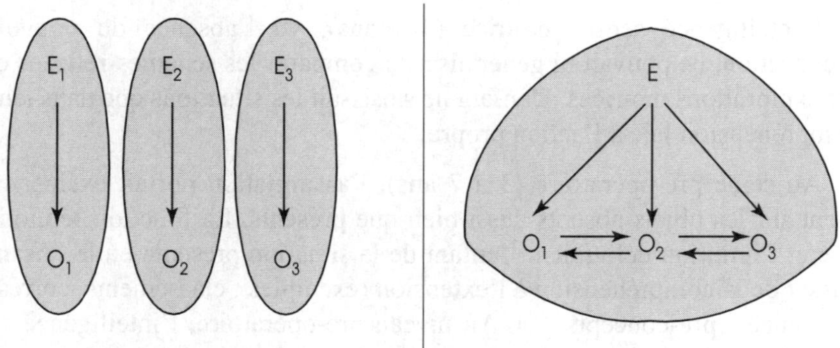

Centration : l'enfant centre son attention sur chaque aspect de la situation (successivement).	Décentration : l'enfant déplace son attention sur les trois aspects de la situation (en même temps).
Identités qualitatives (non-conservation).	Constantes quantitatives (conservation).
Processus statiques et discontinus (les séquences perceptives sont non dynamiques).	Processus évolutifs et continus (compréhension des changements).
L'ensemble n'est pas un invariant (il s'agit de trois perceptions momentanées n'ayant aucun rapport entre elles).	L'ensemble est un invariant (les trois perceptions sont « réunies » mentalement par des relations de conservation et de réversibilité).

Remarques :

O_1 O_2 O_3 sont les états d'un même objet perçu par l'enfant mais à des moments différents (exemple : boulette-galette-saucisson de plasticine);

E_1 E_2 E_2 sont les états mentaux successifs de l'enfant.

Le passage de l'intuition à l'opération comporte trois moments solidaires

L'abstraction réfléchissante

L'abstraction réfléchissante tire son information de l'action de l'enfant sur les objets.

L'abstraction *simple* consiste à extraire, à partir des objets, des propriétés de plus en plus générales. L'abstraction *réfléchissante* porte sur les actions que l'enfant exerce sur les objets (et non sur les objets eux-mêmes) afin de dégager certaines coordinations entre actions telles que réunir, ordonner, sérier …

Exemples de sériation de hauteurs différentes :
- abstraction simple : ne considérer que les différentes hauteurs;
- abstraction réfléchissante : ordonner les hauteurs dans un ordre (croissant ou décroissant) pour composer une série qui comprend toutes les hauteurs-objets. L'élaboration mentale coordonne les actions en un système d'ensemble opérationnel.

La coordination structurante

Le deuxième moment résulte des coordinations précédentes : la coordination structurante vise, en effet, à embrasser la totalité du *système de relations* et arrive à sa «fermeture» (système logique clos à l'intérieur duquel toutes les relations sont connues, prévisibles et reliées entre elles).

Exemples *:* l'enfant qui insère un bâtonnet dans une série déjà constituée. En fonction de la hauteur des premier et dernier bâtonnets de la série, l'enfant *prévoit* si le bâtonnet à intercaler doit être placé :
- à l'intérieur de la série;
- devant le premier élément de la série;
- après le dernier élément de la série.

L'assimilation autorégulatrice

Le troisième moment intervient quand l'assimilation génératrice et intégrative se fait autorégulatrice.

L'enfant devient capable d'anticiper «en pensée» le résultat des diverses organisations des éléments de la situation. S'il pense se tromper, il peut «revenir en arrière» (rétroaction) et imaginer, suite à une nouvelle organisation des éléments, la réponse correcte.

Exemple : l'enfant parvient, à partir des actions exécutées sur la plasticine, à ne tenir compte que des modifications (boule, saucisson, galette) pour les mettre en correspondance et élaborer un système où les actions se compensent et s'équilibrent (réversibilité).

Réaliser des opérations élémentaires *concrètes*, comme les sériations et les classifications, c'est être capable de créer des transformations réversibles sur des objets et en rendre compte verbalement.

Les structures de groupement, caractéristiques des opérations

Piaget appelle «groupement» un *système d'opérations* qui s'impliquent les unes les autres (exemple : comprendre ce qu'est une addition implique que l'on comprend également ce qu'est une soustraction, de même une multiplication et une division). Ce système est tel qu'il comporte cinq conditions simultanées : la transitivité, l'inversion, l'opération identique, l'associativité et la tautologie ou l'itération.

La transitivité

Deux actions successives peuvent se coordonner en une seule : c'est la transitivité propre aux inclusions qui correspond, au plan psychologique, à la coordination des opérations.

Si B + B′ = C et si A + A′ = B alors A + A′ + B′ = C

Exemple : réunir deux relations en une troisième qui les contient (réunir les ronds colorés aux ronds blancs pour former la classe plus générale des ronds).

L'inversion

L'opération transitive peut être inversée (exemples : séparer-rassembler; serrer-disperser).

(A +A' = B) correspond à une seule inversion (- A - A' = - B), ce qui équivaut, sur le plan psychologique, à la réversibilité des opérations (en opposition à l'irréversibilité de l'action immédiate).

Exemple : séparer une classe générale en deux classes plus particulières (séparer la classe des ronds en deux classes : la classe des ronds colorés et la classe des ronds blancs).

L'opération identique

Le produit de l'opération et de son inverse est l'opération identique.

(A + A') + (- A - A') = O : l'opération identique, par composition d'une opération avec son inverse, c'est psychologiquement l'absence d'une opération.

Exemple : réunir puis dissocier équivalent à ne rien changer (réunir les ronds colorés et les ronds blancs en ronds — réunion — et ensuite dissocier les ronds en ronds colorés et en ronds blancs — inversion de la réunion — ramènent à la situation de départ, c'est-à-dire la situation telle qu'elle était avant qu'on applique la réunion et la dissociation).

Ou encore, A + 1 (opération = addition), puis – 1(opération inverse de l'addition = soustraction), égale A (opération identique), ce qui suppose la *conservation* de A malgré les transformations successives.

L'associativité

La composition, entre elles, de trois opérations distinctes, non tautologiques, est associative.

(A + A') + B' = A + (A' + B') = C, ce qui représente la possibilité psychologique d'utiliser deux voies différentes pour atteindre le même résultat.

Exemple : on peut grouper dans la même classe — les mollusques — les escargots et les limaces mais on ne peut réunir dans cette classe les escargots et les chevaux alors qu'on peut combiner n'importe quel nombre avec n'importe quelle autre (itération).

L'associativité ne s'applique donc que pour les quantités numériques et ne peut s'appliquer aux qualités. On peut additionner n'importe quel nombre à n'importe quel autre, mais on ne peut réunir n'importe quelle classe à n'importe quelle autre.

Ou encore : [(les ronds bleus + les ronds bleus) – les ronds bleus] = il ne reste plus rien, est différent de [les ronds bleus + (les ronds bleus – les ronds bleus)] = il reste des ronds bleus, *alors que* [(1+1) –1] = [1+(1–1)].
La tautologie et l'itération

Il s'agit de l'application d'une même opération à un ensemble (ou à un objet) deux fois de suite.

On distingue :

1) Les structures logiques (exemple : la classe) : la répétition de la même opération n'ajoute rien (tautologie)

   Exemple : tous les ronds blancs + tous les ronds blancs = le même ensemble de ronds blancs.

2) Les structures mathématiques (exemple : le nombre) : la répétition de la même opération modifie le résultat (itération)

   Exemple : le nombre +1+1= 2

Les *groupements opératoires* aboutissent ainsi aux structures suivantes :

- emboîtement des classes (exemple : classer des quantités équivalentes);
- sériation des relations asymétriques (exemple : ordonner des grandeurs différentes);
- correspondance des groupements multiplicatifs (exemple : faire correspondre une suite de cannes et une suite de sacs);
- apparition du système des nombres (équivalence et différence);
- groupements spatiaux et temporels, compositions diverses qui, avant de se conceptualiser, font l'objet de déductions hypothético-déductives.

Exemples :

1) L'espace : grâce à la pensée opératoire, l'enfant sait désormais où est l'école par rapport à sa maison et vice versa. Il devient mentalement capable de remplir l'espace entre les deux : magasins, église, maison communale, poste, gare …
2) Le temps : vers 8 ans «avant et après» / temps se coordonnent avec «plus ou moins longtemps» / durée.

Il importe de remarquer que les groupements sont relatifs à un contenu physique précis. Le raisonnement est applicable à la substance avant le poids et au poids avant le volume.

Exemple : les boules modifiées de plasticine :

- dès 7-8 ans : la quantité de matière se conserve en dépit des déformations;
- jusqu'à 9-10 ans : les mêmes enfants contestent que le poids se conserve;
- jusqu'à 11-12 ans : la conservation du volume est niée.

Une autre expérience est significative à cet égard. On montre aux enfants des bocaux transparents de formes différentes, placés sur le sommet de chaque autre et vidés à l'aide de tuyaux (voir schéma, p. suivante). Les enfants observent le liquide couler d'un bocal à l'autre jusqu'à ce qu'il atteigne le fond des bocaux dont la forme est identique à ceux du dessus mais différente des bocaux intermédiaires.

Il faut atteindre l'âge de 11-12 ans pour que les enfants comprennent la conservation du volume.

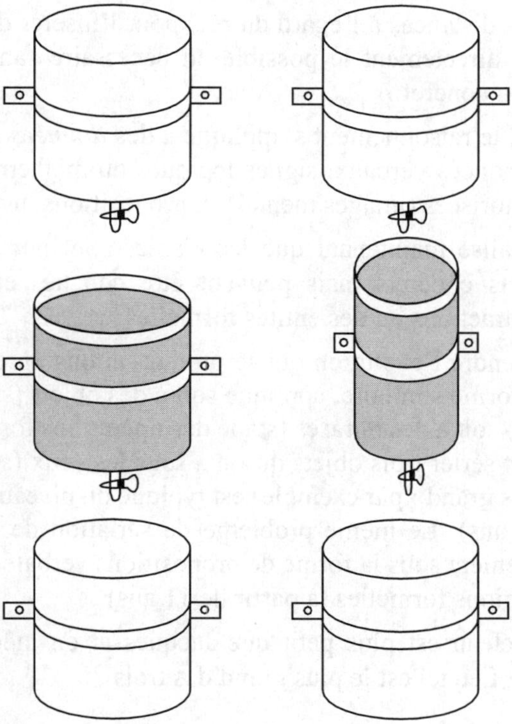

Vers les opérations formelles

Le développement de l'intelligence a parcouru deux étapes principales : l'installation de la fonction sémiotique et la phase des opérations concrètes.

La fonction sémiotique, en intériorisant les schèmes sensori-moteurs :

- permet l'élaboration des images mentales;
- ouvre le champ au langage verbal;
- condense des actions successives en représentations simultanées.

La phase des opérations concrètes, grâce à la coordination des anticipations et des rétroactions :

- introduit la réversibilité dans la pensée enfantine;
- assure la maîtrise progressive de notions comme celles de l'espace et du temps.

Avec l'apparition des *opérations formelles* (à partir de 11 ans), l'intelligence prend ses distances à l'égard du réel pour l'insérer dans le possible «et pour relier directement le possible au nécessaire sans la médiation indispensable du concret».

Vers 12 ans, le raisonnement s'applique à des *données symbolisées* ou formalisées : énoncés verbaux, signes logiques ou mathématiques, représentations intériorisées (images mentales), propositions, hypothèses ...

Le jeune réalise maintenant que les classes sont non seulement des groupes d'objets concrets mais peuvent être conçues et/ou imaginées comme des abstractions ou des entités formelles.

Pour comprendre l'évolution qui se produit, citons un exemple de raisonnement de forme similaire, appliqué soit à des objets (stade des opérations concrètes) soit à des phrases (stade des opérations formelles). Savoir comment il faut sérier trois objets qu'on a sous les yeux (selon la relation «de plus en plus grand» par exemple) est typique du niveau des opérations concrètes (7-8 ans). Le même problème de sériation de trois éléments, présenté uniquement sous la forme de propositions verbales, caractérise le stade des opérations formelles (à partir de 11 ans).

Exemple : «Jean est plus petit que Jacques et en même temps plus grand que Paul. Lequel est le plus grand des trois ?»

Analyse combinatoire et structure de proportionnalité, caractéristiques de l'opérativité formelle

La combinatoire propositionnelle

Le *raisonnement hypothético-déductif* met en œuvre l'analyse combinatoire qui coordonne systématiquement les propositions en épuisant toutes les possibilités d'une situation (structure de réseau ou *lattice*). Autrement dit, il s'agit d'une matrice ordonnée qui réunit les propositions selon toutes les combinaisons n à n.

La combinatoire s'applique à des objets et à des propositions. Pour ce qui est des objets, par exemple, on peut donner des jetons de 2, 3, 4 et 5 couleurs possibles (comme s'il s'agissait de promeneurs allant par deux et variant leurs compagnons).

Au stade des opérations concrètes (7-11 ans), les enfants procédaient par couples incomplets et ne réussissaient que quelques combinaisons par tâtonnement.

Au début des opérations formelles (à partir de 11-12 ans), ils raisonnent de façon plus systématique (1-2, 1-3, 1-4, 1-5; 2-3, 2-4, etc.). Bien entendu, on n'exige pas d'eux qu'ils trouvent la formule logique (!) mais qu'ils utilisent une méthode exhaustive basée sur la recherche systématique des combinaisons possibles.

On peut également se faire une idée du niveau atteint en analyse combinatoire en demandant à des enfants de 10 et de 13 ans, par exemple, de trouver parmi six boules identiques, les deux boules aimantées.

Pour les premiers, on notera les couples de boules obtenus par tâtonnements, au hasard.

Pour les seconds, on observera l'accès à l'analyse combinatoire : sans connaître aucune formule de logique, les pré-adolescents commencent à manipuler les propositions selon plusieurs possibilités-hypothèses (négation-inversion, identité, réciprocité, corrélation).

La structure de proportionnalité

Sur une balance composée d'un bras vertical sur un socle et d'un fléau horizontal auquel on suspend des poids inégaux, on peut équilibrer un poids :

- soit en mettant un poids inférieur (P^-) à une distance de l'axe proportionnellement plus grande (L^+)
- soit en mettant un poids supérieur (P^+) à une distance de l'axe proportionnellement plus petite (L^-)

$$\frac{P}{P^-} = \frac{L^+}{L} \qquad\qquad \frac{P}{P^+} = \frac{L^-}{L}$$

$$\text{si } L^+ = L \qquad\qquad \text{si } L^- = L$$

$$\text{alors } \frac{P}{P^-} = \frac{H'}{H} \qquad\qquad \text{alors } \frac{P}{P^+} = \frac{H'}{H}$$

Au stade opératoire concret (7-11 ans), les enfants découvrent des relations du type :

- plus lourd x même distance = plus grande force
- moins lourd x même distance = moins grande force
- même poids x plus loin = plus grande force
- même poids x moins loin = moins grande force

Mais ces relations ne leur permettent pas de découvrir la loi : plus lourd x plus loin et plus lourd x moins loin restent indéterminés.

A partir de 11-12 ans, certains jeunes arrivent à une compréhension qualitative de la loi («cela revient au même d'augmenter le poids ou la distance») et une ébauche de son explication logique. Mais nombreux sont ceux qui n'y parviennent pas, même à 15-16 ans. On en comprendra les raisons plus loin (cf. variations socio-culturelles et socio-constructivisme).

Au cours de l'adolescence, l'intelligence formelle se développera dans cinq directions au moins, à savoir :

- imagination de plusieurs explications alternatives pour le même phénomène (exemple : causes d'un accident);
- invention de propositions contraires aux faits, de déduction (ex. : suppositions, hypothèses ...);
- utilisation de symboles qui ne représentent rien dans l'expérience personnelle de l'individu mais qui ont une définition abstraite (exemple : métaphores);
- manipulation de symboles de symboles (exemple : algèbre);
- vérification expérimentale et induction (exemple : créer des systèmes compliqués d'élastiques pour voir comment se déplace la porte de la chambre quand on la pousse).

La fabulation régresse

A partir de l'âge de 7 ans, la différence entre ce qui est réel et ce qui est imaginaire s'effectue : en témoigne la régression de la fabulation.

Exemple : cette petite fille de 4 ans qui donne à boire à sa poupée alors que sa sœur de 11 ans se moque d'elle (la grande considère le jouet comme inanimé alors que la cadette l'appréhende d'une manière égocentrique).

Plusieurs psychologues situent à 7 ans «l'âge de raison», époque où dans les familles catholiques l'enfant célèbre sa première communion.

RÉCAPITULATION DES STADES DU DÉVELOPPEMENT MENTAL DE L'ENFANT

Stades / Âges (moyens)	0	1	2	3	4	5	6	7	8	9	10	11	12	13	14	15	…
I. Période sensori-motrice																	
1) Les réflexes																	
a) exercices réflexes (0-1 mois)																	
b) premières habitudes (1-4 mois)																	
c) réactions circulaires (vers 4-5 mois)																	
2) Les conduites intentionnelles (vers 8-9 mois)																	
3) L'exploration et le tâtonnement. "Intense expérimentation active" (à partir de 11-12 mois)																	
4) Débuts de l'intériorisation des schèmes (à partir de 16 mois)																	
II. Période pré-opératoire																	
1) La fonction sémiotique (2-6 ans). Imitation différée, jeu symbolique, image graphique, image mentale, représentation verbale																	
2) Le raisonnement intuitif (4-7 ans)																	
III. Période des opérations concrètes (de 7 à 12 ans)																	
1) Le passage de l'intuition à l'opération (abstraction réfléchissante, coordination structurante, assimilation autorégulatrice)																	
2) Les structures de groupement (transitivité, inversion, associativité, opération identique, tautologie)																	
IV. Période des opérations formelles (à partir de 11 ans)																	
Pensée formelle ou hypothético-déductive																	

Exceptionnel au stade précédent, le *mensonge* apparaît avec une volonté évidente de tromper. Plusieurs enquêtes nous apprennent que l'enfant ment surtout par crainte (ayant commis une «faute», l'enfant se défend contre la sévérité possible des adultes).

Néanmoins le souci de la vérité objective se développe lentement entre 8 et 12 ans :

- les enfants sont plus influençables que les adultes par manque d'esprit critique;
- les jeux accordent encore une large place à la fiction (mais l'imagination a besoin d'un décor assez réaliste pour se développer). (Exemples : camping sur la pelouse, «Cow-boys et Indiens», dans les buissons).

L'égocentrisme régresse plus lentement

Sortir de l'égocentrisme consiste à pouvoir distinguer le sujet de l'objet en n'attribuant plus à l'objet les propriétés du sujet et en cessant de croire (inconsciemment) que son propre point de vue est unique par la confrontation de ses opinions à celle d'autrui.

Sur le plan de la pensée, le déclin de l'égocentrisme est plus lent que sur celui de la perception. Pour s'en rendre compte, il suffit de soumettre à des enfants de 7 à 12 ans les phrases du test d'absurdité de l'échelle Binet-Simon : les enfants, dans la plupart des cas, refusent les prémisses alors que la question n'est pas là.

Exemples :

- «Un malheureux cycliste a eu la tête fracassée et il est mort sur le coup; on l'a emporté à l'hôpital et on craint bien qu'il puisse en réchapper»;
- «J'ai trois frères : Paul, Ernest et moi»;
- «Il y a eu hier un accident de chemin de fer, mais ça n'est pas grave : le nombre des morts est seulement de 48».

Le syncrétisme de la pensée persiste jusqu'à 11-12 ans

Si le syncrétisme perceptif disparaît entre 5 et 7 ans, le syncrétisme de la pensée est encore très vivace au cours de la période que nous décrivons maintenant.

La juxtaposition

L'enfant a tendance à juxtaposer les propositions plutôt qu'à les hiérarchiser.

Exemples :

- test de multiplication logique (Piaget) :

  «Si cet animal a de longues oreilles, c'est un mulet ou un âne.

  Si cet animal a une grosse queue, c'est un mulet ou un cheval.

  Eh bien ! qu'est-ce que c'est ?»

  «Si j'ai plus de 20 F, je me déplacerai en autobus ou en métro.

  S'il pleut, j'irai en métro ou en taxi.

  Or il pleut et j'ai 50 F.

  Comment vais-je me déplacer ?»

  La plupart des enfants de 10-11 ans juxtaposent les classes au lieu d'exclure le terme commun.

- l'implication (liaison entre antécédent et conséquent) :

  1) les «parce que» causal (physique) et psychologique (motivation) sont correctement utilisés vers 8-9 ans;

  2) le «parce que» logique (justification) est maîtrisé par 40% des enfants de 11-12 ans.

Le globalisme

La compréhension est syncrétique dans la mesure où elle se laisse influencer par l'impression globale fournie par quelques éléments du texte qu'on propose à la sagacité de l'enfant.

Exemple : le test des proverbes (Claparède) : «A chacun selon ses œuvres» (l'enfant de 10 ans ne comprenant pas le mot «selon» répond : «chacun fait ses œuvres»).

Tout se passe comme si l'enfant élimine dans la phrase tous les mots qu'il ne comprend pas, unit ceux qu'il saisit et interprète (faussement !) l'ensemble qui subsiste. On s'en rend compte aisément en soumettant à la compréhension des enfants des proverbes tels que :

- «Le chat parti, les souris dansent»;
- «Pierre qui roule n'amasse pas mousse», etc.

Le raisonnement

Le couple disparaît progressivement

Exemple : faire écarter par l'enfant le mot qui n'appartient pas à la même classe «vache, pigeon, cheval, cochon, taureau». Les performances s'étalent de 9 ans (50% de réussite) à 15 ans (90%).

La transduction s'élimine ...

... et cède le pas au raisonnement basé sur la combinaison mentale des éléments, sur le souci du réel et l'accès à l'objectivité.

Exemple de syllogisme :

«Jean est plus gentil que Jacques.

René est plus intelligent que Jean.

Donc Jacques est plus méchant que René.

Exact ou faux ?»

Les résultats passent de 30% de réussite vers 9 ans à 90% vers 13 ans.

L'induction s'élabore lentement

Si des enfants de 9-10 ans sont capables de résoudre concrètement le calcul de l'aire d'un rectangle, la généralisation n'est pas automatiquement acquise (selon Hotyat, un tiers des 36% des élèves ayant réussi le problème concrètement).

La démonstration évolue encore plus lentement ...

... car l'enfant doit construire, en pensée, des associations d'opérations en appliquant des principes «admis» préalablement (exemple : une démonstration mathématique). Cette évolution est à mettre en rapport avec le développement de l'intelligence formelle (voir supra : pp. 137-140).

La représentation du monde

Evolution de l'adualisme

Exemples :

- origine de la pensée :
  1) vers 8 ans : on pense avec la tête, le cerveau (= influence de l'adulte) mais la pensée reste matérielle (voix, souffle ...);

2) vers 11-12 ans : la pensée est immatérielle et distincte des objets qu'elle représente mentalement.

– origine des noms :

1) vers 7-8 ans : les noms ont été inventés par les créateurs des objets (exemples : le Bondieu, les premiers hommes) et sont consubstantiels aux objets (ils ont été inventés au moment où les choses ont été faites);

2) vers 9-10 ans : les noms ont été inventés par des hommes quelconques; ils ne sont plus liés à la création des objets.

– origine des rêves : les rêves, vers 7-8 ans, «viennent de nous» (pensée, tête) mais comme ils se présentent sous la forme d'images, les enfants les situent encore «à l'extérieur» (dans la chambre à coucher).

Les pratiques magiques

Ces pratiques sont progressivement remplacées par des *essais* d'explication objective.

Exemples :

– animisme : la conscience est réservée aux corps en mouvement (soleil, nuages, rivières ...) de 6-7 ans à 8-9 ans; il s'établit une distinction entre le mouvement propre (le vent, les astres ...) et le mouvement reçu de l'extérieur (le vélo, la charrette ...) de 8-9 ans à 11-12 ans où, en outre, la conscience est réservée aux animaux;

– causalité morale : la notion du *déterminisme physique* se développe lentement pour remplacer définitivement l'idée de la causalité morale vers 11-12 ans. Il suffit de voir comment les enfants expliquent les modifications de niveau lors de l'immersion d'un caillou dans un verre étroit (Piaget) :

3-4 ans : «L'eau monte à cause du poids du caillou»;

5-6 ans : «L'eau monte (ou descend) à cause d'un caillou qui bouge»;

7 ans : «Le caillou fait monter l'eau»;

8 ans : «Plus le caillou est dans le fond du verre, plus l'eau monte»;

9-10 ans : «Cela dépend de la grosseur du caillou»;

11-12 ans : «Le changement du niveau de l'eau dépend du volume du caillou»;

– finalisme : le finalisme subsiste très longtemps même au-delà de 12-13 ans (exemple : les nageoires du poisson, *c'est pour nager*) au détriment de l'explication par l'ensemble des lois naturelles [5].

Culture informatique, intelligence et apprentissage

Papert, disciple de Piaget et mathématicien, met l'enfant en mesure de programmer l'ordinateur : il s'agit d'apprendre à la «Tortue» en langage LOGO quelque chose de nouveau en jouant à être soi-même la Tortue (dessiner un cercle, une spirale ...; jongler; construire des phrases; ...).

L'ordinateur donne *accès plus tôt à la pensée formelle* en faisant réfléchir systématiquement sur tous les états possibles d'une situation (exploration combinatoire), il permet de combler le fossé entre savoir formel et compréhension intuitive en concrétisant le domaine formel (par exemple, le principe du «mouvement perpétuel» en contradiction avec l'expérience familière).

Avec cette utilisation de l'ordinateur, l'enfant construit ses propres structures intellectuelles et il pense sur sa pensée, il analyse sa stratégie d'apprentissage : il s'agit bien d'un *apprentissage piagétien*, sans programme, où l'enfant résout des problèmes et apprend par ses erreurs.

EVOLUTION DE LA PENSÉE DE 3 À 18 ANS

3-7 ANS	7-12 ANS	12-18 ANS
Egocentrisme Fabulation	Régression de l'égocentrisme Début de la socialisation	Egotisme d'où : - partialité du jugement - goût du paradoxe (ambivalence)
Syncrétisme caractérisé par : - le globalisme - la juxtaposition		Analyse et synthèse
Transduction (analogie)	Induction Accès à la déduction	Raisonnement dans l'abstrait
Adualisme Pensée magico-phénoméniste	Essais d'explication objective (exemple : début de la causalité scientifique)	Recours aux explications objectives (exemples : idées de loi et de cause, vérification expérimentale)

5. Initier les élèves de 12 à 14 ans à la *démarche expérimentale* est le principal objectif des trois volumes — Le monde végétal, Le monde animal, L'être humain —que nous avons publiés aux Editions De Boeck Bruxelles, en collaboration avec Jean Simon, Monique Verrept et Jean-Marc Stoquart.

Du constructivisme au socio-constructivisme

Il faut examiner avec prudence les observations qui nous éclairent sur le développement psychologique de l'enfant. En effet, on ne peut dissocier les descriptions fournies par les chercheurs des théories qui inspirent leurs travaux.

Deux grandes conceptions existent : les théories «innéistes» pour lesquelles l'enfant possède les compétences nécessaires dès sa naissance, et les théories d'une organisation intellectuelle de complexité croissante de l'enfance à l'âge adulte. Actuellement, les théories les plus généralement admises sont le résultat d'une *interrelation entre l'individu et son milieu* : les différentes conceptions se distinguent par l'importance relative accordée au milieu ou à l'individu.

Le constructivisme de Piaget

La théorie de Piaget décrit une *construction* dont la succession des stades hiérarchisés est obligée : le milieu fournit la variété de situations et d'expériences utilisables par un sujet prêt à en profiter efficacement. L'enfant qui naît a seulement des activités instinctives; il construit lui-même l'ensemble de ses connaissances par un processus d'action physique ou mentale sur les objets, images et symboles. Partant de ce principe interactionniste sujet-objet, le constructivisme de Piaget fournit des informations fondamentales sur le développement des conduites de la naissance à l'adolescence.

Le niveau intellectuel de l'enfant s'améliore à mesure qu'il avance en âge. Cependant, la manière dont cette évolution s'effectue, le moment où elle intervient et les raisons pour lesquelles ce changement s'opère dépendent des mécanismes d'assimilation et d'accommodation.

L'*assimilation* consiste, pour une personne, à comprendre les éléments du monde en faisant coïncider les spécificités de ces éléments à des «schèmes», organisations physiques ou mentales d'actions pré-existantes dans son esprit. Tel le mouvement de préhension que le nourrisson peut répéter, développer pour saisir un biberon, un hochet ou le rebord de son berceau. Ou le comportement du garçon de 12 ans dessinant l'itinéraire qui va de son domicile à l'école : il évalue dans quelle mesure les schèmes qu'il a déjà en mémoire correspondent à la structure apparente de son milieu environnant.

Il est cependant fréquent que la structure perçue des événements ne corresponde pas adéquatement aux schèmes disponibles chez l'enfant. C'est alors que les schèmes, sous l'influence des réalités perçues de l'environnement, sont transformés ou multipliés. Le mécanisme d'*accommodation* permet d'altérer des schèmes pré-existants pour assimiler des faits a priori incompréhensibles. Par exemple, un air tiré du répertoire de mélodies connues de l'enfant est modifié pour devenir une variation du thème original, variation qui s'adapte mieux aux sons du monde extérieur.

Cette position constructiviste associée à une focalisation sur la logique, axiomatique de l'intelligence, explique la nature des opérations étudiées et leur finalité. Mais la primauté accordée à la construction des opérations logico-mathématiques sous-estime, dans l'étude du développement intellectuel, les opérations non formalisables par la logique classique aristotélicienne. Tels les systèmes de représentation que sont l'imitation, l'image mentale et le langage. Telles encore les méthodes de connaissance intuitive, subjective et figurative. Tels enfin les mécanismes de la pensée créatrice comme les processus de la *pensée divergente* (réussir des tâches pour lesquelles les solutions sont multiples) identifiée et étudiée par Guilford dans son modèle «structure-of-intellect» et caractérisée par la fluidité (critère quantitatif), la flexibilité (mobilité de la pensée) et l'originalité (réponses observées avec une fréquence de 1 à 5% dans une population donnée).

Facteurs de causalité

Pour quelle raison et à quel rythme un enfant acquiert-il un schème particulier plutôt qu'un autre à tel stade de son développement ? Piaget envisage quatre facteurs de causalité sous-jacents au développement intellectuel.

L'*hérédité* garantit au nouveau-né un bagage initial auquel il pourra recourir pour affronter les problèmes ultérieurs. Mais la réalisation des schèmes est toutefois tributaire des expériences vécues par l'enfant dans son environnement : la maturation interne est donc une condition, nécessaire mais non suffisante, pour assurer la progression du développement.

L'*expérience physique* avec les objets du monde extérieur favorise le développement de l'intelligence : ce sont les manipulations directes (celles qui font appel aux sens), et non l'observation passive, qui développent chez l'enfant, sa propre conception des propriétés des choses et de leur fonctionnement.

La *transmission sociale* recèle une valeur éducative au sens large : c'est le milieu extérieur (famille, école, société ...) qui transmet des connaissances à l'enfant.

L'*équilibration* des expériences maturationnelles directes et des influences sociales assure régulation et cohérence au développement et aux stades qui le balisent.

Variations socio-culturelles

Bien qu'il admette que l'âge d'accession à ce stade puisse dépendre du cadre socio-culturel, Piaget considère que le processus de développement garde, quant à lui, un ordre constant.

On peut néanmoins relever de nombreuses exceptions laissant à penser que tous les enfants du monde n'évoluent peut-être pas de la même façon et que les tests (ainsi que leur matériel) mis au point par les Occidentaux ne sont probablement pas universels.

Au plan *interculturel*, il faut relativiser la notion de rythme de développement. Ainsi en est-il du principe de conservation (identité ou équivalence) : des observations conduites sur des enfants arabes, somaliens, thaïlandais ... montrent que la règle piagétienne selon laquelle la compréhension de la conservation de la quantité précède celle du poids n'est pas toujours vraie (Cohen). En Zambie, Yougoslavie et Papouasie, les enfants réussissent en classe sans avoir maîtrisé le processus de conservation (Heron et Dowel).

Au plan *intraculturel*, la structuration de l'intelligence varie en fonction de nécessités spécifiquement sociales : appartenance socio-économique, type de scolarisation ... Reprenons le concept de conservation : il évolue plus rapidement dans les sociétés traditionnelles dont l'économie est basée sur l'accumulation et l'échange de marchandises alors que les concepts de temps et d'espace mûrissent plus précocement chez les enfants des tribus nomades. Dans les sociétés occidentales, les enfants des milieux populaires peuvent atteindre le niveau du raisonnement hypothético-déductif dans le secteur concret de la mécanique, par exemple, mais restent souvent imperméables à l'appréhension formelle de pensées abstraites (métaphysique, logique ...). En outre, ces jeunes qui ont parfois quitté très tôt l'école (qui n'étudient plus et ne lisent plus), quand ils sont aux prises avec des problèmes dits pratiques, atteignent rarement le niveau du raisonnement formel et, conséquemment, fonctionnent à un niveau très pragmatique dans la compréhension des faits politiques, sociaux et éthiques.

Le socio-constructivisme

L'évolution des conduites intellectuelles résulte de l'interaction sujet-objet (constructivisme piagétien) mais aussi des confrontations ou «conflits» intellectuels (confrontation des productions ou des réponses) déclenchés, au sein des activités groupales, par les relations avec les pairs et avec les adultes (*socio-constructivisme*). Ces conflits «socio-cognitifs» sont source de changements chez l'individu, ils sont donc structurants : «… la classe est le lieu de confrontations qui conduisent éventuellement à des conflits socio-cognitifs dans lesquels les participants peuvent dépasser leurs conceptions primitives, la confrontation contribuant à une évolution des connaissances individuelles autant qu'à celles des procédures de résolution utilisées» (Garnier).

Des recherches récentes inspirées des travaux de l'Institut de psychologie et pédagogie générale de Moscou ont étudié les *conditions permettant un progrès cognitif grâce aux interactions sociales*. L'enfant amené à coopérer, à l'occasion d'une activité commune, par la présence d'adultes et/ou de pairs se trouverait dans des conditions favorables à l'intériorisation, l'enfant passant d'une phase interpsychique à une phase intrapsychique lorsqu'il devient capable d'agir seul.

L'intérêt considérable de la perspective nouvelle du socio-constructivisme consiste à étudier l'influence des différents types d'interaction sociale susceptibles de provoquer des progrès cognitifs. Par ajout de cette dimension relationnelle, les chercheurs sont amenés à relever, chez les enfants des possibilités cognitives que Piaget n'avait pas réussi à observer ni à déclencher lors de ses investigations. On peut donc considérer qu'il y a eu sous-estimation des possibilités cognitives des enfants pour un âge donné.

Vygotsky et la tradition soviétique

Au cours des années qui ont suivi la Révolution russe, les psychologues soviétiques ont eu pour mission d'élaborer une théorie du développement humain compatible avec les visées marxistes du nouvel Etat.

Après des premiers travaux sur la création artistique, Vygotsky s'engage, en 1924, dans des études fondées sur la psychologie développementale et l'éducation. Selon lui, les possibilités intellectuelles et les modes de pensée propres à un individu ne sont pas prédéterminés par des facteurs innés (telles l'intelligence héritée ou les capacités mentales) mais constituent le produit des institutions socio-culturelles dans lesquelles l'individu se développe.

Dans cette théorie historico-culturelle du psychisme, l'accent est mis sur les outils sociaux, tel le langage, grâce auxquels se développe l'intelligence. La notion clé qui a fait fureur au cours de la dernière décennie — les travaux de Vygotsky ne furent que tardivement connus en Occident après leur traduction en anglais — est celle de *zone proximale de développement* (ou de *proche développement*). Il s'agit en fait du niveau de développement potentiel correspondant à ce que l'enfant est capable de faire avec l'aide d'un adulte à un certain moment et sera capable de réaliser seul ensuite. L'élément central du développement cognitif est «la possibilité de s'élever dans la collaboration avec quelqu'un à un niveau intellectuel supérieur, la possibilité de passer, à l'aide de l'imitation, de ce que l'enfant sait faire à ce qu'il ne sait pas faire» (Vygotsky). «… Un enfant s'engage dans un type particulier d'interaction sociale avec d'autres individus appartenant à la même culture que lui : cette activité est accompagnée par le langage ou par d'autres signes qui représentent l'activité. Les signes alors intériorisés modifient certaines des structures mentales de l'individu qui, en retour, produisent de nouvelles fonctions psychiques lui permettant d'interagir avec le monde» (Thomas et Michel). Selon cette conception (Vygotsky, Elkonin, Davidov), il existe six niveaux de croissance répartis comme suit :

0-1 AN	*Contact intuitif et émotionnel* entre enfant et adultes	Activités perceptuelles et de préhension
1- 3 ANS	*Activité de manipulation d'objets*	Pensée visuelle et perceptive, compétence langagière
3-7 ANS	*Activités de jeux*	Fonctions symboliques, imagination créatrice, coordination sociale
7-11 ANS	*Activités d'apprentissage*	Opérations mentales intentionnelles, schèmes mentaux pour la solution de problèmes, pensée réfléchie
11-15 ANS	*Activité de communication sociale*	Résolution des problèmes de la vie quotidienne, compréhension du point de vue d'autrui, soumission aux règles sociales
15-17 ANS	*Activité d'apprentissage vocationnel*	Intérêts cognitifs et vocationnels nouveaux, compréhension des éléments du travail de recherche, élaboration des projets de vie

LE DÉVELOPPEMENT AFFECTIF

A 6 ans, Adeline se montre hésitante, indécise : elle n'arrive pas à choisir entre deux desserts, entre rentrer ou sortir et, dans l'ensemble de son comportement, elle passe d'un extrême à l'autre (de la colère à la gentillesse par exemple). Après la phase d'équilibre de 5 ans, elle manque singulièrement d'intégration à son milieu et révèle peu d'aptitude à nuancer sa façon d'être. Elle est impulsive, non différenciée, inconstante, dogmatique, autoritaire, excitable. Elle est aussi le centre de son propre univers.

A 7 ans, elle retrouve l'équilibre entre ses dispositions internes et les exigences de son milieu : 7 ans est essentiellement un «âge d'assimilation». Adeline est plus introvertie, ses périodes de rêveries se multiplient, elle ramène tout aux répercussions des choses sur elle-même. Elle s'auto-critique, manque souvent de confiance en soi (âge de la gomme). Elle devient persévérante et consciencieuse. Ses relations sociales gagnent en profondeur car elle a une conscience de plus en plus nette de soi et des autres.

Après l'expansion de 4 ans, la concentration de 7 ans, 8 ans est l'âge d'un nouveau mouvement d'expansion, à un niveau de maturité supérieur. C'est aussi un âge de socialisation : Adeline est plus «centrifuge», plus extériorisée qu'à 7 ans. Elle présente plusieurs caractéristiques : la rapidité, l'expansion, l'appréciation, l'«evaluativeness» («tendance dominante de l'enfant à apprécier, à évaluer ce qui lui arrive et ce dont il est la cause» — Gesell). Elle a le sens d'elle-même et plus particulièrement celui de ses droits. Son esprit est affamé de tout. Elle est superlativement vivante, euphorique. Elle ne se limite plus à vivre dans le présent. Elle commence aussi à avoir conscience de sa mort. Elle cesse de croire à l'infaillibilité de ses parents, des adultes en général. A 8 ans commence une ségrégation spontanée entre filles et garçons. Les amis «vrais», les amis de «cœur», les «grands amis» font leur apparition.

A 9 ans, Adeline se caractérise par son réalisme, son bon sens, sa possibilité d'agir sans chercher de motifs ailleurs qu'en elle-même. Elle désire améliorer ses aptitudes et est capable de critique sociale et d'autocritique. Elle est moins superficielle qu'auparavant et préfère converser avec ses pairs (toujours du même sexe), élaborer des projets, plutôt que de jouer. A 9-10 ans, elle s'identifie au groupe de son âge et commence à se détacher de sa famille.

10 ans, comme 5 ans, est un âge marqué par un bon équilibre. Adeline accepte volontiers les idées libérales de justice sociale et de bien-être social. Elle peut se trouver un idéal, manifester un culte pour une personne et elle a le sens de la solidarité. Avec ses amis elle partage des secrets aux-

quels elle accorde une grande importance. Les différences entre filles et garçons s'accentuent : «Les filles ont davantage conscience des relations sociales que les garçons. Elles sont davantage conscientes de leurs propres personnes, de leurs vêtements, de leur apparence. Elles passent de longs moments à arranger leurs cheveux, en même temps, elles montrent plus de discernement dans leurs rapports individuels avec les autres ... Les filles s'intéressent plus que les garçons à la vie de famille, elles se rendent mieux compte des différences dans les façons de vivre» (Gesell) [6].

A 11 ans, Adeline est affamée de nourriture mais aussi de connaissances. Sa capacité de concentration s'est accrue. Ardeurs et enthousiasmes sont fréquents, les émotions atteignent des points culminants d'intensité. Elle a de l'énergie à revendre et se tortille sans cesse. Elle interpelle plutôt qu'elle ne répond et critique beaucoup ses parents. Mais si elle se comporte souvent mieux loin de la maison, elle n'en est pas moins attachée affectivement à sa famille. Il y a de l'exagération dans les récriminations, discussions, injures, cris, réponses et grossièretés spectaculaires de l'enfant de 11 ans. Ces bouleversements, qui rappellent ceux de 6 ans, marquent l'éveil de l'adolescence. «Il aidera quand ça lui plaira; il fera tout ce qu'on voudra, sauf laver la vaisselle; il ne veut pas qu'on crie après lui; il ne veut pas qu'on le dise à son père; il veut qu'on cesse de le critiquer» (Gesell).

A 12 ans, Adeline redevient de meilleure compagnie. Elle est prédisposée à se montrer positive et enthousiaste plutôt que négative et réticente. Elle est aussi moins naïve dans ses relations sociales et moins volubile (elle se surveille et se critique davantage). Les traits dominants de cet âge sont : sagesse, tolérance, humour, enthousiasme, initiative, empathie et intuition de soi.

La période de latence

Les psychanalystes — Freud en tête — s'accordent à considérer qu'au déclin du conflit oedipien [7] et jusqu'au début de la puberté se déroule une période caractérisée par la diminution des activités sexuelles.

La tendresse prévaut alors sur les désirs sexuels; la pudeur et le dégoût, les aspirations morales et éthiques font leur apparition.

L'enfant emploie ses pulsions sexuelles à des buts nouveaux : la curiosité sexuelle, désir de voir, devient pulsion de recherche et de savoir par *sublimation*. Celle-ci permet donc le développement de l'individu et de la civilisation et représente dès lors un des buts de l'éducation.

6. Voir «L'enfant dans la société», (pp. 177-190).
7. Voir pp. 103-104.

L'*amnésie infantile* caractérise aussi la période de latence : l'enfant refoule, «oublie» dans l'inconscient ses pulsions sexuelles et ses expériences passées.

Klein précise qu'à cet âge, «l'idéal du moi correspond à l'enfant 'gentil' qui se conduit bien et qui donne satisfaction à ses parents et à ses maîtres».

Pour Anna Freud, «la libido est déplacée des images parentales sur des contemporains, des groupes de la collectivité, des professeurs, des leaders, des idéaux impersonnels et des intérêts inhibés dans leur but et sublimés. Ce déplacement s'accompagne de manifestations fantasmatiques témoignant d'un désenchantement à l'égard des parents et du désir de les dénigrer».

En réalité, si l'enfant est plus discret vis-à-vis de l'adulte qu'avant 6 ans (et son éducation le pousse généralement à l'être), les activités de masturbation, de voyeurisme, d'exhibitionnisme et de sado-masochisme ne cessent pas pendant la période de latence. L'enfant continue à s'intéresser aux différences sexuelles, à l'origine des bébés, au rôle du père dans la procréation, aux relations sexuelles … et les jeux sexuels entre enfants de cet âge ne sont pas rares. Gaignebet montre que les thèmes génitaux, scatologiques et anaux continuent à exister :

- de 7 à 10 ans, le vocabulaire utilisé est d'un symbolisme élémentaire (il s'agit de simples grossièretés);
- après 10 ans, il prend des formes plus allusives (le langage obscène devient une langue secrète qu'il faut décrypter).

La phase génitale

Freud caractérise ce dernier stade de l'évolution psycho-sexuelle de l'enfant de la façon suivante :

- la pulsion sexuelle, jusque-là autoérotique, s'attache à un objet sexuel;
- un besoin sexuel nouveau apparaît (émission des produits génitaux);
- la zone génitale prime sur les autres zones érogènes.

La *puberté* concerne les manifestations physiques de la maturation sexuelle et l'*adolescence* le processus psychologique d'adaptation à l'état de pubescence.

La consolidation du Moi et du Surmoi pendant la période de latence aide l'enfant à faire face à l'intensification pulsionnelle de la puberté (plaisir d'être brutal, vorace, sale et désordonné, cruel …).

Anna Freud décrit deux défenses typiques de la puberté :

- l'ascétisme : l'adolescent rejette d'abord les véritables désirs pulsionnels puis jusqu'aux besoins physiques ordinaires : il refuse toute distraction, méprise l'élégance, ne se prémunit pas contre le froid, se nourrit au strict minimum, évite de rire ... Il peut s'en suivre une véritable paralysie des activités vitales. Mais le même adolescent peut avoir des moments de débordement pulsionnel sans frein : il oscille entre l'ascétisme et la «débauche»;
- l'intellectualisation : l'adolescent utilise sa nouvelle forme d'intelligence [8] pour se livrer à une activité mentale très intense mais sans rapport avec son comportement réel : il est grossier et sans égards envers autrui malgré ses beaux discours sur la tolérance, la compréhension, la sympathie ... Les thèmes de ces rêveries diurnes sont d'ailleurs ceux qui ont provoqué ou qui provoquent des conflits : ils traduisent les processus pulsionnels de la puberté (le désir de révolution sociale de l'adolescent correspond ainsi aux divers bouleversements qu'il connaît lui-même).

Blos relève également l'uniformisme : l'adolescent adopte un code de conduite standardisé lui permettant de mettre ses sentiments à distance.

L'adolescence peut être considérée comme une *réédition de l'enfance*.

Les phénomènes pubertaires modifient le schéma corporel de l'adolescent qui se cherche une nouvelle identité : son opposition à ses parents rappelle un peu la phase du «Non» à 2-3 ans.

La modification quantitative de la pulsion sexuelle à la préadolescence fait resurgir la prégénitalité : les fantasmes incestueux, l'exhibitionnisme, le voyeurisme, l'angoisse de castration, l'envie du pénis ...

La modification qualitative de la pulsion sexuelle à l'adolescence transforme la prégénitalité en plaisir préliminaire tandis que s'affirme la primauté de la génitalité. «Ce n'est qu'une fois le développement achevé avec la venue de la puberté que la polarité de la sexualité coïncide avec la distinction masculin et féminin. Dans la masculinité sont concentrés le sujet, l'activité et la possession d'un pénis; la féminité assume l'objet, et la passivité» (Freud).

L'adolescent renonce aux premiers objets d'amour, les parents — ce qui affaiblit son Surmoi — et établit de nouvelles relations objectales. Durant la première adolescence, teintée de bisexualité, l'ami de même sexe représente l'idéal du Moi de l'adolescent : il désire en posséder les qualités par procuration, il s'identifie à lui («flammes» fréquentes et de

8. Intelligence formelle, voir pp. 137-140.

courte durée). Pendant l'adolescence proprement dite commence la découverte de l'objet hétérosexuel qui présentera souvent soit une ressemblance soit une dissemblance frappante avec le parent de sexe opposé.

Bettelheim voit dans les rites d'initiation des garçons des manifestations d'envie de l'autre sexe : par la circoncision, la subincision, la couvade (à la naissance d'un enfant, le père se repose à la place de la mère), le transvestisme et la prétendue fermeture du rectum, l'homme cherche à s'approprier les qualités sexuelles de la femme : le vagin, la menstruation, la grossesse et l'accouchement [9].

Erikson conçoit la crise d'identité comme l'aspect psychosocial de l'adolescence, l'identité étant un processus «situé» au cœur de l'individu ainsi qu'au cœur de la culture de sa communauté.

«L'identité psychosociale est nécessaire comme point d'attache de l'existence passagère de l'homme dans l'ici-maintenant». Elle se développe par différenciation successive de parties nouvelles tout au long du cycle de la vie. Elle se forme par une succession de synthèses et de resynthèses du Moi à partir de l'introjection — incorporation primitive de l'image maternelle — et des identifications de l'enfance.

A chaque stade psychosexuel de Freud [10] et à chacun des trois stades adultes qu'il y ajoute, Erikson décèle une *crise psychosociale* (diagonale du diagramme épigénétique page suivante, de I.1 à VIII.8). C'est à l'adolescence que l'*identité* prend forme et que le risque de confusion d'identité est le plus grand (V.5). Elle comporte des tendances régressives (de V.1 à V.4) et des tendances progressives (de V.6 à V.8). Crise et confusion d'identité apparaissent néanmoins à chaque stade et ont un caractère évolutif (verticale 5 du diagramme, de I.5 à V.5 et au-delà).

Chaque crise psychosociale d'Erikson donne naissance à une vertu, chacune se construisant à partir des précédentes. Les rudiments de l'Espoir, la Volonté, la Motivation et la Compétence sont acquis dès l'enfance. La Fidélité est la vertu de l'adolescence par excellence. L'Amour, l'Attention envers les autres et la Sagesse sont les vertus centrales de l'âge adulte.

A l'issue de chaque crise, «Le sentiment optimal de l'identité est vécu simplement comme un bien-être psychosocial. Ses concomitants les plus manifestes sont le sentiment d'être chez soi dans son corps, le sentiment de «savoir où l'on va» et l'assurance intérieure d'une reconnaissance anticipée de la part de ceux qui comptent».

9. L'initiation des filles (excision, infibulation) traduirait la haine, la peur ou la jalousie du sexe féminin.

10. Voir p. 48.

Diagramme épigénétique d'Erikson

VIII								Intégrité opp. à Désespoir
							Générativité opp. à Stagnation	
						Intimité opp. à Isolement		
V	Perspective temporelle opp. à confusion du temps	Certitude de soi opp. à conscience de soi	Expérimentation des rôles opp. à fixation des rôles	Apprentissage opp. à inhibition du travail	**Identité** opp. à **confusion d'identité**	Polarisation sexuelle opp. à confusion bisexuelle	Direction et compagnonnage opp. à confusion d'autorité	Engagement idéologique opp. à confusion des valeurs
				Industrie opp. à infériorité	Identification à la tâche opp. à sentiment de futilité			
			Initiative opp. à culpabilité		Anticipation des rôles opp. à inhibition des rôles			
		Autonomie opp. à honte-doute			Volonté d'être soi opp. à doute de soi			
I	Confiance opp. à méfiance				Acceptation réciproque opp. à isolement autistique			
	1				5			8

Tableau résumant le modèle d'Erikson [11]

Stades psycho-sexuels de Freud	*Ages approximatifs*	*Crises psychosociales d'Erikson*	*Etendue des relations significatives*	*Modalités psychosociales*	*Vertus d'Erikson ou qualités dominantes*
oral-respiratoire, kinesthésique (incorporatifs)	0-1	Confiance versus méfiance	mère ou substitut maternel	recevoir, donner en retour	*Espoir* : la ferme conviction que des souhaits fervents peuvent être exaucés en dépit des «sombres besoins et des rages qui marquent les débuts de l'existence»
anal-urétral, musculaire (rétentif, éliminatif)	2-3	Autonomie versus honte, doute	parents	retenir, laisser aller	*Volonté* : la détermination d'exercer à la fois le libre choix et la restriction personnelle en dépit de la honte et du doute éprouvés pendant l'enfance
génital infantile, locomoteur, (intrusif, inclusif)	3-6	Initiative versus culpabilité	famille de base	faire, faire «comme si» (jeu)	*But* : le «courage d'envisager et de poursuivre des buts valables sans être inhibé par la défaite des fantaisies infantiles, par la culpabilité et par la peur inhérente de la punition»
latence	7-12 environ	Travail versus infériorité	voisins et camarades d'école	terminer les choses, mettre les choses ensemble	*Compétence* : le libre usage de l'adresse et de l'intelligence à effectuer des tâches «sans être handicapé par l'infériorité infantile»
puberté et adolescence	12-18 environ	Identité versus diffusion	groupe de pairs et groupes extérieurs; modèles de leadership	être soi-même ou ne pas être; partage de soi-même	*Fidélité* : libre support des loyautés assumées en dépit des contradictions dans les systèmes de valeurs
maturité génitale	de 20 à 30 ans env.	Intimité et solidarité versus isolement	associés en amitié, sexe, compétition, coopération	se perdre et se retrouver soi-même dans l'autre	*Amour* : mutualité de dévotion — surmontent toujours les antagonismes inhérents dans une fonction divisée
	de 30 ans à 50 ans env.	«Générativité» versus intériorisation	travail partagé avec la maisonnée	réaliser, prendre soin de	*Soin* : souci des obligations générées par l'amour, la nécessité ou l'accident
	au-delà de 50 ans	intégrité versus désespoir	humanité; mon espèce	être, après avoir été; accepter de ne pas être	*Sagesse* : attitude détachée envers la vie et face à la mort

11. *Théories du développement de l'enfant*, De Boeck. (Fusion des tableaux 9.1 et 9.2).

Relation de besoin, relation de désir

«Je (Rapaille) pourrais caractériser «l'état enfant comme un état où l'être humain a besoin de l'autre pour survivre. Ces besoins sont des besoins primaires, manger, boire, avoir chaud, être propre, être soigné pour survivre, etc. L'état d'adulte est un état qui permet à l'individu d'assumer en grande partie ses besoins primaires. Sa relation avec les autres n'est plus alors une relation de besoin, mais de désir.

Dans un couple, une relation de besoin est une relation névrotique. C'est l'aveugle et le paralytique, le sadique et le masochiste, etc. Par couple, il faut entendre deux personnes, et dans ce sens, la mère et l'enfant forment un couple. Une certaine sécurité névrotique s'installe de cette façon 'si je suis sûr que l'autre a besoin de moi, il ne pourra pas partir'.

C'est aussi un constat d'échec, 'je ne suis pas assez fort, ou séduisant, ou intéressant, pour que l'autre, étant libre de son choix, choisisse de rester avec moi'. Ce qui serait alors une relation de désir et non de besoin.

Quand la séparation entre enfants et parents se fait progressivement, sans drame, que chacun accepte petit à petit que l'autre n'a plus besoin de soi, et quand chacun trouve dans sa nouvelle identité autant ou plus de joie que dans la précédente, alors une relation de désir peut s'instaurer. Les ex-parents et les ex-enfants désirent se retrouver. Non pour régresser et rejouer au papa et à la maman, mais parce qu'ils s'aiment et se respectent comme des partenaires égaux.

Par contre, quand les parents s'accrochent à leurs enfants ou quand les enfants ont peur de partir, la rupture douloureuse devient un drame. Les cicatrices ensuite ne s'effacent plus. Chacun reproche à l'autre ce qui s'est passé et chacun culpabilise. La relation de besoin n'ayant pu être dépassée, il est très difficile de commencer une relation de désir».

Le sentiment religieux

Bovet trouve les origines du sentiment religieux dans les sentiments personnels de l'enfant et le rapproche de l'amour filial, la «piété filiale» s'adressant aux parents avant de s'adresser à une divinité.

Les parents représentent pour l'enfant la toute-science, la toute-puissance, la toute-bonté : ils sont omniprésents et éternels. Mais l'expérience de la vie détruit cette «première adoration» : dans son «désir de savoir si les grandes personnes savent», l'enfant se rend vite compte que ce n'est pas toujours vrai.

Cette «première crise religieuse» (la seconde étant celle de l'adolescence où l'individu doute de la toute-puissance et de la souveraine bonté de Dieu), que Bovet situe vers 6 ans, correspond à une période de spéculations sur l'origine de toutes choses : le premier homme, la terre, la naissance, la différence des sexes ... L'enfant reporte sur le Père lointain les sentiments qu'il éprouvait jusqu'alors pour ses parents.

A 6 ans, l'enfant recherche aussi la perfection morale (la sainteté) suite à la «désillusion» de l'acte générateur conçu comme une souillure. Dans le même ordre d'idées, l'hostilité à l'égard du père au moment de l'Oedipe et l'autoérotisme sensuel de l'enfant lui donnent l'expérience de la faute, le sentiment de culpabilité.

La cosmogonie de l'enfant détermine aussi sa théologie. Sa pensée primitive, caractérisée par l'artificialisme et l'animisme explique que «quand survient la crise qui ébranle la foi de l'enfant en ses parents, il trouve dans l'ensemble des choses quelqu'un qu'il puisse revêtir des attributs paternels et divins». Le transfert d'amour et de respect se fait souvent sur un astre, surtout le soleil, et les représentations de Dieu sont d'abord puériles, l'enfant lui prêtant ses propres sentiments.

Il y a donc transfert de l'«adoration» pour les parents vers Dieu, mais aussi vers le roi, le pape (= le père), la patrie, l'Eglise (= la mère). Et la formule «Ni Dieu, ni Maître» trouverait ainsi son origine dans une rébellion de l'âme enfantine contre l'autorité paternelle.

L'enfant et la maladie

Son expérience de thérapeute d'hôpital a permis à Bergmann d'étudier les réactions de l'enfant à sa maladie, à la maladie d'autrui ... Elle nous apprend, entre autres choses, que :

- une opération peut être vécue comme une castration;
- préparer l'enfant à son opération lui permet de contrôler son angoisse et de changer sa révolte ou son acceptation passive en coopération;
- mieux vaut répondre franchement aux questions des enfants;
- l'enfant prend part à la souffrance d'autrui dans la mesure où il peut s'y identifier (il peut s'identifier à l'enfant aveugle, pas à l'enfant amputé);

- l'enfant croit que sa maladie est une «punition méritée pour toutes sortes de méchancetés, de désobéissances, d'ordres non suivis, de masturbation»;
- l'enfant malade refuse sa maladie par l'intermédiaire de l'imaginaire (la petite fille, dans un corset de plâtre, qui se dessine sous la forme d'une belle danseuse), par renversement (persuader les autres qu'ils doivent faire attention à eux), ou bien il s'y adapte par régression par exemple;
- l'enfant réagit non par rapport à la gravité de sa maladie mais par rapport à l'intensité de ses fantasmes.

L'enfant et la mort

Des entretiens libres avec des enfants malades dans un hôpital ont permis à Raimbault de montrer que «presque tous les enfants ont une connaissance claire de leur mort à venir, toujours mise en relation avec leur maladie».

L'auteur cite des exemples révélant que :

- la mort d'un frère ou d'une sœur fait perdre à l'enfant non seulement le frère ou la sœur mais aussi les parents d'avant (ils ne sont plus les mêmes car ils ont, à présent, un enfant en moins);
- l'enfant continue à s'identifier à son jumeau mort en vivant comme si l'autre n'était pas mort ou comme si lui aussi était mort.

Elle décrit aussi des exemples de jeux où l'enfant produit la disparition afin de la maîtriser (allumer et éteindre des allumettes, par exemple).

A 6 ans, l'essentiel du développement affectif est acquis et les nouvelles expériences (vie en groupe, adolescence) vont s'élaborer sur le schéma des relations vécues auparavant au sein de la famille.

Pourvu que le complexe d'Oedipe soit en bonne voie de résolution, l'enfant est prêt vers 6 ans à affronter la scolarité, à investir son énergie dans le domaine intellectuel. Mais si l'affectivité est moins prégnante qu'à la période précédente, elle constitue désormais le soubassement de la personnalité comme le montre l'exemple suivant, décrit par Mannoni : «Didier a huit ans et comme on dit, 'un retard staturo-pondéral important'. Il est mignon, intelligent et très sage. A l'époque, il s'inscrit à toutes les activités de Bonneuil [12] et ne va à aucune. Voici la description de mon

12. Voir p. 106.

travail avec lui. Je lui propose trois images représentant une petite fille à des tailles différentes. Il répond correctement aux questions : quel est le plus grand, le plus petit. Pour l'intermédiaire, il répond : le moyen. Quand on lui demande si le moyen est plus grand ou plus petit qu'une autre des figures, il répond n'importe quoi. Il faut, pour obtenir une réponse juste, cacher la figure en trop. Il compte correctement jusqu'à quatre, mais il est incapable de partager un tas de jetons en deux tas égaux ou de répondre à des questions comme : qui a le plus de jetons ? Je lui demande de dessiner un grand bâton, un moyen et un petit. J'obtiens :

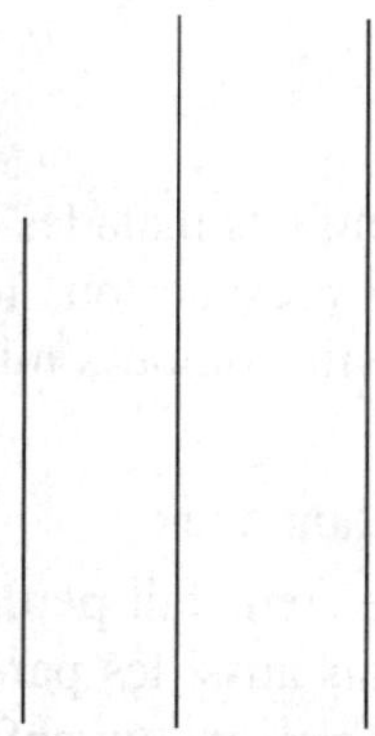

Il soutient mordicus que celui du milieu est le plus grand. Qu'en conclure ? Didier ne maîtrise pas les sériations ? Mais pas du tout, au contraire, il les maîtrise parfaitement, le bougre. Il est imbattable : seulement, il faut savoir quelque chose. Didier est l'aîné. Il a deux frères. Et le frère moyen est aussi grand que Didier (petit pour son âge). Alors, Didier reproduit parfaitement une situation familiale qui l'angoisse et dont il ne peut s'abstraire».

De 6 à 12 ans, la famille cède petit à petit la place au groupe de pairs : c'est à son contact à présent que l'enfant va essentiellement évoluer.

LE DÉVELOPPEMENT SOCIAL

Sociabilité

C'est la capacité psychologique de vivre avec les autres. L'enfant présente en effet, à partir de 6 ans, des comportements socialisés : respect des autres, conscience de leurs qualités, collaboration (où plan et division du travail se font à mesure que l'action progresse), préoccupation d'autrui, responsabilité à son égard.

Vers 8 ans, l'enfant passe de l'égocentrisme à l'aptitude à se mettre à la place de l'autre dont il commence à saisir les intentions. Il devient également sensible aux aspects expressifs de la vie intérieure d'autrui : il accorde moins d'importance qu'avant aux accessoires des personnes (leurs vêtements, par exemple) et — comme l'adulte — il se réfère en priorité à leurs mimiques (celles-ci émergent plus précocement dans le cas de personnes où intervient un lien affectif). A cet âge, le meneur est le meilleur joueur, celui qui a le plus d'idées, celui qui prend le plus d'initiatives.

A 10 ans, la coopération et l'autonomie existent : l'enfant condamne la tricherie, la délation, le «soufflage», le mensonge. Le meneur chez les enfants de 10 ans a le sens de la justice, l'esprit d'équipe, des talents d'organisateur.

Âge du groupe social

Selon Cousinet l'enfant mène, entre 10 et 12-13 ans, une vie sociale intense.

C'est l'«âge où chacun donne au groupe tout ce que le groupe attend de lui, où chacun reçoit du groupe tout ce qu'il en attend, où se réalise une véritable symbiose entre l'individu et la société, où le développement de l'individu est entièrement conditionné par son intégration dans le groupe».

La vie sociale s'organise, les groupes se forment et se stabilisent. La fidélité, la loyauté au groupe apparaissent. Les individus qui ne respectent pas les règles sont mis en quarantaine, expulsés du groupe (les «rapporteurs», par exemple). Parfois l'individu se condamne lui-même à l'isolement, mais cette bouderie reste dirigée vers le groupe : l'enfant espère qu'on viendra le rechercher.

Casabianca a étudié le rôle des groupes de loisirs encadrés (patronage et meute de louveteaux) pour garçons âgés de 6 à 11 ans dans le développement social.

Elle montre que l'adaptation au groupe dépend de différents facteurs :

- facteurs sociologiques (conditions d'habitat);
- facteurs familiaux (familles désunies, méthodes éducatives, volonté d'éducation sociale des parents, mobiles de l'entrée dans le groupe, nombre d'enfants composant la fratrie — les filles uniques et les enfants de familles nombreuses rencontrent plus de difficultés que les garçons ayant 1, 2 ou 3 frères et sœurs, la situation de l'enfant dans sa fratrie — les enfants les plus favorisés sont les aînés, les plus défavorisés sont les cadets ainsi que les fils uniques);
- facteurs inhérents au groupe (constitution du groupe : camarades, membres plus âgés et animateurs; organisation générale du groupe et des activités);
- facteurs psychologiques (enfants en marge : enfants rejetés par le groupe à cause de leur aspect extérieur ou de leur comportement dans le groupe, isolés volontaires que sont les instables, les rêveurs, les timides, les anxieux, enfants à sociabilité faible ou qui n'ont pas beaucoup d'assurance personnelle).

Le groupe permet l'évolution sociale de l'enfant qui passe de l'«auto-empathie» où il essaie de se voir avec les yeux d'autrui, à la sympathie qui engage davantage et se situe à un niveau plus intense de fusion affective, puis à l'allocentrisme où il peut se mettre à la place de l'autre, ce qui implique l'individualisation de soi et d'autrui.

Pour Casabianca, les critères d'adaptation au groupe sont : l'assiduité au groupe, la participation aux activités organisées, la confiance envers les moniteurs, les comportements envers les camarades (à 6-7 ans : acceptation du voisinage des autres garçons; à 7-8 ans : diminution de la bouderie et des comportements agressifs caractéristiques d'une socialisation en évolution; à 9-10 ans : coopération et autonomie); l'aisance personnelle, les expressions spontanées et le retour volontaire de l'enfant dans le groupe.

Âge de la bande

En voici deux manifestations, l'une spontanée, l'autre non.

Organisation sociale datant de la fin du XIXe siècle, la «gallada» compte de 5 à 10 membres, essentiellement des garçons, de 10 ans en moyenne. D'après Meunier, il y a 500 gamins à Bogota qui vont et viennent entre la rue, leur famille et les institutions d'accueil : «En amont de l'hypocrisie charitable et des fadaises de la psychologie qui ne voit que des mouvements d'humeur et des crises de première adolescence ou de puberté là où il y a peut-être une diaspora des révoltes enfantines, là où il y a sûrement une histoire latente qu'il faut décrypter, se tiennent le Gamin et son message d'avenir».

Créée par le prêtre Jesus Silva Mendez, la république des enfants de Bemposta est surtout connue pour son célèbre cirque d'enfants. Il s'y vit une expérience d'éducation démocratique avec autogestion et autonomie économique. Les Muchachos sont environ 2.000 enfants et adolescents issus de 24 pays.

Des recherches concernant :

- la «Boys Town» du Père Flanagan;
- le «Little Commonwealth» d'Homer Lane;
- «Summerhill» d'A.S. Neill;
- la «commune F. Dzerjinski»;
- la «colonie Gorki» de Makarenko;
- la «maison de l'orphelin» de Janusz Korczak;
- les croisades d'enfants et de pastoureaux au Moyen âge;
- la grève des écoliers de septembre 1911 en Angleterre (mouvement national qui dura 15 jours et qui toucha 62 villes)
- «La guerre des boutons» de L. Pergaud

et des enquêtes au niveau d'une école, d'un quartier … permettent d'approfondir ce phénomène de la bande enfantine (caractéristique des 10-12 ans) et son importance éducative.

On se souviendra que «lorsque les sociétés enfantines (groupes constitués spontanément par les enfants, ayant une certaine permanence et une activité dirigée vers une fin quelconque) peuvent se constituer en toute liberté et d'une façon permanente, elles présentent une autre physionomie et d'autres traits que quand elles rencontrent l'opposition de l'éducateur» (Cousinet). De ce point de vue, il peut être intéressant d'observer un même groupe d'enfants dans des circonstances différentes : en classe, à la cour de récréation, en classe de mer …

Approche sociométrique du développement social [13]

Le test sociométrique révèle de 6 à 12 ans :

- la diminution des choix hétérosexuels avec l'âge (de 8 à 13 ans);
- l'augmentation du nombre de paires (choix réciproques) avec l'âge (progression régulière chez les garçons, capricieuse chez les filles; dans l'ensemble, les groupes de filles présentent davantage de paires que les groupes de garçons);
- la disparition quasi totale des cas d'isolement après 8-9 ans;
- l'apparition d'un clivage racial à 9-10 ans (les choix interraciaux diminuent, les choix intraraciaux augmentent);
- la complexification des structures à partir de 7-8 ans (triangles);
- la différenciation des structures chez les filles de celles chez les garçons : chez les premières, il y a absence d'unité (petits clans, nombreux choix donnés hors de la classe), tendance à la décentralisation et au fractionnement, individualisme; chez les seconds, il y a cohésion, unité, esprit d'équipe, centralisation autour d'une ou de plusieurs stars (les stars ne sont pas des leaders, mais les individus qui incarnent les valeurs et qui s'adaptent le mieux aux normes du groupe).

Les motivations sociométriques évoluent également de 6 à 12 ans.

De 6 à 9 ans, il s'agit de facteurs externes, indépendants du caractère et du comportement social de l'individu (rang social, apparence extérieure, adresse dans les jeux, force physique) :

- à 7-8 ans : motivations hétéronomes (influence des normes et des valeurs adultes);
- de 8 à 9 ans : motivations autonomes (force, habileté dans les jeux).

De 10 à 12 ans, interviennent le comportement social, le caractère du sujet (similitudes physiques ou intellectuelles, de niveau social, d'intérêts, d'occupations), le comportement de l'individu vis-à-vis du groupe (solidarité, réciprocité, égalité, esprit d'équipe).

Le test et les motivations sociométriques confirment le développement avec l'âge de la perception sociale [14], de l'adaptation et de l'intégration au

---

13. Sociométrie : voir p. 114.

14. On la mesure en demandant à chaque membre du goupe de deviner qui l'a choisi et qui l'a rejeté.

groupe en même temps que les relations s'intensifient et se stabilisent et que la structuration du groupe devient plus complexe : l'enfant passe de l'égocentrisme à la réciprocité, la coopération.

Toesca distingue trois phases dans le développement social de l'enfant de 6 à 12 ans.

La période d'élaboration des relations sociales à 7 ans

Dans les classes d'enfants de cet âge, le nombre de groupes de jeu est plus important que le nombre de groupes de travail.

Le nombre optimal de participants par groupe est :

	FILLES	GARÇONS
Equipe de jeu	3	5
Groupe de travail	6	5

«La vie affective, à 7 ans, détermine déjà les conduites et les opinions en fonction de trois grands besoins existentiels : le besoin de sécurité, le besoin de sympathie, le besoin d'expériences».

Le stade de l'intégration à 8 et 9 ans

A 8 ans, dans les classes de garçons, le nombre de groupes de jeu est plus important que le nombre de groupes de travail; c'est l'inverse dans les classes de filles.

Le nombre optimal de participants par groupe est :

	FILLES	GARÇONS
Groupe de jeu	5 (tiers des cas)	2 (moitié des cas)
Groupe de travail	5 (tiers des cas)	8 (quart des cas)

60% des enfants réunis dans les groupes de jeu le sont aussi dans les groupes de travail.

A 9 ans, dans les classes de filles, il y a moins de groupes de jeu que de groupes de travail; chez les garçons, leur nombre est quasi le même.

En ce qui concerne le nombre optimal de participants par groupe : le groupe de jeu ne présente plus de différence entre les sexes et pour le groupe de travail, il n'y a plus de type représentatif chez les garçons alors que les filles préfèrent le couple (72% des cas).

Le groupe-classe

De 10 à 12 ans, l'adaptation scolaire, l'intégration à la classe sont réalisées : on peut parler du «groupe-classe».

A 10 ans, l'enfant atteint un palier d'équilibration caractérisé par la maturité sociale, la perception de soi par rapport à autrui.

Les filles sont plus stables, plus conformes que les garçons, leur sens relationnel est plus développé et elles révèlent une disposition générale à l'acceptabilité [15].

A partir de 10 ans s'élaborent des types psycho-sociaux, par ordre décroissant de fréquence d'apparition : le privilégié-bien intégré social; le réactif; le démonstratif infantile; le contrôlé-insécurisé; le réceptif; le populaire-modeste; le tendu; le replié; le rigide; le personnel; l'irréaliste; l'aimable atone; le calculateur; l'exclu; le secret, l'impénétrable; le timide.

Le développement du jugement moral d'après Piaget [16]

La *morale autonome* se développe avec le respect mutuel et la coopération entre enfants, entre l'enfant et l'adulte (coopération qui fait quitter à l'enfant son égocentrisme).

A partir de 9-10 ans, l'enfant considère la règle (du jeu, par exemple) comme due au consentement mutuel et comme condition nécessaire de l'entente. L'enfant respecte davantage les règles décidées en groupe (idée de démocratie) que celles imposées par l'adulte (idée de gérontocratie à 3-6 ans).

Lorsqu'on demande à l'enfant de juger une maladresse ou un vol, il tient compte de l'intention : faire une tache d'encre en s'amusant est plus «vilain» qu'en faire une en voulant rendre service à son père (*responsabilité subjective*).

---

15. Voir aussi «L'enfance dans la société» (pp. 177-190).
16. Le lecteur trouvera page 217 des situations (inspirées de Piaget) permettant d'étudier l'évolution du jugement moral chez l'enfant.

Le mensonge est d'autant plus grave qu'il est vraisemblable et mentir à un camarade l'est plus que mentir à l'adulte (respect mutuel : le mensonge nuit à la réciprocité et à l'accord mutuel).

La responsabilité subjective se développe donc parallèlement à la morale autonome avec la coopération et le respect mutuel.

Le développement de la pensée de l'enfant lui fait quitter sa croyance en une justice immanente.

La *sanction par réciprocité*, qui lie l'enfant à ses semblables par un lien de solidarité, est préférée à la sanction expiatoire. Elle consiste à exclure l'individu du groupe, à lui faire supporter les conséquences de son acte (relation entre la sanction et l'acte sanctionné). L'enfant considère même le blâme et l'explication comme plus justes et efficaces que le châtiment. Le choix de la sanction par réciprocité se développe avec la coopération.

Si l'adulte cherche un coupable dans un groupe, l'enfant adopte une attitude de *responsabilité collective*, née de la solidarité volontaire du groupe.

Parallèlement à la notion de justice et à la solidarité se développe l'*égalitarisme*. En cas de conflit entre l'égalité et l'autorité, l'enfant penche à présent pour l'égalité. L'égalité l'emporte aussi sur la sanction ou la *justice distributive* sur la justice rétributive (il faut redonner une friandise à l'enfant qui a perdu la sienne).

A 11-12 ans, l'enfant fait même preuve d'*équité*, en tenant compte des circonstances de chacun (une différence d'âge, par exemple).

SYNTHÈSE DE L'ÉVOLUTION DU JUGEMENT MORAL D'APRÈS PIAGET

DE 3 À 6 ANS	DE 6 À 12 ANS
– Morale hétéronome (contrainte morale, sens du devoir hétéronome : respect unilatéral de la règle imposée par l'adulte)	– Morale autonome (sens de la coopération qui aboutit à l'autonomie : respect mutuel des principes moraux)
– Réalisme moral, responsabilité objective (résultat matériel)	– Responsabilité subjective (intention)
– Notion de justice : justice immanente sanction expiatoire responsabilité générale absence d'égalitarisme justice rétributive	– Notion de justice : sanction par réciprocité responsabilité collective égalitarisme justice distributive équité

Le développement du jugement moral d'après Kohlberg [17]

«Contrairement aux jugements de prudence ..., les jugements moraux tendent à être universels, inclusifs, consistants et basés sur des fondements objectifs, impersonnels ou idéaux» :

– exemple de jugement de prudence : dire à son compagnon «Ne triche pas au test de math, parce qu'hier on a attrapé Eddie qui copiait».

– exemple de jugement moral : un jeune du lycée qui déclare qu'«on doit bannir la peine de mort parce que personne n'a le droit de prendre la vie de quelqu'un d'autre, quelles que soient les circonstances».

La méthode de recherche de Kohlberg [18] porte sur trente *thèmes de la vie courante*, regroupés en trois grandes catégories :

1) les modes de jugement, d'obligation et de valeur :

(a) le bien et le mal; (b) le droit; (c) le devoir et l'obligation; (d) le sens de la responsabilité; (e) les louanges ou les blâmes; (f) les punitions ou les récompenses; (g) les valeurs non morales, comme par exemple la

17. Voir annexe 7 : étude du jugement moral (p. 218).

18. Du même type que celle utilisée avant lui par Piaget : tous deux ont étudié le jugement moral, pas le comportement observé ni le sentiment de culpabilité.

bonté; (h) la justification et les explications fournies à propos de ces jugements;

2) les éléments d'obligation et de valeur :

(a) la prudence (conséquences désirables ou indésirables pour soi-même); (b) le bien-être social (conséquences désirables ou indésirables pour les autres); (c) l'amour; (d) le respect; (e) la justice en tant que liberté; (f) la justice en tant que principe d'égalité; (g) la justice en tant que réciprocité et contrat;

3) les normes et institutions sociales sur lesquelles portent ces jugements :

(a) les normes sociales; (b) la conscience professionnelle; (c) les rôles et les questions ayant trait au domaine affectif; (d) les questions d'autorité et de démocratie (division du travail); (e) les libertés civiles (droits à la liberté et à l'égalité des hommes, citoyens ou membres d'un groupe); (f) la justice ou les actions en dehors des droits fixés (confiance, réciprocité, contrats entre personnes); (g) la justice punitive; (h) la valeur de la vie; (i) le sens de la propriété; (j) le sentiment de la vérité; (k) le rôle joué par le sexe.

L'évolution du jugement moral, du stade 1 vers le stade 6 (voir tableau page suivante) est un *mouvement allant d'une règle particulière à une règle universelle*. Exemple relatif à la valeur de la vie :

- au stade 1 : seule la vie de certaines personnes est valable;
- au stade 6 : toute vie est valable.

Cette évolution résulte de l'interaction de quatre facteurs :

1) le niveau de développement cognitif et logique [19], condition nécessaire mais pas suffisante;
2) la volonté, le désir;
3) les opportunités d'assumer des rôles sociaux différents;
4) la structure de justice propre aux institutions et aux groupes sociaux avec lesquels l'enfant est en contact : famille, voisinage, groupes de jeu, école, église, communauté, nation, médias. Si les principes de vraie justice, c'est-à-dire d'égalité et de réciprocité, y ont cours, l'enfant atteindra un stade de jugement moral plus élevé.

19. Kohlberg se réfère ici aussi à Piaget.

Description des différents stades de jugements moraux d'après Kolhberg
I. ***Niveau pré-conventionnel*** (ou niveau pré-moral). Cas de quelqu'un qui se conforme aux règles de la société concernant le bien être et le mal, mais par rapport aux conséquences physiques ou hédonistes encourues ou attendues (punitions, récompenses, échange de bons procédés) et en raison du pouvoir d'une autorité qui impose les lois.
Stade 1. *Punition et obéissance.* Une action est considérée comme bonne ou mauvaise d'après la punition qui la sanctionne ou la récompense qui la gratifie. Si l'individu sait qu'il va être puni, l'action est mauvaise et il ne la fera pas. Si au contraire il n'encourt pas de punition, l'action peut être accomplie, quelle que soit la portée humaine ou la valeur de l'acte.
Stade 2. *L'orientation instrumentale naïve.* L'action convenable satisfait, comme tout autre instrument le ferait, les besoins individuels et éventuellement les besoins des autres. Ainsi, comme sur le marché, on s'attend à ce que les relations humaines rapportent quelque chose. Elles sont basées sur un sens de réciprocité et de justesse, sur le mode d'expression «un petit service en vaut un autre». Elles ne reposent pas sur la reconnaissance, l'honnêteté ou la justice.
II. ***Niveau conventionnel.*** Cas de quelqu'un qui se conforme aux attentes de sa famille, de son milieu ou de son pays. Elle soutient et justifie activement l'ordre social existant.
Stade 3. *Bon garçon, gentille fille.* Cas de celui dont les actes plaisent aux autres ou les aident et sont approuvés par eux. Pour la première fois, l'intention de l'individu devient importante («l'enfant veut bien faire»). L'approbation est gagnée en étant sympathique.
Stade 4. *Le choix de la loi et de l'ordre.* Une personne fait ce qu'il faut, parce qu'elle fait son devoir, se montre respectueuse envers l'autorité, et respecte l'ordre social actuel pour lui-même.
III. ***Niveau post-conventionnel, niveau des principes, niveau autonome***. Concerne ceux qui essaient de reconnaître les valeurs universelles valables, sans se souvenir de savoir si une autorité ou un groupe souscrit à ces valeurs et en dépit du fait qu'ils soient liés ou non avec l'autorité ou le groupe.
Stade 5. *Le choix du contrat social.* Généralement, il implique des sous-entendus légalistes et utilitaires. Le comportement moral est défini en termes de droits individuels généraux et d'après des standards qui ont été examinés de façon critique et pour lesquels la société a donné son assentiment. C'est la moralité «officielle» de la constitution américaine et du gouvernement des Etats-Unis. Les valeurs personnelles et les opinions sont alors relatives et il y a des procédures pour atteindre un consensus et pour changer les lois pour des raisons d'utilité sociale (plutôt que de garder des lois figées parce que non violées, comme dans le cas du stade 4).
Stade 6. *Choix des principes éthiques universels.* Les jugements moraux d'un sujet sont basés sur des principes universels de justice, sur la réciprocité du respect des droits de l'homme, l'égalité de ces droits et le respect de la dignité des individus. Le droit est défini par la conscience individuelle en accord avec le choix personnel et les convictions éthiques communément partagées.

(*Théories du développement de l'enfant,* De Boeck, Tableau 13.1)

Quelques comportements

Le mensonge

Il y a pseudo-mensonge tant que le développement psychologique de l'enfant lui fait déformer la vérité non intentionnellement. Il s'explique par :

- la façon dont l'enfant de moins de 6-7 ans voit le monde : physique magique;
- sa morale hétéronome, conscience morale non intériorisée;
- l'aspect rudimentaire de son langage;
- sa pensée syncrétique ou globale : il y a délusion plus que mensonge (l'enfant se prend lui-même à son affirmation mensongère destinée à tromper autrui);
- l'importance qu'ont chez lui désir et imaginaire (jeu symbolique; fiction du double, forme de fabulation où l'enfant s'invente un compagnon de son âge) : la limite encore floue entre le réel et l'imaginaire rend l'enfant très suggestible.

Etudiant les mobiles du mensonge, Broyer les classe de la façon suivante :

- mentir par jeu (jeu symbolique de 2 à 7 ans et au-delà);
- mentir pour faire du tort à quelqu'un (faire punir son petit frère dont on est jaloux);
- mentir pour éviter de faire de la peine (dire qu'on n'a pas eu de notes quand elles sont mauvaises);
- mentir pour savoir le vrai;
- mentir pour protéger un groupe (le groupe familial dans le cas de l'enfant battu);
- mentir par intérêt affectif, pour se rendre intéressant;
- mentir pour éviter une situation honteuse, pour ne pas être inférieur aux autres (s'inventer une famille riche);
- mentir par plaisir de tromper, pour «faire marcher»;
- mentir par timidité;
- mentir pour éviter reproches et sanctions;
- mentir pour protéger sa personnalité (le «jardin secret» de l'adolescent);
- mentir pour être cru.

Le vol

«L'enfant voleur est un jeune de 6 à 19 ans environ, ayant eu la possibilité d'acquérir une notion intégrée de la propriété et un sens moral autonome, qui se livre de façon répétée, habituelle, à une activité de vol, consistant à s'emparer dans une intention frauduleuse d'un objet appartenant nommément à autrui» (Lauzel).

Trois éléments déterminent le rapport qui lie l'enfant au monde des objets :

- le sentiment de sécurité et de satisfaction que donne la mère;
- le besoin de connaître et d'expérimenter ce que contient le milieu ambiant;
- et le besoin d'être reconnu par le groupe de pairs.

De 0 à 1 an (stade oral), s'établit la relation objectale : l'objet total, la mère, succède à l'objet partiel, le sein de la mère [20]. En cas de frustration, l'enfant cherche des substituts au sein maternel : ces objets, soutiens pour le Moi, peuvent devenir des refuges.

De 1 à 3 ans (stade anal), les matières fécales représentent l'objet partiel échangeable avec la mère : l'enfant donne ses selles en échange d'amour et de nourriture. L'enfant voleur quant à lui veut recevoir et ne rien donner.

De 3 à 6 ans (stade phallique), la verge est l'objet détachable.

Suivant ce schéma psychanalytique, le vol peut donc avoir une signification orale (les aliments symbolisent le lait maternel), une signification anale (l'argent est assimilé aux fèces), ou une signification phallique (pour autant que l'objet rappelle le phallus).

Entre 18 mois et 2 ans se développent la motricité fine de préhension et la marche qui permettent à l'enfant d'explorer le monde de plus en plus vaste. Jusque vers 6-7 ans, l'intérêt que suscite l'objet provoque automatiquement l'action de s'en saisir.

L'enfant établit petit à petit des relations entre les personnes et les objets et à 1 1/2 ans il y a différence vécue entre «le mien» et «le tien». Dans le langage de l'enfant, le sens de la possession apparaît vers 2 ans-2 1/2 ans («mon») alors que la conscience de soi («je») apparaît vers 2 1/2-3 ans.

20. Objets total et partiel : voir développent affectif (pp. 50-52).

La notion de propriété se développe avec la socialisation, le sens social autonome. L'entrée à l'école permet ainsi, entre autres, l'acquisition du respect du bien d'autrui.

Qu'est-ce qui fera abandonner à l'enfant le comportement de vol ? «Un enfant qui commet un vol vit cet acte comme une expérience qui modifie les relations qu'il entretenait avec son milieu. Supposons que celui-ci soit un milieu socialement adapté. Dans ce cas, le vol commis met l'enfant en porte-à-faux vis-à-vis de ceux qui l'entourent. Même s'il n'est pas découvert, il sera amené à prendre vis-à-vis de ce milieu certaines précautions qui lui permettront de conserver l'objet volé et d'en jouir, ne fût-ce que pour un temps. Il sera généralement obligé de mentir pour en justifier la provenance. En d'autres termes, il éprouvera à la suite de son acte un sentiment d'isolement ou un sentiment de rupture à l'égard du milieu dans lequel il a vécu et s'est toujours senti à l'aise. A ce moment, nous pouvons dire qu'il se trouve placé devant un choix : poursuivre la réalisation de ses désirs selon cette voie qui implique une rupture, c'est-à-dire de s'affranchir et de se dissocier de ce milieu dont il est affectivement et matériellement dépendant; ou au contraire, renoncer à la satisfaction de ses désirs du moment selon cette voie directe, et sauvegarder ainsi les liens qui le relient aux autres» (Debuyst et Joos).

Représentations et inférences sociales

Piaget a étudié le développement de la connaissance du monde physique et logico-mathématique et abordé celui de la connaissance du monde social au travers du jugement moral. D'autres chercheurs ont suivi cette voie : ils décrivent quatre niveaux d'évolution dans la *capacité d'inférer sur les intentions, les pensées, les sentiments, les attitudes d'autrui*.

Proposer par exemple, la situation suivante à des enfants d'âges différents : «Arrivé au 8e trou, un joueur de golf rate un coup très important devant plusieurs spectateurs. Le joueur en colère brise sa crosse et manifeste violemment en tapant du pied et en jurant. Pourquoi agit-il ainsi ? Quelle peut être l'utilité de sa conduite ? Que pensent les témoins de la scène ?».

1) Avant 5-6 ans :
- l'enfant croit que la pensée de l'autre est la même que la sienne.

2) Vers 7 ans :
- l'enfant réalise que l'autre peut penser différemment de lui;
- ses inférences sont souvent inexactes;

– il peut considérer le point de vue de deux personnes mais de façon séquentielle et non pas simultanée.

3) Entre 8 et 10 ans :

– l'enfant commence à saisir que sa pensée peut être l'objet de la pensée de l'autre;
– la justesse de ses inférences s'accroît;
– il peut se représenter simultanément la pensée de deux personnes.

4) A partir de 12 ans :

– l'enfant considère en même temps son propre point de vue, celui de l'autre et la différence entre les deux;
– ses inférences dépassent le niveau descriptif et atteignent un niveau explicatif;
– il décrit l'autre en intégrant ses qualités et ses défauts (relativisme social).

Diminution de l'égocentrisme, évolution de la coopération, développement de l'intelligence et élaboration de la personnalité vont de concert. 6-12 ans : c'est l'âge social par excellence, tant dans la rue (bande) qu'à l'école où les travaux en équipes deviennent possibles. La pratique de l'autogestion et du conseil de classe permise par l'apparition de la morale autonome contribuera aussi à affermir cette dernière.

Chapitre 5 *L'enfance dans la société*

Étudier l'enfant implique de comprendre la société, la culture, dans laquelle il évolue.

De la naissance physiologique à la naissance psychologique, de l'identité psychosociale à l'identité culturelle : venir au monde est une aventure jamais achevée pour chaque être humain.

L'identité culturelle d'un citoyen du monde

Geert Hofstede décrit la culture comme «une *programmation mentale*, c'est-à-dire un conditionnement généralement inconscient qui laisse aux individus une liberté considérable pour penser, sentir et agir, mais à l'intérieur des contraintes de ce que son environnement lui offre en termes de pensées, de sentiments et d'actions. Ces contraintes recouvrent toutes les sphères de la vie et, pour les comprendre, la vie humaine doit être considérée comme un tout intégré».

Ces différentes sphères sont : la famille, l'école, le milieu de travail, la politique (les relations entre les citoyens et les autorités), les croyances religieuses, les idéologies, les théories scientifiques.

LES TROIS NIVEAUX DE LA PROGRAMMATION MENTALE HUMAINE

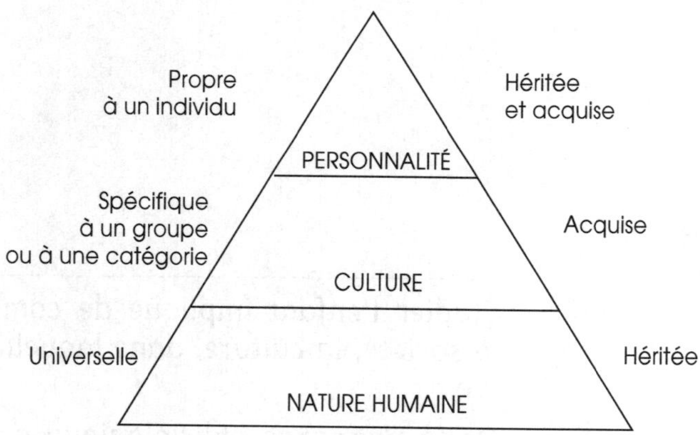

La culture se distingue de la nature humaine et de la personnalité.

Les différences culturelles se manifestent de plusieurs façons :

- les symboles (ex. : les drapeaux), les héros (ex. : Astérix) et les rituels (ex. : les formules de politesse); ils constituent les pratiques observables;
- les valeurs, «tendances générales à préférer un certain état de choses à un autre»; elles définissent :
  - le bien et le mal,
  - le propre et le sale,
  - le beau et le laid,

– le naturel et ce qui est contre nature,
– la norme et l'anormal,
– le cohérent et l'insensé,
– le rationnel et l'irrationnel.

LES «PELURES D'OIGNON» OU LES DIFFÉRENTS NIVEAUX DE MANIFESTATION D'UNE CULTURE

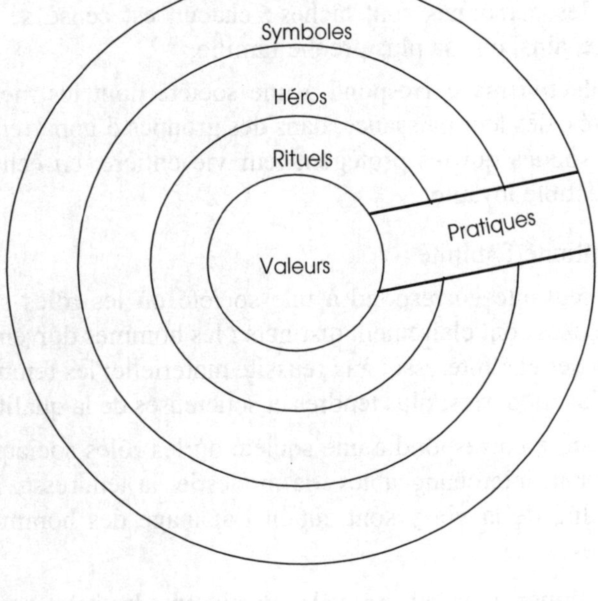

Les résultats d'une étude au sein de la multinationale IBM, reliée à d'autres études sur les cultures nationales, ont permis de mettre en évidence des différences systématiques :

- à propos du pouvoir et de l'inégalité (distance hiérarchique);
- à propos des relations entre l'individu et le groupe (individualisme / collectivisme);
- à propos des rôles sociaux dévolus à l'homme et à la femme (masculinité / féminité);
- à propos de l'attention privilégiée à l'avenir ou au passé et au présent (orientation à long terme / à court terme).

Ces *différences culturelles entre les nations* (50 pays et 3 régions) tiennent aux valeurs suivantes :

1) Distance hiérarchique :
degré d'acceptation par ceux qui ont le moins de pouvoir, dans les institutions et les organisations, d'une répartition inégale du pouvoir.

2) Individualisme/collectivisme :

- l'individualisme correspond à une société dans laquelle les liens entre les personnes sont lâches : chacun est censé se prendre en charge, ainsi que sa plus proche famille;
- le collectivisme correspond à une société dont les membres sont intégrés, dès leur naissance, dans des groupes d'appartenance fortement soudés qui les protègent leur vie entière, en échange d'une indéfectible loyauté.

3) Masculinité/féminité :

- la masculinité correspond à une société où les rôles sociaux des deux sexes sont clairement distincts : les hommes doivent être forts, s'imposer et s'intéresser à la réussite matérielle; les femmes doivent être plus modestes, plus tendres et soucieuses de la qualité de la vie;
- la féminité correspond à une société où les rôles sociaux des deux sexes sont interchangeables : la modestie, la tendresse, le souci de la qualité de la vie y sont autant l'apanage des hommes que des femmes.

Les 3 dimensions qui précèdent couvrent des relations humaines fondamentales et semblent universelles au point de survenir dans n'importe quelle étude internationale sur les valeurs. La nature de la 4e dimension dépend de la culture de ceux qui ont conçu le questionnaire : au contrôle de l'incertitude occidental correspond le dynamisme confucéen oriental.

4) Occident-contrôle de l'incertitude :
propension des membres d'une culture à se sentir menacés par les situations incertaines ou inconnues.

Orient-dynamisme confucéen, rebaptisé orientation à long/court terme : cette nouvelle dimension a été révélée par une enquête chinoise sur les valeurs et est basée sur les réponses d'étudiants originaires de vingt-trois pays. Elle est composée des valeurs suivantes :

- valeurs composant le pôle «orientation à long terme» :
  - la persévérance;
  - le respect du rang de chacun dans les relations sociales;
  - le sens de l'économie;
  - le sens du déshonneur.
- valeurs composant le pôle «orientation à court terme» :
  - la solidité et la stabilité personnelles;
  - la protection de sa propre dignité (la face);
  - le respect de la tradition;
  - la réciprocité des politesses, faveurs et cadeaux.

Hong Kong, Taiwan, le Japon, la Corée du Sud et Singapour («les cinq Dragons») ont un indice d'orientation à long terme très élevé. Il existe donc une corrélation entre certaines valeurs confucéennes et la croissance économique récente, le lien entre les deux étant l'esprit d'entreprise des Asiatiques.

La Chine continentale, pays de Confucius, est la pays dont l'indice de dynamisme confucéen est le plus élevé mais le contrôle politique l'emporte encore sur la modernisation économique (influence évidente du contexte politique, la programmation mentale ne suffit pas).

Au-delà des différences d'une nation à l'autre existent une *mentalité occidentale* et une *mentalité orientale* définies par les grandes caractéristiques figurant dans le tableau de la page suivante.

Mentalité occidentale	Mentalité orientale
1) contrôle de l'incertitude.	1) dynamisme confucéen.
2) quête de la Vérité en relation avec les religions occidentales, «religions du Livre» (judaïsme, christianisme, islamisme) : l'homme peut progresser par des croyances.	2) quête de la Vertu en relation avec le confucianisme (système éthique pratique et non religieux) et les religions orientales (hindouisme, bouddhisme, shintoïsme, taoïsme) : l'homme peut progresser par des rituels, la méditation, une certaine manière de vivre.
3) axiome typique de la logique occidentale : si A est vrai, et si B est l'opposé de A, alors B est faux.	3) un tel axiome n'existe pas dans la logique orientale : si A est vrai, son contraire B peut aussi être vrai et à eux deux ils représentent une sagesse supérieure à A ou B pris isolément.
4) la pensée occidentale, analytique, est plus utile à la science (découverte et utilisation des lois de la nature pour le progrès de l'humanité).	4) la pensée orientale, synthétique, est plus utile au management, au gouvernement.
5) l'important c'est ce qui est vrai, qui a raison.	5) l'important c'est ce qui fonctionne (synthèse pragmatique).
6) on pratique la Vertu de la Vérité.	6) on pratique la Vertu sans souci de la Vérité.

En-deçà des différences d'une nation à l'autre existent *des différences d'un sous-groupe ethnique, religieux ou linguistique à l'autre*.

Prenons l'exemple de la Belgique, avec deux langues dominantes : le français et le néerlandais (l'allemand est également parlé, mais dans une toute petite partie du pays). La partie wallonne et la partie flamande ont des indices très similaires pour les quatre dimensions de l'étude IBM, très proches de ceux de la France et très différents de ceux des Pays-Bas. Cela s'explique par l'histoire de la Belgique : les classes moyennes et supérieures parlaient français, quelle qu'ait été la langue de leurs ancêtres, et avaient adopté la culture française; les classes inférieures parlaient flamand, quelle qu'ait été la langue de leurs ancêtres; mais en cas d'ascension sociale, ils se conformaient à la culture de la classe moyenne. L'étude IBM contient une comparaison semblable entre les régions francophone et germanophone de Suisse; mais dans ce cas les résultats ont été très différents : la région francophone a des indices proches de ceux de la France, et la région germanophone de ceux de l'Allemagne. L'évolution historique de la Suisse a été très différente de celle de la Belgique : la répartition des langues s'est faite selon les cantons (provinces indépendantes) et non pas suivant la classe sociale. On comprend ainsi pourquoi la langue est un sujet politique brûlant en Belgique et non en Suisse.

«Le sens de l'identité culturelle apporte un sentiment de sécurité à partir duquel on peut aborder les autres cultures avec un esprit ouvert». «C'est la façon dont les parents vivent leur propre culture qui donne aux enfants leur identité culturelle. De même, la façon dont ils parlent des autres cultures et se comportent avec leurs membres détermine le degré d'ouverture ou de fermeture d'esprit de leurs enfants dans ce domaine».

Un film comme celui de Margaret Mead, *Four Families*, sur les relations entre parents et jeunes enfants en Inde, en France, au Japon et au Canada, permet l'éducation à – et la diffusion de la compréhension interculturelle. On veillera toujours à ne pas appliquer à un membre d'un groupe les caractéristiques collectives culturelles de ce groupe (danger des stéréotypes) : tout Hollandais n'incarne pas fatalement l'adage «doe maar gewoon, dan doe je al gek genoeg» («comportez-vous comme tout le monde, vous êtes déjà ridicule de toute façon»).

Le lecteur intéressé trouvera dans l'ouvrage de Geert Hofstede pour les 50 pays et 3 régions, leur rang et leur indice :

- de distance hiérarchique;
- d'individualisme;
- de masculinité;
- de contrôle de l'incertitude;

ainsi que des tableaux regroupant les différences essentielles entre sociétés :

- à faible et forte distance hiérarchique;
- individualistes et collectivistes;
- masculines et féminines;
- à fort et faible contrôle de l'incertitude;
- orientées vers le long / court terme.

La socialisation de soi

Dans cette perspective moderne, l'enfant occidental est acteur de sa propre socialisation; la clef de voûte de ce processus est le *sentiment de valeur personnelle.*

Vanandruel montre que «la socialisation de soi se réalise par l'intériorisation et la personnalisation de nouvelles sensibilités, cristallisations au plus profond de soi, des valeurs culturelles contemporaines». Au savoir-vivre succède un *savoir-ressentir* codifié en termes de :

- sensibilité à soi, sensibilité à autrui et sensibilité systémique;
- sensibilités sociale, éthique, culturelle, écologique et politique.

La spécificité de notre culture occidentale contemporaine, c'est l'individualisme; les comportements y sont régulés d'une nouvelle façon, «non plus par la tyrannie des détails mais avec le plus de choix privés possible, avec le moins d'austérité et le plus de désir possible, avec le moins de coercition et le plus de compréhension possible» [1]

La *sensibilité à soi* entraîne la primauté de la valeur personnelle sur le statut social : il faut être au contact de ses émotions, être capable de les exprimer [2], etc.

La *sensibilité à autrui* — il faut comprendre l'autre de manière empathique, être à son écoute, etc. — rend aussi chacun hypersensible au jugement d'autrui, explicite ou implicite (priorité à ce qui donne une image positive de soi).

La *sensibilité systémique*, dans le prolongement, permet en quelque sorte une suradaptation à tout système — famille, école, groupe des pairs — : il faut choisir un rôle en fonction des circonstances, se l'approprier en le personnalisant, cumuler divers rôles, gérer des conflits de rôles, etc.

Si chacun est devenu acteur de sa propre socialisation, il n'en reste pas moins que la *personnalisation est aussi un conditionnement social* (il faut ...). Elle implique paradoxalement une intériorisation du champ culturel de plus en plus différenciée et permet l'*adaptation sociale par la réalisation de soi*.

1. Vanandruel se réfère aux travaux d'anthropologie comparative réalisés par L. Dumont (*Essai sur l'individualisme*, Paris, Le Seuil, 1983) et à G. Lipovestsky (*L'ère du vide*, Paris, Gallimard, 1983).

2. Cf. Wallon, p. 47-48 : *L'émotion est à l'origine de la sociabilité.*

Vanandruel note avec finesse que tout ceci concerne les adultes autant que les enfants. «Confrontés eux aussi aux nouvelles sensibilités contemporaines et à la mobilité incessante des codes psychologiques, sociaux, éthiques, culturels qu'elles entraînent, ils sont en perpétuelle resocialisation. Dès lors, on ressent le besoin crucial de réadapter l'école et la famille aux «nouveaux besoins» de l'enfant, de sensibiliser les enseignants et les parents à l'enfant considéré comme une personne à part entière, reconnue dans son individualité. Les parents et les enseignants ont également de plus en plus besoin d'être soutenus dans leur entreprise. Ils ressentent la nécessité d'intégrer de nouveaux codes psychologiques pour mieux comprendre leur enfant ainsi que le sens de leur propre action. L'échange réciproque de signes de reconnaissance densifie la charge émotionnelle entre adultes et enfants, et, de ce fait, renforce à la fois leur lien d'interdépendance et la socialisation de soi de l'enfant.»

La socialisation par l'image

Chombart de Lauwe, étudiant la représentation sociale de l'enfant destinée aux adultes, décrit l'enfant mythique de notre société, «être pur, simple, vrai, non encore déformé par la société, inculte et sauvage, innocent parce que inconscient du bien, du mal, ignorant des préjugés et des lois, doué d'autres dons, ouvert à un autre monde».

Analysant le contenu de l'imaginaire social créé pour les enfants — dans les médias qui leur sont destinés — elle dégage deux caractéristiques :

- le statut de la fille se rapproche de celui du garçon (uniformisation par assimilation plutôt qu'égalisation des sexes);
- la combinaison de traits d'adultes et de traits d'enfants réunis dans le même personnage (image de super-adulte).

Les médias constituent, à côté de la famille et de l'école, un relais important dans l'éducation de l'enfant au sein des sociétés industrialisées contemporaines : entre les enfants et l'univers des médias se produisent aussi des interactions formatrices; nos enfants sont des «enfants de l'image».

L'enfant, garçon ou fille

Avec Sullerot, nous dirons que : «On naît bel et bien femme, avec un destin physique programmé différent de celui de l'homme et toutes les conséquences psychologiques et sociales attachées à ces différences. Mais on peut modifier ce destin, et devenir ce que l'on veut, se conformer à ce destin ou s'en éloigner carrément».

Mead a bien montré, dans *L'un et l'autre sexe*, combien les rôles de la femme et de l'homme varient d'une société à l'autre. Des auteurs s'attachent aujourd'hui à analyser comment la famille, l'école ... interviennent dans la différenciation psychologique et sociale des sexes.

Les seules différences psychologiques entre les sexes bien établies actuellement sont les suivantes :

- les filles ont une supériorité verbale sur les garçons (apprentissage plus précoce et, à partir de 11 ans, supériorité dans différentes épreuves verbales);
- les garçons l'emportent sur les filles dans l'aptitude visuo-spatiale (à l'adolescence et à l'âge adulte, mais non dans l'enfance);
- les garçons l'emportent sur les filles en aptitude mathématique;
- les garçons sont plus agressifs que les filles sur le plan physique et le plan verbal (dans l'enfance).

Il existe aussi une psychopathologie différentielle des sexes : on compte 2/3 de garçons pour 1/3 de filles en psychiatrie infantile (cette tendance se renverse à partir de 15 ans); et symptômes, syndromes se différencient suivant le sexe.

Ces différences naissent de l'interaction entre les exigences culturelles et l'équipement psychologique (l'hypertonie du garçon est mieux tolérée que celle de la fille). «Le rôle des stéréotypes culturels est donc tout à fait prééminent dans ce que nous qualifions quotidiennement de masculin ou de féminin» (Chiland).

L'envie du phallus, symbole du pouvoir, est plus déterminante que l'envie du pénis (cf. Freud et le complexe de castration de la fille). On peut réaliser auprès d'enfants de différents âges l'enquête menée par Baudouin, en 1950, en demandant à des filles : «Aimerais-tu être un garçon ? Pourquoi ?» et à des garçons : «Aimerais-tu être une fille ? Pourquoi ?»

En conclusion de sa recherche, Pierre Tap note en 1985 : «Au-delà des réflexions sur les discriminations et les différences liées au sexe, c'est donc à une compréhension du processus par lequel un individu devient personne et se vit comme tel parmi d'autres et dans la société, que nous sommes, en définitive, conviés».

Parenté biologique et/ou sociologique

Qui est le père en cas d'insémination artificielle ? Qui est la mère d'un bébé éprouvette ?

L'amour maternel est un sentiment qui dépend de la mère, de son histoire et de l'Histoire (Badinter).

A partir des années 60, et parallèlement aux nouvelles femmes sans instinct maternel, apparaissent les nouveaux hommes avec instinct paternel : quand les femmes travaillent, les hommes maternent ...

Depuis, «L'image du père s'est en quelque sorte brouillée ...» [3]. A qui le désire, voici de quoi (re)construire la sienne :

Delaisi de Parseval G., *La part du père*, Paris, Seuil, 1981.

Delumeau J. et Roche D., *Histoire des pères et de la paternité*, Paris, Larousse, 1990.

Hurstel F., *Les changements dans la relation père-nourrisson : qui sont les pères qui paternent ?*, Neuropsychiatrie de l'Enfance, 1985, 33, 2-3, pp. 85-88.

Knibiehler Y., *Les pères aussi ont une histoire*, Paris, Hachette, 1987.

Naouri A., *Une place pour le père*, Paris, Seuil, 1975.

Olivier C., *Les enfants de Jocaste ou l'empreinte de la mère*, Paris, Denoël-Gonthier, 1980, suivi de *Les Fils d'Oreste ou la question du père*, Paris, Flammarion, 1994.

Sullerot E., *Quels pères ? Quels fils ?*, Paris, Fayard, 1992.

This B., *Le père, acte de naissance*, Paris, Seuil, 1980.

Trethowan W.H., *Le syndrome de la couvade*, in *Les pères aujourd'hui*, INED, 1982, pp. 112-115.

Ysmal M., *Le papa-boom*, rapport d'enquête de l'Institut Louis-Harris, 1987.

3. Espinoza et Le Camus, 1991, p. 81.

Régime démographique, histoire de la famille et psychologie de l'enfant

Dans les pays industrialisés, l'évolution démographique a modifié la dimension de la famille et donc la place qu'y occupe l'enfant.

ANCIEN RÉGIME DÉMOGRAPHIQUE	NOUVEAU RÉGIME DÉMOGRAPHIQUE
Espérance de vie : 25 ans	Espérance de vie : 75 ans
Natalité et mortalité élevées	Natalité et mortalité faibles
Moyenne de 5 enfants par femme	Moyenne de 2 enfants par femme

- la probabilité d'être orphelin de père et/ou de mère dans l'enfance a diminué;
- la probabilité pour l'enfant de connaître ses grands-parents a augmenté (60% d'enfants ont même à la naissance au moins un arrière-grand-parent);
- au sein de la fratrie, la probabilité d'être unique ou l'aîné a augmenté, la probabilité de côtoyer des enfants de sexe différent a diminué, l'écart d'âges a diminué et l'expérience de la mort est moins fréquente;
- alors qu'auparavant la mort dissolvait les couples, c'est aujourd'hui le divorce qui s'en charge et les belles-familles après divorce ont remplacé les belles-familles après veuvage.

La famille évolue sous le choc des modernités — religieuse, politique, économique ou sociale — et les expériences que vit l'enfant au sein de sa famille diffèrent selon l'époque.

L'enfant autrefois

Etudiant l'évolution du sentiment de l'enfance, de l'attitude des adultes devant l'enfant, Ariès remarque que l'enfant est entré dans l'Histoire par le biais de l'éducation et que l'enfant et l'école réapparaissent en même temps :

- *paideia* (éducation) des anciens et place importante tenue par l'enfant dans la culture hellénistique;

- *indifférence* de la civilisation médiévale, où les âges et les conditions étaient mêlés : vers 7 ans, les enfants rejoignaient le monde des adultes, participaient à leurs travaux et à leurs jeux;
- réapparition du *souci éducatif* au début des temps modernes qui consacre la différence et le passage entre le monde des enfants et celui des adultes. En même temps apparaît le sentiment moderne de la famille (besoin d'intimité et d'identité) et se développe l'école (surtout au XVIIe siècle : volonté de mettre les enfants à part de la société des adultes);
- *amour obsédant* qui domine la société à partir du XVIIIe siècle (culte de l'enfant, l'enfant-roi, grandir = s'appauvrir);
- aujourd'hui : *hostilité* (distance, gêne, malaise) vis-à-vis de l'enfance. L'enfant perd le monopole, revient à une place moins privilégiée. Cette hostilité apparaît dans les mœurs : dénatalité actuelle, horaires et loisirs différents des enfants et des adultes, recours aux crèches et autres institutions, crainte de devenir un batteur d'enfants. En même temps, on parle beaucoup de l'enfant victime de ses parents, menacé par une société hostile, des droits de l'enfance face à la famille … Il est aussi devenu une des cibles de la société de consommation.

La signification de l'enfance

La signification attribuée à l'enfance lui vient, selon Charlot, d'une double interprétation en termes de nature et de culture.

Il n'est pas difficile, à première vue, de constater de multiples oppositions inhérentes à la «nature» enfantine : l'enfant est innocent et méchant, l'enfant est dépendant et indépendant, etc. Innocent quand il s'apitoie sur le sort des malheureux, méchant quand il agresse des animaux sans défense. Dépendant dans sa soumission à l'adulte, indépendant quand il tyrannise celui-ci. Dans son comportement naturel, l'enfant présente donc deux faces. Parce qu'il est faible, il est innocent et méchant. Parce qu'il est démuni et doit tout acquérir, il est dépendant et indépendant.

Mais cette idée de nature dissimule la relation de l'enfant à la réalité sociale. L'enfant n'est pas en soi faible, innocent, dépendant, etc. Certes, à la naissance, il est psychologiquement incapable de se suffire à lui-même : la faiblesse, la dépendance sont des conséquences de sa condition biologique. Mais l'enfant se développe dans un milieu social et ses caractéristiques biologiques acquièrent une signification sociale. Ce n'est pas seulement biologiquement que l'enfant est faible et dépendant; c'est aussi socialement, c'est-à-dire par rapport à l'adulte et aux conditions de la vie en société.

Les déterminations biologiques de l'enfance prennent un sens social sans pour autant perdre leur signification biologique. Ainsi, l'inachèvement de l'enfant est source de relations affectives et sociales avec les adultes qui le soignent et l'éduquent de sorte qu'il ne détermine pas seulement le comportement de l'enfant mais aussi celui des adultes.

Les enfants sont capables de ...

Marcher (au XVIIIe), travailler (au XIXe), nager (au XXe) : trois expériences de corps qui définissent les jugements sur l'enfance et qui mettent en scène un univers propre à leur temps (le siècle des Lumières, le monde industriel, le monde contemporain).

En conclusion de son analyse historique et comparative des manières de penser et de problématiser les relations entre enfants et adultes, Pascale Garnier écrit : «... aujourd'hui, les trois principes que l'on a dégagés composent un espace de jugement complexe et contradictoire sur la manière de bien traiter les enfants : comment concilier la *valeur de l'enfance*, synonyme d'avenir et de futur à construire, l'*attachement domestique des enfants* à leur famille, et plus largement à un milieu social, à des traditions et une culture particulières, et la *grandeur des enfants*, le respect des compétences dont ils montrent, à travers leur activité propre, l'effectivité au présent ? Le bien de l'enfant est un et pluriel, présent tendu entre le passé et l'avenir».

Désir et pouvoir

Le développement psychologique de l'enfant, histoire du pouvoir de l'adulte sur le désir de l'enfant, du pouvoir de la société sur le désir de l'individu ?

L'*éducation familiale et scolaire* favorise ou non l'évolution de l'identité, elle est plutôt :

- *symbiotique* : être le désir de l'autre (être le phallus de l'autre);
- *anale* : obéir ou s'opposer au désir de l'autre;
- *phallique* : être son désir à soi.

La pédagogie institutionnelle (Oury), par exemple, a pour objectif de faire naître l'enfant à son désir. Elle se base sur les techniques pédagogiques de Freinet, prend en compte l'inconscient (psychanalyse : Freud, Lacan) et la dynamique du groupe-classe (psychosociologie : Lewin).

Annexes

Annexe 1 *L'échelle d'évaluation du comportement néo-natal de Brazelton*

Les données de comportement sont :

1. Diminution de la réaction à la lumière (un éclair de lumière envoyé brièvement dans les yeux du bébé);
2. Diminution de la réaction à une crécelle (agitée à vingt-cinq ou trente centimètres du bébé);
3. Diminution de la réaction à une cloche (sonnée à trente ou quarante centimètres du bébé);
4. Diminution de la réaction à une piqûre d'épingle légère sur le talon;
5. Réaction d'orientation vers un stimulus visuel d'origine matérielle (balle rouge);
6. Réaction d'orientation vers un stimulus sonore d'origine matérielle (crécelle douce);
7. Réaction d'orientation vers un stimulus visuel d'origine humaine (visage de l'examinateur);
8. Réaction d'orientation vers un stimulus sonore d'origine humaine (voix de l'examinateur);
9. Réaction d'orientation vers les stimuli visuels et sonores d'origine matérielle (crécelle rouge);
10. Réaction d'orientation vers des stimuli visuels et sonores d'origine humaine (visage et voix de l'examinateur);
11. Qualité et durée des périodes alertes;
12. Tonus musculaire général au repos et en réaction au fait d'être manipulé (passif et actif);
13. Maturité motrice (degré de vigueur et d'aisance des mouvements);
14. Réactions des bras, des épaules et de la tête quand on prend le nouveau-né pour l'asseoir;
15. Aptitude à se blottir (réaction au fait d'être pris dans les bras par l'examinateur);
16. Mouvements défensifs (réaction au tissu sur le visage);
17. Consolabilité (nombre de manœuvres que doit faire l'examinateur pour calmer le nouveau-né perturbé);

18. Sommet de l'excitation et capacité de contrôle de soi (pendant tout l'examen);
19. Rapidité à passer à l'état de pleurs;
20. Irritabilité pendant l'examen;
21. Type d'activité et degré d'activité (tout au long de l'examen);
22. Timidité (tout au long de l'examen);
23. Propension à sursauter (tout au long de l'examen);
24. Changements de coloration de la peau;
25. Nombre de changements d'états tout au long de l'examen;
26. Activité pour se calmer soi-même (efforts observables et réussites);
27. Activité de main à la bouche;
28. Sourires (à la fois grimaces et imitations de sourires sociaux, se manifestant à des moments apparemment appropriés).

Annexe 2 *Tableaux comparatifs de Brunet-Lézine, Gesell et Bühler*

	Brunet et Lézine	Gesell	Ch. Bühler
	Premiers mois	*4 semaines*	*Premiers mois*
Amené en position assise.	Lève la tête de temps en temps.	Tête retombe en avant, dos rond. Peut redresser la tête par instants.	—
Couché sur le ventre.	Soulève la tête de temps en temps en vacillant. Jambes en flexion et mouvements de reptation.	Tête levée en zone 1 (2 à 3 cm) momentanément. Mouvements de reptation des jambes.	Relève légèrement la tête.
Réaction auditive.	Réagit au bruit de la sonnette.	Ecoute la sonnette, activité motrice diminue.	Apaisement au bruit léger.
Réaction visuelle.	Suit momentanément l'anneau du côté à la position médiane.	Suit l'anneau suspendu jusqu'à la ligne médiane	—
Réaction manuelle.	Serre fortement le doigt qu'on introduit dans sa main.	Au contact du hochet, le poing se serre sur le manche.	Etreint la chose qui touche l'intérieur de la main.
		3e mois	
En position assise.	Maintient la tête bien droite.	Tête stable, tenue en avant (16 semaines).	—
Couché sur le ventre.	S'appuie sur les avant-bras.	S'appuie sur les avant-bras (12 semaines).	Redresse la tête et les épaules (4e mois).
Couché sur le dos.	Griffe, pince son drap, l'attire vers lui.	Les mains se rejoignent, palpent, griffent et attrapent (16 semaines).	Palpe les choses touchées (4e mois).
Réaction visuelle	Regarde un cube posé sur la table.	Regarde le cube plus que momentanément (12 semaines).	Regarde fixement un objet (3e mois).

Réaction visuelle.	Tourne la tête pour suivre un objet qui disparaît lentement.	Suit l'anneau suspendu sur 180° (12 semaines).	Suit du regard un objet mobile (3e mois).
Réaction manuelle.	Tient lentement le hochet, le secoue.	Tient fermement le hochet (12 semaines).	Tient une crécelle (4e mois).
	6e mois		
Tiré assis.	—	Soulève sa tête, aide (24 semaines).	Se redresse avec de l'aide (6e mois).
Tenu verticalement.	Supporte une partie de son poids.	Supporte une large fraction de son poids (28 semaines).	—
Couché sur le dos.	Se débarrasse de la serviette posée sur sa tête.	—	Se débarrasse de la serviette (6e mois).
	—	Soulève sa tête comme pour essayer de s'asseoir (28 semaines).	Redresse la tête et les épaules (6e mois).
Assis chaise avec soutien.	Peut rester un long moment assis.	Tronc droit, reste assis avec soutien 30 mn (24 semaines).	Se tient assis avec appui (7e mois).
Réactions visuo-manuelles.	Saisit d'une main l'anneau balancé devant lui.	Approche la main et prend l'anneau balancé (24 semaines).	Retient un objet quand on veut l'éloigner (6e mois).
	Enlève le cube de la table à sa vue.	Approche la main du cube et prend (24 semaines).	Saisit d'une main l'objet aperçu (6e mois).
	Tient un cube dans chaque main et regarde le troisième.	Regarde le troisième cube lorsqu'il en tient 2 (24 semaines).	—
Réaction auditivo-manuelle.	Tape sur la table ou la frotte avec une cuiller.	Cogne la sonnette sur la table (28 semaines).	Frappe sur la table (7e mois).
	9e mois		
Couché sur le ventre.	—	Rampe (40 semaines).	Rampe (9e et 10e mois).

Debout.	Se tient debout avec appui.	En se tenant à la barrière (36 semaines).	Se tient debout avec appui (au lit) (11e et 12e mois).
	Soutenu sous les bras fait des mouvements de marche	—	—
Assis sans soutien.	—	Reste assis 10 mn et plus, stable (36 semaines).	Reste assis sans se tenir (9e et 10e mois).
	Sans appui, se débarrasse de la serviette posée sur sa tête.	—	Sans appui, se débarrasse de la serviette (9e et 10e mois).
Réactions visuo-manuelles.	Soulève la tasse retournée et saisit le cube caché	—	Découvre le jouet recouvert (9e et 10e mois).
	—	Met le cube contre la tasse (36 semaines).	Saisit à plusieurs reprises un objet sur 2 qui sont présentés.
	Saisit la pastille entre le pouce et l'index.	Prend la pastille entre le pouce et le côté de l'index recourbé (36 semaines).	—
	Attire l'anneau à lui en se servant de la ficelle.	Anneau : tire facilement sur la ficelle (40 semaines).	Tire à soi un objet fixé à une ficelle (11e et 12e mois).
Réactions auditivo--manuelle.	Fait sonner la sonnette.	Agite la sonnette ou la secoue spontanément (40 semaines).	Battre avec deux cuillers (9e et 10e mois).
		12e mois	
Marche.	Avec aide quand on lui tient la main.	Tenu seulement par une main (52 semaines).	Tenir quelque chose en main tout en marchant avec aide (13e et 14e mois).
Debout.	Avec appui se baisse pour ramasser un jouet.	Se tient un moment seul (56 semaines).	Se tient debout seul (13e et 14e mois).
Réactions visuo-manuelles.	Prend le 3e cube en gardant les 2 qu'il tient déjà.	—	—

	Lâche un cube dans la tasse (après démonstration).	Lâche un cube dans la tasse (52 semaines).	Ouvre une boîte (11e et 12e mois).
	Remet le rond dans son trou sur la planchette (après démonstration).	Insère le bloc après démonstration (56 semaines).	Rapproche avec attention les 2 cubes creux (11e et 12e mois).
	Commence un gribouillage faible sur démonstration.	Gribouille vigoureusement par imitation (56 semaines).	—
Réaction auditivo-manuelle.	Imite le bruit de la cuiller dans la tasse.	—	Par imitation fait sonner la cloche (11e et 12e mois).
		15e mois	
Marche.	Seul.	Fait quelques pas, part, s'arrête.	Marche seul (15 à 17 mois).
Escalier.	Grimpe à quatre pattes.	Monte à quatre pattes.	—
Réactions visuo-manuelles.	Construit une tour de 2 cubes.	Tour de 2 cubes (après démonstration).	Jeu organisé avec la balle (faire rouler la balle vers l'enfant, il la renvoie). (13e et 14e mois).
Réactions auditivo-manuelles.	Sur ordre : place le rond dans son trou.	Encastrement : place le bloc rond sur ordre (sans démonstration).	Sur ordre : rapproche et frappe 2 bâtons, en écoute le bruit (13e et 14e mois).
	Sur ordre : fait un gribouillage.	Début d'imitation de trait ou gribouillage.	—
		18e mois	
Ballon.	Marche vers le ballon et l'entraîne en avançant.	Marche contre le ballon.	—
Grimper.	Monte l'escalier debout, main tenue.	Monte l'escalier, une main tenue	—
	—	Grimpe sur une chaise d'adulte.	Monte sur la chaise (18 à 23 mois).
Réactions visuo-manuelles.	Construit une tour de 3 cubes.	Tour de 3, 4 cubes.	—

	Tourne les pages du livre, regarde les images.	Tourne les pages par 2 ou par 3, regarde les images.	Distingue un portrait d'une forme dépourvue de sens (18 à 23 mois).
	Retire immédiatement la pastille du flacon.	Retourne le flacon pour faire sortir la pastille.	Cherche un bonbon sous l'une des deux boîtes (15 à 18 mois).
	S'adapte au retournement de la planchette pour le bloc rond.	Adapte rapidement le bloc rond après rotation de la planchette (15 mois).	—
		24ᵉ mois	
Marche.	—	Court sans tomber (24 mois).	—
Ballon.	Donne un coup de pied sur ordre.	Donne un coup de pied dedans (24 mois).	—
Escalier.	Monte et descend seul (en se tenant à la rampe).	Monte et descend seul (s'aidant de la rampe) (24 mois).	—
Réactions visuo-manuelles.	Tour de 6 cubes au moins.	Tour de 6, 7 cubes (24 mois).	Faire une construction avec les cubes creux (de 19 à 24 mois).
	Essaie de plier une feuille de papier une fois.	Plie une fois en imitant (21 mois).	—
	Imite un trait.	Imite un trait vertical (24 mois) et un trait circulaire.	—
	Encastre le rond, le triangle et le carré sur la planchette.	Place les blocs séparés (24 mois).	Emboîte les bâtons creux (de 19 à 24 mois).
		30ᵉ mois	
Debout.	Essaie de se tenir sur un pied.	Essaie de se tenir sur un pied (30 mois).	—

Marche.	Peu porter un verre plein d'eau sans renverser.	—	Porte à 5 m et rapporte un gobelet rempli d'eau à 1 cm du bord sans renverser (4e année).
	—	Sur la pointe des pieds (après démonstration) (30 mois).	—
Saute.	—	Les deux pieds à la fois sur place (30 mois).	—
Réactions visuo-manuelles.	Construit une tour de 8 cubes.	Tour de 8 cubes (30 mois).	—
	Construit un pont avec trois cubes d'après modèle.	Imite le pont (36 mois).	Imite des constructions (3e année).
	Imite un trait vertical et horizontal.	Imite trait vertical et trait horizontal (30 mois).	
	Encastre rond, triangle, carré et s'adapte à la rotation de 180° de la planchette.	S'adapte à la rotation avec erreur (30 mois). Sans erreur (36 mois).	Essaie d'emboîter 4 formes (3e année).
3 ans			
Debout.	—	Garde équilibre sur un pied un instant (36 mois). (Reste 2 secondes à 42 mois).	—
Escalier.	—	Monte en alternant les pieds (36 mois).	—
Saute.	—	La dernière marche de l'escalier (15 à 18 cm) (36 mois).	—
Réactions visuo-manuelles.	Construit une porte avec 5 cubes.	Tour de 9 cubes (10 avec 3 essais) (36 mois).	Fait une construction (3e année).
	—	Met 10 pastilles dans le flacon en 30 secondes (36 mois).	—

	Copie un cercle d'après modèle.	Copie le cercle (36 mois).	Copie un cercle (4e année).
	—	Imite grossièrement la croix après démonstration (36 mois).	—
	Fait le puzzle en deux morceaux.	—	—
	—	Verse d'un petit pot dans une tasse (36 mois).	—
	—	Déboutonne les boutons accessibles (36 mois).	Peut boutonner (3e année).

Annexe 3 *Feuille de relevé (schéma corporel)*

Connaissance des parties du corps nommées et désignées sur ordre verbal
Feuille de relevé

Nom de l'observateur .... Date .... Classe ....

NOMMER SUR OPÉRATEUR

PAUMES																														
TEMPES																														
AVANT-BRAS																														
POMMETTES																														
NUQUE																														
HANCHES																														
CHEVILLES																														
PAUPIÈRES																														
MOLLETS																														
NARINES																														
SOURCILS																														
POIGNETS																														
COUDES																														
CILS																														
EPAULES																														
LÈVRES																														
ONGLES																														
POUCE																														
MENTON																														
JOUES																														
COU																														
FRONT																														
TALONS																														
DENTS																														
GENOUX																														
VENTRE																														
DOS																														
NEZ																														
YEUX																														
OREILLES																														
BOUCHE																														
PIEDS																														
MAINS																														
CHEVEUX																														
Date																														
Âge																														
Noms																														
	Garçons															Filles														

Annexe 4 *Grille de cotation (test du bonhomme)*

1. Tête présente 1

2. Jambes présentes. Les deux de face ou une de profil.
S'il n'y a qu'une jambe avec les deux pieds le résultat est positif. . 1

3. Bras présents. Les doigts seuls ne suffisent pas, sauf au cas
où un espace est laissé entre ceux-ci et le corps 1

4a Tronc présent 1

4b Longueur du tronc supérieure à la largeur. La mesure se fait
à partir des points les plus opposés en longueur et en largeur 1

4c Epaules nettement indiquées 1

5a Bras et jambes attachés à un point quelconque du tronc 1

5b Bras et jambes attachés à des points corrects du tronc. Si 4c n'est
pas réussi, les bras doivent se trouver à l'endroit exact où se
trouveraient les épaules, si elles avaient été indiquées. 1

6a Cou présent 1

6b Contour du cou formant une ligne continue avec ceux de la tête,
du tronc ou des deux réunis 1

7a Yeux présents. L'un des yeux ou les deux sont nécessaires 1

7b Nez présent. 1

7c Bouche présente 1

7d Nez et bouche représentés par deux traits;
les deux lèvres indiquées 1

7e Narines représentées 1

8a Cheveux présents 1

8b Cheveux bien placés sans que la tête soit vue en transparence 1

9a Présence de vêtements. Une des premières manifestations
de vêtement est constituée par des boutons. Simples hachures
et transparence admis 1

9b Deux parties de vêtements sans transparence (chapeau et
pantalon par ex.). Des boutons seuls sans autre indication
de la veste ne sont pas admis 1

9c Dessin complet du vêtement libre de tout transparence.
Manches et pantalon doivent être représentés 1

9d Quatre articles vestimentaires bien marqués 1
Par exemple : chapeau, souliers, veste, chemise, faux-col, cravate, ceinture ou bretelle, pantalons, etc.
Ces articles doivent avoir leur signe caractéristique.
Exemple : des chaussures doivent avoir des lacets, un talon, etc.

9e Costume complet sans défaut. Commerçant, soldat, etc 1
Le chapeau, les manches, les pantalons et les souliers doivent obligatoirement être représentés.

10a Doigts présents.. 1
Ils doivent être présents sur les deux bras.
Le nombre n'importe pas.

10b Nombre correct de doigts.. 1
Sur chaque main, lorsque ce sont les deux mains qui sont représentées, sinon sur celle qui est apparente.

10c Détails corrects des doigts 1
Deux dimensions, la longueur plus grande que la largeur.
S'il n'y a qu'une main, tirer les conclusions sur celle-ci.

10d Opposition du pouce 1
Nette différenciation entre le pouce et les doigts. La règle est stricte. Le point est accordé lorsqu'un des doigts est nettement plus court que chacun des autres.

10e Mains distinctes des doigts et des bras......................... 1

11a Bras articulés aux épaules, aux coudes ou aux deux 1

11b Articulation des jambes aux genoux, aux hanches ou aux deux ... 1

12a Proportion de la tête... 1
Pas plus que la moitié du tronc, pas moins de 1/10 du tronc.

12b Proportion des bras... 1
Egaux à la longueur du tronc ou un peu plus long, mais en aucun cas atteignant les genoux.

12c Proportion des jambes 1
Pas moins longues que le tronc et pas plus que deux fois le tronc.

12d Proportion des pieds.. 1
Les pieds et les jambes doivent être vus en deux dimensions.
Longueur du pied plus grande que la hauteur. Elle ne doit pas

dépasser le tiers de la jambe ni avoir moins d'un dixième de la hauteur totale de la jambe.

12e Deux dimensions 1
Les deux jambes et les deux bras ont deux dimensions.

13. Présence du talon 1

14a Coordination motrice par le contour 1

14b Coordination motrice par les articulations. 1

14c Coordination motrice par les articulations de la tête 1

14d Coordination motrice par les articulations du tronc. 1

14e Coordination motrice des bras et des jambes. 1

14f Coordination motrice de la physionomie. 1

15a Présence des oreilles 1

15b Présence des oreilles avec bonnes proportions et positions. 1

16a Détails des yeux, cils, sourcils ou les deux 1

16b Détails des yeux. Présence de pupilles. 1

16c Détails des yeux. Proportions. 1
La longueur plus grande que la hauteur,
si les yeux sont vus de face 1

16d Détails des yeux. Brillance. 1

17a Menton et front présents 1

17b Menton nettement distinct de la lèvre inférieure 1

18a Tête, tronc et pied de profil 1
Une erreur peut être tolérée (transparence, position fausse de bras ou de jambes).

18b Profil parfait sans les erreurs tolérées précédemment 1

Annexe 5 *La signification du jeu de l'enfant (Rideau)*

Signification des jeux du bébé

« L'énumération des divers types de jeux du bébé, qui apparaissent dans un ordre successif, à peu près le même pour tous les bébés, de la naissance à la fin de la première année, surprendra peut-être, dans la mesure où certaines activités ne semblent pas constituer vraiment des jeux aux yeux d'un adulte. Elles sont, en effet, liées à la maturation progressive neurologique et motrice du jeune enfant et disparaissent en général lorsqu'une nouvelle variété d'activité est découverte. Le bébé se livre là à un apprentissage de son corps et des diverses fonctions de celui-ci; vers sept ou huit mois, dès qu'il commence à se tenir bien assis, il s'attaque en outre à la découverte du monde extérieur, de tout ce qui est à portée de sa main. Il s'agit bien de jeu, dans la mesure où il prend un plaisir évident à l'exercice de cette activité exploratoire, qui le fait parfois rire aux éclats. L'intelligence ne paraît pas jouer un grand rôle à ce niveau, mais elle est réellement présente : il y a un lien étroit entre ces activités essentiellement motrices et le futur niveau intellectuel du sujet, et leur absence, ou leur insuffisance, est de mauvais augure.

Au total, il s'agit bien d'un jeu, puisqu'il y a là recherche de plaisir; l'originalité réside dans le caractère d'apprentissage moteur et d'exploration qui domine cette période; les facteurs caractériels et sociaux, bien que présents, sont plus difficiles à discerner, car ils restent à l'arrière-plan; l'intelligence revêt une forme spéciale, psychomotrice : l'aspect moteur est encore inséparable de l'activité purement psychique.

Types de jeux du bébé

Agiter ses mains, jouer avec ses doigts, sucer son pouce, jouer avec ses pieds, tenter de les amener à sa bouche, secouer un objet (hochet, ou n'importe quoi), saisir et relâcher un objet plusieurs fois de suite, mâchonner ou déchirer des morceaux de papier; balancer hors du berceau tout ce qui s'y trouve; recommencer indéfiniment cette activité si on lui rapporte les objets; démonter, dévisser, défaire tout ce qui peut l'être; caresser le chien et le chat, quand ils veulent bien se laisser faire, tirer les poils, queues et oreilles, etc.; ouvrir et refermer les portes du placard; déguster la lessive, l'eau de Javel, et, d'une manière générale, toute substance inconnue; empiler quelques gros cubes les uns sur les autres, puis tout démolir et recommencer; toucher du doigt les images aperçues sur le miroir; émettre des sons divers avec sa bouche, bien qu'ils soient généralement peu harmonieux, provoquer ainsi l'émerveillement de l'entourage, et, alors, recommencer; provoquer l'apparition et la disparition successive d'un objet ou d'un visage, ou s'imaginer qu'on y parvient, et recommencer.

Signification du jeu chez le jeune enfant

La conquête, grâce à la marche d'abord, puis grâce à un perfectionnement très rapide de la maturité neuromotrice, d'une autonomie très supérieure à celle de la période précédente, va permettre à l'enfant plus âgé de compléter largement la conquête de son propre corps et l'exploration d'une zone plus vaste du monde environnant. Il n'y a pas là de distinction fondamentale, mais un simple élargissement de la gamme.

Les facteurs caractériels commencent d'acquérir une importance plus visible; les audacieux, les risque-tout s'opposent aux timorés, qui restent plus volontiers dans les jupes de leur mère, et qu'il faut sans cesse stimuler pour qu'ils osent se risquer; ces traits de personnalité, souvent très accusés, persisteront parfois toute la vie; d'autre fois, ils disparaîtront complètement, ou même s'inverseront. Cependant, il y a déjà là quelque chose qui témoigne d'une vision du monde personnelle, d'une réaction individuelle à ce que l'enfant reçoit de ses parents. Il n'est pas rare que les premiers conflits avec les parents apparaissent à ce moment, parfois avec une violence qui déconcerte la famille.

Vers deux ou trois ans, selon les cas, l'enfant commence aussi à accepter de jouer, sinon avec d'autres enfants, du moins en leur compagnie, et à consentir, avec une bonne grâce plus ou moins évidente, à prêter ses jouets. Il serait prématuré de voir là plus qu'une ébauche de signification sociale, mais il n'en reste pas moins que les comportements sociaux débutent pendant cette période (ils étaient auparavant limités à la mère ou à ses substituts).

C'est donc là une époque de transition, avec une signification plus globale du jeu, qui met en cause toute la personnalité naissante.

Types de jeux du jeune enfant

Marcher, courir, sauter, se promener; gestes complexes des mains, mimiques de la bouche; constructions élaborées avec des cubes; début des jeux à encastrements et puzzles simples; maniement d'un gros ballon, d'une balle, avec les pieds et les mains; gribouillage ou dessin très sommaire avec un crayon; regarder des images; jeux avec des baigneurs, ours en peluche, etc., imitation des travaux ménagers; pâte à modeler; utilisation de petites voitures miniatures; jouets à roulettes poussés ou traînés; jouer avec le sable; chanter de courtes chansons à la mélodie simple; imiter le comportement d'un adulte; tricycle ou bicyclette à roues auxiliaires, voiture à pédales, kart, trottinette, etc.

Signification du jeu à l'âge scolaire

L'âge scolaire (de cinq-six ans à douze ans environ) est sans conteste l'âge d'or du jeu; le temps que l'enfant lui consacre est sans doute réduit par rapport à la période précédente, mais cette diminution de la durée est largement compensée par un accroissement considérable de la variété des jeux et par l'ardeur, voire l'acharnement, déployés par l'enfant. Peut-être y a-t-il là une compensation à la sagesse qui lui est imposée à l'école. Toujours est-il que les moments consacrés au jeu le sont totalement; l'enfant n'est plus disponible pour rien d'autre, et ce n'est pas une mince affaire que de l'y arracher quand il le faut.

L'enfant d'âge scolaire ne trouve pas dans le jeu qu'une compensation physique; il y découvre une satisfaction morale, un domaine privilégié qui est son bien propre, où il est son maître, où l'adulte n'intervient pratiquement pas. Il n'échappe pas à toutes les contraintes : celles auxquelles il s'astreint dans ses jeux dépassent souvent toutes les obligations d'origine scolaire ou familiale; mais c'est lui-même qui les accepte, ou qui se les impose, et elles prennent dès lors la saveur de la liberté.

Types de jeux de l'enfant d'âge scolaire

Chat perché, pigeon vole, marelle, cache-cache; gendarmes et voleurs; balle au camp, balle au prisonnier, jeux de balle ou ballon par équipes ou à plusieurs joueurs; les quatre coins; constructions élaborées avec du «Lego», puis du «Meccano»; construction de modèles réduits simples; jeux scientifiques (chimie, électricité); utilisation d'outils (menuiserie par exemple); photographie avec des appareils simples; utilisation d'appareils de radio, de télévision, de magnétophones, de tourne-disques; chant, participation à une chorale; utilisation d'instruments de musique; dessin élaboré, peinture; initiation à la plupart des sports, à l'exception des lancers lourds, y compris judo, équitation et sports d'équipe, tir avec jouets ou appareils modifiés (arc); jeux complexes avec poupées (y compris habillement, confection de vêtements, etc.); jeux de camp et jeux de piste; jeux de situation (école, marchand, etc.); trains électriques, voitures téléguidées, bateaux, jeux de cartes, à l'exception des plus complexes; jeux de société : dames, jacquet, nain jaune (quelques cas de début d'échecs); exploration de greniers, de ruines, de grottes, etc.; début de compétitions dans tous les domaines.

Apparition du jeu technique

C'est l'une des premières choses qui frappent lorsque l'on considère la liste des jeux de cette période. Certes, l'utilisation d'outils est apparue au cours de la phase précédente, mais souvent sans but précis, simplement à titre d'imitation, et, de toute manière, sans compréhension des mécanismes complexes.

Au cours de la période scolaire, les jeux favoris vont progressivement devenir ceux qui se rapprochent le plus des mécanismes compliqués utilisés par l'adulte dans sa vie quotidienne ou professionnelle, voire même dans certains cas ceux qui s'apparentent aux techniques et aux sciences d'avant-garde. La possession d'outils semblables à ceux des artisans est l'une des fiertés d'un enfant de dix ans, et il parvient très tôt à s'en servir avec une remarquable habileté. Certes, cet aspect technique est plus marqué chez le garçon que chez la fille, mais il s'agit davantage d'une conséquence de l'éducation dispensée que d'une attitude profondément différente. Les jouets modernes, mécanisés et électrifiés à outrance, et parfois exagérément, favorisent cette tendance spontanée. Il semble bien que l'on puisse voir là une sorte d'adhésion profonde au monde de l'adulte, à son travail en particulier. Quand il en a l'occasion, il n'est pas de distraction plus appréciée par l'enfant que celle qui consiste à regarder et, mieux encore, à aider un quelconque artisan. Il y a là quelque chose qui dépasse le simple amusement, qui va plus loin que la simple détente ou que l'imitation fortuite de l'adulte : le jeu est le moyen d'aborder ce monde, aussi enviable que redouté, des «grands».

Socialisation du jeu

La seconde mutation majeure réside dans l'apparition du jeu social, non plus simple parallélisme d'activités, mais intégration authentique de l'individu dans un groupe capable de poursuivre un but commun, distinct de celui de chaque participant. Certes, la scolarisation, avec l'obligation communautaire qu'elle comporte, n'est pas sans jouer un certain rôle dans cette socialisation du jeu; ce rôle reste, néanmoins, secondaire. La cause principale réside dans la maturation psychique, qui permet à l'enfant, surtout après dix ans, de tolérer plus facilement les autres, d'admettre leur existence en tant qu'individus différents de lui, mais non moins précieux, d'abandonner son égocentrisme au profit d'une relation plus égalitaire. L'enfant devient capable de compenser les inconvénients de la vie en groupe, qui restreint sa liberté, par la prise en considération des avantages; il acquiert le sens de la solidarité. Certains jeux vont donc devenir le symbole d'une nouvelle signification et le support de la socialisation.

Persistance des tendances antérieures

S'il y a des innovations, le jeu de l'âge scolaire n'en demeure pas moins très proche encore du jeu de l'enfant plus jeune par bien des côtés. Le contrôle aussi bien de la dépense d'énergie que de l'excitation mentale reste, en particulier, assez précaire. L'enfant se donne entièrement dans le jeu, ne sait pas s'arrêter à temps; il n'a pas toujours acquis une parfaite coordination motrice : le geste va au-delà ou reste en deçà du but visé. Des activités puériles voisinent presque toujours avec des jeux de haut niveau. Il n'y a rien là qui doive surprendre, puisque l'enfant est encore loin d'avoir terminé sa croissance physique et son développement intellectuel. En outre, surtout chez la fille, les prémisses de la puberté vont apparaître au décours de cette période. Il ne faudra donc pas s'alarmer de certains signes de déséquilibre, dans le sens que nous venons d'indiquer, sous la réserve qu'ils ne soient pas trop marqués.

Signification globale du jeu à l'âge scolaire

On peut dire que le jeu représente une véritable fonction, aussi nécessaire au développement harmonieux de l'organisme que peuvent l'être les fonctions de la respiration ou de la circulation. On rencontre parfois de ces enfants «qui ne jouent jamais»; au risque de décevoir certains parents très fiers de ces monstres de sagesse, disons nettement qu'il s'agit là de cas pathologiques, dont l'avenir est gravement compromis. Le jeu représente en effet :

- une détente physiologique indispensable, compensatoire des efforts cérébraux et surtout de la stabilité passive demandée par la scolarisation;
- un apprentissage très utile du geste et de la motricité, servant aussi à l'affinement sensori-moteur;
- une préparation à la vie en société;
- un préliminaire de la liberté de l'adulte futur, grâce à l'autonomie qu'il autorise, de façon presque expérimentale, dans la plupart des types de comportement.

Sans doute l'enfant n'a-t-il pas une conscience claire de mettre tout cela dans son jeu, et il faut l'aider à se modérer et à limiter le jeu à des proportions raisonnables. Mais on doit tolérer tout ce qui peut l'être, et respecter le jeu en soi, pour tout ce qu'il représente de promesses pour l'avenir, même dans ses tâtonnements les plus gauches, et pour tout ce qui s'éveille devant nos yeux».

Annexe 6 *Quelques critères objectifs de l'analyse du dessin*

A) Analyse formelle

1. L'utilisation de l'espace
   a) rapport entre les dimensions du dessin et le format du papier utilisé
   b) localisation du dessin par rapport à l'ensemble de la feuille
2. Le trait
   a) vigueur
   b) netteté
   c) continuité
   d) surimpression
   e) empâtement
3. La couleur
   a) évaluation de la surface colorée par rapport au blanc
   b) évaluation du pourcentage des différentes couleurs

B) Analyse du contenu

1. Dessin libre ou dessin à thème suggéré
2. Le thème d'ensemble
3. Les éléments représentés (inventaire)

Remarque importante : cette grille d'analyse permet de retrouver les caractéristiques de l'*expression* graphique de l'enfant. Elle ne fournit aucune indication pour son *interprétation* psychologique.

Annexe 7 *Étude du jugement moral*

A) Exemples de situations (inspirées de Piaget) à proposer à des enfants d'âges différents [1]

1. Responsabilité objective / subjective :
   Un enfant a cassé 5 assiettes en aidant sa maman; un autre enfant a cassé 1 assiette en volant des biscuits. Lequel des deux faut-il punir le plus fort ? Pourquoi ?
2. Responsabilité objective / subjective :
   Un enfant rentre de l'école et dit qu'il a eu une bonne note; ce n'est pas vrai mais son papa le croit et lui donne une récompense. Un autre enfant rentre de l'école et dit qu'un chat grand comme un tigre l'a griffé. Lequel des deux a menti le plus fort ? Pourquoi ?
3. Justice immanente :
   Un enfant a volé des bonbons dans un magasin; il rentre à vélo, tombe et se casse un bras. S'il n'avait pas volé les bonbons, aurait-il eu cet accident ? Pourquoi ?
4. Sanction expiatoire / sanction par réciprocité :
   Un enfant a cassé le jouet d'un de ses camarades. Faut-il le punir ? Comment ?
5. Responsabilité générale / collective :
   Des enfants jouent au ballon. L'un d'eux le lance très fort et casse un carreau. Faut-il punir seulement cet enfant ou tout le monde ? Pourquoi ?
6. Justice rétributive / distributive :
   Deux enfants reçoivent des glaces. L'un d'eux laisse tomber la sienne. Que faut-il faire ?
7. Autorité / égalité :
   Un papa demande à ses deux enfants de ranger leur chambre. L'un d'eux continue à jouer et le papa dit à l'autre de tout ranger. Qu'en penses-tu ?

---

1. Approche pouvant, bien sûr, être complétée et enrichie par l'analyse de jugements moraux issus de la vie quotidienne familiale, scolaire ou autre.

B) Exemple de la méthode de recherche de Kohlberg

On décrit un incident comprenant un dilemme moral; on demande ensuite de choisir la solution la mieux appropriée et d'expliquer son choix; on analyse enfin la réponse pour déterminer le stade de jugement moral atteint.

«Madame Heinz était sur le point de mourir, atteinte d'une forme spéciale de cancer. Les médecins pensaient qu'un médicament très rare pouvait la sauver. Le pharmacien qui a découvert ce médicament le vendait pour dix fois le prix que cela lui coûtait pour le préparer. Monsieur Heinz n'avait pas assez d'argent pour acheter le médicament. Il a essayé d'emprunter de l'argent à des personnes qu'il connaissait, mais il n'a pu obtenir qu'à peu près la moitié de la somme réclamée par le pharmacien. Heinz a dit à ce dernier que sa femme se mourait et lui a demandé de lui vendre le médicament à meilleur marché ou bien de lui donner l'option de payer la différence à une date ultérieure. La pharmacien a refusé en disant qu'il avait découvert le médicament et qu'il comptait s'en servir pour gagner beaucoup d'argent. Heinz était donc très découragé et se demandait ce qu'il pouvait faire pour sauver sa femme. Finalement, il a cambriolé la pharmacie et a volé le médicament dont sa femme avait besoin. La question qu'on se pose est la suivante : le mari avait-il le droit de voler le médicament ? Si oui, pourquoi et si non, pourquoi pas ?» (Adapté de Kohlberg, 1971, p. 156).

Bibliographie

ABRAHAM A. *Le dessin d'une personne. Le test de Machover,* Neuchâtel, Delachaux et Niestlé, 1963.

Actes du Congrès International de Psychologie de l'Enfant (Paris, 1er-8 juillet 1979), Enfance, 4-5, 1980.

AIMARD P., *Le langage de l'enfant,* Paris, PUF, 1981.

AJURIAGUERRA J. DE, *Manuel de psychiatrie de l'enfant,* Paris, Masson, 1974.

AMES L.B. et ILG F., *L'enfant de 2 ans,* Paris, PUF, 1979.

ANSELME F., D'HAESE J., *Enfance et adolescence. Psychologie,* Bruxelles, La Procure, 1955.

ANTHONY E.J. et KOUPERNIK C., *L'enfant dans la famille,* Paris, Masson, 1969.

ANZIEU J., *Le Moi-peau,* Paris, Dunod, 1985.

ANZIEU D., *Le Penser. Du Moi-peau au Moi-pensant*, Paris, Dunod, 1994.

ARIÈS P., *L'enfant et la vie familiale sous l'ancien régime,* Paris, Plon, 1960.

BADINTER E., *L'amour en plus,* Paris, Flammarion, 1980.

BALDWIN A.L., *Theories of Child Development,* New York, Wiley, 1968.

BALDWIN J.M., *Mental Development in the Child and the Race : Methods and Processes,* New York, McMillan, 1906.

BATESON G., *Vers une écologie de l'esprit,* Paris, Seuil, 1977.

BAUDOUIN C., *L'âme enfantine et la psychanalyse,* Neuchâtel, Delachaux et Niestlé, 1950.

BEART R.M., *An Outline of Piaget's Developmental Psychology for Students and Teachers,* London, Routledge-Kegan Paul, 1969.

BERENSON M., *Dallo scarabocchio al disegno,* Roma, Armanda, 1968.

BERGERON M., *La psychologie du premier âge*, Paris, PUF, 1951.

BERGES J. et LEZINE I., *Test d'imitation de gestes. Techniques d'exploration du schéma corporel et des praxies chez l'enfant de trois à six ans,* Paris, Masson, 1972.

BERNE E., *Que dites-vous après avoir dit bonjour ?,* Paris, Tchou, 1977.

BETTELHEIM B., *Les blessures symboliques. Essai d'interprétation des rites d'initiation,* Paris, Gallimard, 1971.

BETTELHEIM B., *Psychanalyse des contes de fées,* Paris, Laffont, 1978.

BIDEAUD J., HOUDE O. et PEDINIELLI J.L., *L'homme en développement,* Paris, PUF, 1993.

BIZE P.R., *L'évolution psycho-physiologique de l'enfant,* Pairs, PUF, 1950.

BLOS P., *Les adolescents. Essai de psychanalyse,* Paris, Stock, 1967.

BOTSON C. et DELIÈGE M., *Le développement intellectuel de l'enfant,* Bruxelles, MEN, 1974.

BOULANGER G., *Etude longitudinale de l'enfant,* Toulouse, Privat, 1974.

BOURJADE J., *L'intelligence de l'enfant,* Paris, Alcan, 1937.

BOURJADE J., *Etudes de psychologie de l'enfant,* Paris, Les Belles Lettres, 1962.

BOUTON C.P., *Le développement du langage. Aspects normaux et pathologiques,* Paris, Masson, Presses de l'UNESCO, 1976.

BOUTONNIER J., *Les dessins d'enfants,* Paris, Scarabée, 1953.

BOVET P., *Le sentiment religieux et la psychologie de l'enfant,* Neuchâtel, Delachaux et Niestlé, 1951.

BOWER T.G.R., *Le développement psychologique de la première enfance,* Bruxelles, Mardaga, 1978.

BOWLBY J., *Soins maternels et santé mentale,* Genève, Organisation mondiale de la santé, 1951.

BOWLBY J., *Attachement and Loss (1 : Attachement),* Penguin Books, 1971.

BRAZELTON T.B. et CRAMER B.G., *Les premiers liens : l'attachement parents/bébé vu par un pédiatre et par un psychiatre,* Stock - Calman Lévy, Paris, 1991.

BREDART S. et RONDAL J.A., *L'analyse du langage chez l'enfant. Les activités méta-linguistiques,* Bruxelles, Mardaga, 1982.

BROYER G., *Pourquoi les enfants mentent-ils ?,* Paris, Centurion, 1974.

BRUNE J.S., *On Prelinguistic Prerequisites of Speech*, Stirling (Conférence de l'OTAN sur le développement du langage), 1976.

BRUNET O. et LEZINE I., *Le développement psychologique de la première enfance,* Paris, PUF, 1951.

BRUNET O., *Genèse de l'intelligence chez les enfants de trois milieux différents,* Enfance, 1, 1956.

BUEHLER C., *The First Year of Life,* New York Day, 1930.

BURGIERE A., KLAPISCH-ZUBER C., SEGALEN M. et ZONABEND F., *Histoire de la famille,* Paris, Colin, 1986.

BUSSMANN E., *Le transfert dans l'intelligence pratique chez l'enfant,* Neuchâtel-Paris, Delachaux-Niestlé, 1946.

Cahiers (les) du nouveau-né, Paris, Stock, 1978.

CAHN P., *La relation fraternelle chez l'enfant,* Paris, PUF, 1962.

Carence (la) de soins maternels. Réévaluation de ses effets, Genève, Organisation mondiale de la santé, 1962.

CARMICHAEL L, *Manuel de psychologie de l'enfant,* Paris, PUF, 1952.

CASABIANCA R.M. DE, *Sociabilité et loisirs chez l'enfant. Le développement social des enfants d'âge scolaire en groupes de loisirs encadrés,* Neuchâtel, Delachaux et Niestlé, 1968.

CASATI I. et LEZINE I., *Les étapes de l'intelligence sensori-motrice,* Paris, CPA, 1968.

CELLERIER G., *Piaget,* Paris, PUF, 1973.

CHAMBOREDON J.C., *Le métier d'enfant : vers une sociologie du spontané,* Paris, OCDE, 1975.

CHARLOT B., *La mystification pédagogique,* Paris, Payot, 1977.

CHÂTEAU J., *Le jeu de l'enfant,* Paris, Vrin, 1946.

CHÂTEAU J., *Le réel et l'imaginaire,* Paris, Vrin, 1946.

CHÂTEAU J., *La psychologie de l'enfant en langue française,* Toulouse, Privat, 1979.

CHAUCHARD P., *Le langage et la pensée,* Paris, PUF, 1956.

CHAZAUD J., *Introduction à la psychomotricité,* Toulouse, Privat, 1974.

CHILAND C., *Garçons et filles dans un monde en changement,* Revue de Psychologie Appliquée, 2e trimestre 1979, vol. 29, n° 2, pp. 129-138.

CHOLETTE-PERUSE P., *Psychologie de l'enfant,* Montréal, Ed. du Jour, 1974.

CHOMBART DE LAUWE M.J., *Un monde autre : l'enfance. De ses représentations à son mythe,* Paris, Payot, 1971.

CHOMBART DE LAUWE M.J., *L'enfant et la sociabilisation par l'image,* In *La socialisation de l'enfance à l'adolescence*, sous la direction de Malewska-Peyre H. et Tap P., Paris, PUF, 1991.

CHOMSKY N., *Le langage et la pensée,* Paris, Payot, 1968.

CLAES M., *L'expérience adolescente,* Bruxelles, Mardaga, 1983.

CLANCIER P.S., *Freud,* Paris, Editions Universitaires, 1972.

COHEN D., *Faut-il brûler Piaget ?,* Paris, Retz, 1981.

COHEN J.P., *L'enfant de 1 mois à 6 ans,* Paris, Nathan, 1979.

COLMAN A. et COLMAN L., *La grossesse, expérience psychologique. Une aventure qui doit être consciemment vécue par le couple,* Paris, Laffont, 1973.

COOPER D., *Mort de la famille,* Paris, Seuil, 1972.

CORMAN L., *Psycho-pathologie de la rivalité fraternelle,* Bruxelles, Dessart, 1970.

COUSINET R., *La vie sociale des enfants. Essai de sociologie enfantine,* Paris, Scarabée, 1950.

CRATTY B.J., *Perceptual-Motor Behavior and Educationnal Processes,* Springfield, Thomas, 1970.

CRATTY B.J., *Physical Expression of Intelligence,* Englewood Cliffs, Prentice-Hall, 1972.

CRATTY B.J., *Psychologie et activité physiques,* Paris, Vigot, 1974.

DAVID M., *L'enfant de 0 à 2 ans,* Toulouse, Privat, 1960.

DAVID M., *L'enfant de 2 à 6 ans,* Toulouse, Privat, 1960.

DAVIDO R., *Le langage du dessin d'enfant,* Paris, Presses de la Renaissance, 1976.

DAVIDOV V.V., *Soviet Theories of Human Development,* In Husen T. and Postlethwaite (Eds.), International Encyclopedia of Education, Vol. 8, Oxford, Pergamon, 1988, pp. 4721-4727.

DEBESSE M. et al., *Psychologie de l'enfant : de la naissance à l'adolescence,* Paris, Bourrelier-Colin, 1964.

DEBRAY-RITZEN, *La psychologie de l'enfant de A à Z,* Paris, CEPL, 1976.

DEBRE R., *Venir au monde. La vie cachée de la fécondation à la naissance,* Paris, Fayard, 1976.

DEBUYST C. et JOOS J., *L'enfant et l'adolescent voleurs,* Bruxelles, Dessart, 1971.

DECROLY O., *Comment l'enfant arrive à parler,* Bruxelles, La Centrale, s.d.

DELACROIX H., *Le langage et la pensée,* Paris, Alcan, 1924.

DELACROIX H., *Le langage et l'enfant,* Paris, Alcan, 1934.

DELACROIX H., *Les grandes formes de la vie mentale,* Paris, PUF, 1947.

DELDIME R. et DEMOULIN R., *Introduction à la psychopédagogie,* Bruxelles, De Boeck-Université, 1975 (1e édition), 1994 (3e édition revue et augmentée).

DELIÈGE M. et BOTSON C., *Au-delà de Piaget,* Andenne, Magermans, 1980.

DE MAISTRE M., *Les parents et le développement du langage,* Paris, Le Centurion, 1975.

DENZIN N., *Childhood Socialization,* San Francisco, Jossey-Bass, 1977.

DESCŒUDRES A., *Le développement de l'enfant de 2 à 7 ans,* Neuchâtel, Delachaux et Niestlé, 1921.

DIERKENS J., *Freud, Anthologie commentée,* Bruxelles, Labor, 1965.

DOLLE J.M., *Pour comprendre Jean Piaget,* Toulouse, Privat, 1974.

DOLTO F., *Psychanalyse et pédiatrie,* Paris, Seuil, 1971.

DOLTO F., *Lorsque l'enfant paraît,* Paris, Seuil, 1977.

DREVILLON J., *Pratiques éducatives et développement de la pensée opératoire,* Paris, PUF, 1980.

DROZ R. et RAHMY M., *Lire Piaget,* Bruxelles, Dessart, 1972.

DUBORGEL B., *Le dessin d'enfants. Structures et symboles,* Paris, Delarge, 1976.

DUFOYER J.P., *Le développement psychologique de l'enfant de 0 à 1 an,* Paris, PUF, 1976.

EFAN P., *Etre un enfant,* Paris, Centurion, 1979.

ELKIND D., *Children and Adolescents : Interpretive Essays on Jean Piaget,* New York, Oxford University Press, 1974.

Enfant (l'), Nouvelle revue de psychanalyse, n° 19, Paris, Gallimard, 1979.

ERIKSON E., *Enfance et société,* Neuchâtel, Delachaux et Niestlé, 1959.

ERIKSON E., *Adolescence et crise. La quête de l'identité,* Paris, Flammarion, 1972.

ERNY P., *L'enfant et son milieu en Afrique noire,* Paris, Payot, 1972.

ESPENSCHADE A., *Motor Development,* In W.R. Johnson (Ed.); *Science and Medecine of Exercice and Sports,* New York, Harper and Row, 1960.

ESPINOZA O. et LE CAMUS J., *Les relations interpersonnelles précoces,* In *La socialisation de l'enfance à l'adolescence*, sous la direction de Malewska-Peyre H. et Tap P., Paris, PUF, 1991.

ESTIENNE F., *Le langage et l'enfant,* Paris, Delarge, 1975.

FAU R., *Les groupes d'enfants et d'adolescents,* Paris, PUF, 1952.

FERRARIS A.D., *Les dessins d'enfants et leur signification,* Verviers, Marabout, 1977.

FLANAGAN G.L., *Les neuf premiers mois de la vie,* Paris, Laffont, 1963.

FLAVELL J., *The Developmental Psychology of Piaget,* Princeton, D. van Nostrand, 1963.

FOULQUIE P., *Dictionnaire de la langue pédagogique,* Paris, PUF, 1971.

FRAISSE P. et PIAGET J., *Traité de psychologie expérimentale,* Paris, PUF, 1963.

FREUD, A., *Le moi et les mécanismes de défense,* Paris, PUF, 1949.

FREUD A., *Le normal et le pathologique chez l'enfant. Estimation du développement,* Paris, Gallimard, 1968.

FREUD A., *Le traitement psychanalytique des enfants,* Paris, PUF, 1969.

FREUD A., *L'enfant dans la psychanalyse,* Paris, Gallimard, 1976.

FREUD A. et BERGMANN T., *Les enfants malades. Introduction à leur compréhension psychanalytique,* Toulouse, Privat, 1976.

FREUD S., *Trois essais sur la théorie de la sexualité,* Paris, Gallimard, 1962.

FREUD S., *analyse d'une phobie chez un petit garçon de cinq ans,* In *Cinq psychanalyses,* Paris, PUF, 1967.

FURTH H.G., *Piaget and Knowelge (Theorical Foundations),* Englewood Cliffs, N.J., Prentice-Hall, 1968.

GAIGNEBET C., *Le folklore obscène des enfants,* Paris, Maisonneuve et Larose, 1974.

GALIMARD P., *L'enfant de 6 à 11 ans,* Toulouse, Privat, 1962.

GARNIER C., BEDNARZ N. et VLANOVSKAYA I., *Après Vygotski et Piaget. Perspectives sociales et constructivistes. Ecoles russe et occidentale,* Bruxelles, De Boeck-Université, 1991.

GARNIER P., *Ce dont les enfants sont capables,* Paris, Métailié, 1995.

GEETS C., *Mélanie Klein,* Paris, Editions Universitaires, 1971.

GESELL A. et ILG F.L., *L'enfant de 5 à 10 ans,* Paris, PUF, 1949.

GESELL A., *L'embryologie du comportement. Les débuts de la pensée humaine,* Paris, PUF, 1953.

GESELL A., *L'adolescent de 10 à 16 ans,* Paris, PUF, 1973.

GESELL A. et ILG F.L., *Le jeune enfant dans la civilisation moderne,* Paris, PUF, 1976.

GINSBURG H. and OPPER S., *Piaget's Theory of Intellectual Development. An Introduction,* Englewood cliffs, N.J., Prentice-Hall, 1969.

GOODENOUGH F., *L'intelligence d'après le dessin du bonhomme,* Paris, PUF, 1957.

GOTTLIEB G., *Le comportement de l'embryon,* La Recherche, octobre 1976, pp. 833-841.

GRATIOT-ALPHANDERY H. et ZAZZO R., *Traité de psychologie de l'enfant,* Paris, PUF, 1970-1976.

GUILFORD J.P., *Three Faces of Intellect,* American Psychologist, 14, 1958.

GUILMAIN E. et G., *L'activité psycho-motrice de l'enfant. Son évolution de la naissance à 12 ans,* Paris, Vigné, 1971.

HERON A., *Concrete Operations, 'g' and Achievements in Zambian Children,* Journal of Cross-Cultural Psychology, Vol. 2, 1971, pp. 325-336.

HERON A. and DOWEL W., *Weight Conservation and Matrix Solving Ability in Papuan Children,* Journal of Cross-Cultural Psychology, 1973, Vol. 4, pp. 207-219.

HEUYER G., *Introduction à la psychiatrie infantile,* Paris, PUF, 1952.

HOFSTEDE G., *Vivre dans un monde multiculturel. Comprendre nos programmations mentales,* Paris, Les Editions d'Organisation, 1994.

HORMAN H., *Introduction à la psycholinguistique,* Paris, Larousse, 1972.

HOTYAT F., *Psychologie de l'enfant et de l'adolescent,* Paris-Bruxelles, Nathan-Labor, 1972.

HUBERT R., *La croissance mentale,* Paris, PUF, 1949.

HURTIG M.C. et ZAZZO R., *La mesure du développement psycho-social, 1966, Application à des garçons de 5 à 12 ans,* Neuchâtel, Delachaux et Niestlé, 1967.

HURTIG M. et RONDAL J.A., (Sous la direction de), *Introduction à la psychologie de l'enfant,* Bruxelles-Liège, Mardaga, 1981.

ILLINGSWORTH R.S., *Développement psychomoteur de l'enfant,* Paris, Masson, 1978.

JAKOBSON R., *Langage enfantin et aphasie,* Paris, Editions de Minuit, 1969.

JANOV A., *L'amour et l'enfant,* Paris, Flammarion, 1977.

JANOV A., *Prisonniers de la souffrance,* Paris Laffont, 1982.

KAGAN J., *Understanding Children. Behavior, Motives and Thought,* New York, Harcourt Brace Jovanovitch Inc., 1971.

KAMIL C. et DEVRIES R., *La théorie de Piaget et l'éducation préscolaire,* Université de Genève, Faculté de Psychologie et des Sciences de l'Education, s.d.

KIPHARD E.J., *Problèmes relatifs au diagnostic du développement sensori-moteur du petit enfant et de l'enfant à l'âge préscolaire,* In *La motricité chez l'enfant préscolaire,* Muller, H.J. et al., Stuttgart, Hofman, 1975.

KIPHARD E.J., *Les relations réciproques entre le développement psychomoteur et le développement psycho-sensoriel dans la petite enfance,* In *La motricité chez l'enfant préscolaire,* Muller, H.J. et al. Stuttgard, Hofman, 1975.

KLEIN M., *La psychanalyse des enfants,* Paris, PUF, 1972.

KLEIN M., *Psychanalyse d'un enfant,* Paris, Tchou, 1973.

KOUPERNIK C., *Le développement psychomoteur du premier âge,* Paris, PUF, 1954.

KOUPERNIK C. et ARFOUILLOUX J.C., Neurobiologie et neurologie du développement, In *Traité de psychologie de l'enfant, 2, Développement biologique,* Paris, PUF, 1970.

LACAN J., *Le stade du miroir comme formateur de la fonction du je telle qu'elle nous est révélée dans l'expérience psychanalytique,* In Revue française de psychanalyse, 1949, pp. 449-455.

LAFON R., *Vocabulaire de psychopédagogie et de psychiatrie de l'enfant,* Paris, PUF, 1963.

LANGEVIN C., *Le langage de votre enfant,* Québec, P.U.L., 1970.

LAPLANCHE J. et PONTALIS J.B., *Vocabulaire de la psychanalyse,* Paris, PUF, 1967.

LAUZEL J.P., *L'enfant voleur,* Paris, PUF, 1966.

LAVATELLI C.S. et STENDLER F., *Readings in Child Behavior and Development,* New York, Harcourt Brace Jovanovich Inc., 1972.

LE BOULCH J., *Vers une science du mouvement humain,* Paris, ESF, 1971.

LE BOULCH J., *L'activité ludique en psychocinétique,* Vers l'Education Nouvelle, numéro hors série, 1974.

LE BOVICI S. et SOULE M., *La connaissance de l'enfant par la psychanalyse,* Paris, PUF, 1970.

LEBOYER F., *Pour une naissance sans violence*, Paris, Seuil, 1974.

LEIF J. et BRUNELLE L., *Le jeu pour le jeu,* Paris, Colin, 1976.

LEIF J. et DELAY J., *Psychologie et éducation (I :L'enfant),* Paris, Nathan, 1965.

LEIF J., DELAY J. et GUILLAUME J.J., *Psychologie et éducation (III :Notions de psychométrie),* Paris, Nathan, 1968.

LEHALLE H., *Psychologie des adolescents,* Paris, PUF, 1985.

LENTIN L., *Apprendre à parler à l'enfant de moins de 6 ans. Où ? Quand ? Comment ?,* Paris, ESF, 1972.

LERBET G., *Piaget,* Paris, Editions Universitaires, 1970.

LEVY-SCHOEN A., *L'image d'autrui chez l'enfant. Recherche expérimentale sur la perception des mimiques,* Paris, PUF, 1964.

LEZINE I., *Psychopédagogie du premier âge,* Paris, PUF, 1969.

LEZINE I., *Développement moteur et affectif de l'enfant dans les trois premières années de la vie,* In *La motricité chez l'enfant préscolaire,* Muller, H.J. et al., Stuttgard, Hofman, 1975.

LEZINE I., *Propos sur le jeune enfant,* Paris, Editions Universitaires, 1976.

LONGEOT F., *Les stades opératoires de Piaget et les facteurs de l'intelligence,* Grenoble, Presses Universitaires, 1978.

LOWEN A., *La bio-énergie,* Paris, Tchou, 1976.

LOWENFELD V., *Creative and Mental Growth,* New York, McMillan, 1957.

LUQUET G.H., *Le dessin enfantin,* Paris, Alcan, 1935.

LURCAT L. et WALLON H., *Entretiens sur le dessin de l'enfant,* Cahiers du Groupe Françoise Minkowska, décembre 1963.

LUTTE G., *Le moi idéal de l'adolescent,* Bruxelles, Dessart, 1971.

MCCARTHY D., *Le développement du langage chez l'enfant,* In *Manuel de psychologie de l'enfant,* Carmichael, Paris, PUF, 1952.

MAHLER M.S., PINE F. et BERGMAN A., *La naissance psychologique de l'être humain,* Paris, Payot, 1980.

MAIER H., *Tree Theories of Child Development,* New York, Harper and Row, 1969.

MAIGRE A. et DESTROOPER J., *L'éducation psychomotrice,* Paris, PUF, 1975.

MANNONI M., *L'enfant arriéré et sa mère,* Paris, Seuil, 1964.

MANNONI M., *L'enfant, sa «maladie» et les autres. Le symptôme et la parole,* Paris, Seuil, 1967.

MANNONI M., *Education impossible,* Paris, Seuil, 1973.

MANNONI M., *Un lieu pour vivre. Les enfants de Bonneuil, leurs parents et l'équipe des «soignants»,* Paris, Seuil, 1976.

MARTINET M., *Théorie des émotions. Introduction à l'œuvre d'Henri Wallon,* Paris, Aubier Montaigne, 1972.

MAZET P. et HOUZEL D., *Psychiatrie de l'enfant et de l'adolescent,* Paris, Maloine, 1975.

MEAD M., *L'un et l'autre sexe,* Paris, Gonthier, 1966.

MEDINUUS G., *Child Study and Observation Guide,* New York-London-Sydney-Toronto, John Wilez and Sons, Inc., 1976.

MENDEL G., *Pour décoloniser l'enfant. Sociopsychanalyse de l'autorité,* Paris, Payot, 1971.

MEREDITH H., *Change in the Stature and Body Weight of North-America Boys During the Last 80 years,* in LIPSITT L and SPIKER C (Eds), *Advance in Child Development and Behaviour* (vol. 1) New York Academic Press, 1963, pp. 69-114.

MERESSE-POLAERT J., *Etude sur le langage des enfants de 6 ans,* Neuchâtel, Delachaux et Niestlé, 1970.

MEUNIER J., *Les gamins de Bogota,* Paris, Lattès, 1977.

MEYER P., *L'enfant et la raison d'Etat,* Paris, Seuil, 1977.

MICHAUD E., *Action et pensée enfantines,* Paris, Scarabée, 1953.

MINKOWSKI A., *Pour un nouveau-né sans risque,* Paris, Stock, 1976.

MOBIUS E., *La république des enfants. Bemposta et les Muchachos,* Paris, Mercure de France, 1973.

MONTAGNER H., *L'enfant et la communication,* Paris, Stock, 1978.

MORENO J.L., *Fondements de la sociométrie,* Paris, PUF, 1970.

MORENO M.L. et RICHELLE M., *L'acquisition du langage,* Bruxelles, Mardaga, 1982.

MULLER H.J., DEKER R. et SCHILLING F., *La motricité chez l'enfant préscolaire. Bases scientifiques et méthodes d'approche,* Schorndorf bei Stuttgard, Verlag Karl Hofman, 1975.

MULLER P., *Les «tâches» de l'enfance,* Paris, Hachette, 1969.

MURCIA R., *Jeu, tonus, intégration des conduites motrices,* Vers l'Education Nouvelle, numéro hors série, 1974.

MUSEN P.H. and JONES M.C., *Self-conception, Motivations and Interpersonal Attitudes of Late and Early Maturing Boys,* In Conger J. (Ed.), *Contemporary Issues in Adolescent Development,* New York, Harper and Row, 1975.

NAVILLE P., *Note sur les origines de la fonction graphique. De la tache au trait,* Enfance, octobre 1950.

NICOLAS A., *Jean Piaget,* Paris, Seghers, 1976.

NIELSEN R.F., *Le développement de la sociabilité chez l'enfant. Etude expérimentale,* Neuchâtel, Delachaux et Niestlé, 1951.

ODENT M., *Bien-naître,* Paris, Seuil, 1976.

OLIVIER C., *Les enfants de Jocaste,* Paris, Denoël-Gonthier, 1980.

ORTIGUES M.C. et ED., *Oedipe africain,* Paris, Plon — UGE, 1973.

OSTERRIETH P., *L'enfant et la famille,* Paris, Scarabée, 1963.

OSTERRIETH P.A., *Introduction à la psychologie de l'enfant,* Liège, Thone, 1970.

OSTERRIETH P.A., *Faire des adultes,* Bruxelles, Dessart, 1972.

OSTERRIETH P.A., *L'étude du dessin enfantin,* In Gratiot-Alphandéry A. et Zazzo R. (Eds.), *Traité de psychologie de l'enfant, 6,* Paris, PUF, 1976.

OSTERRIETH P.A. et CAMBIER A., *Les deux personnages. L'être humain dessiné par les garçons et les filles de 6 à 18 ans,* Bruxelles-Paris, Editest-PUF, 1976.

PAIN J., *Pédagogie institutionnelle et formation,* Vauréal, Micropolis, J. Pain, 1982.

PAPALIA D.E. et OLDS S.W., *A Child's World. Infancy trough Adolescence,* New York, McGraw-Hill C°, 1975.

PAPALIA D.E. and OLDS S.W., *Human Development,* New York, McGraw-Hill Inc., 1978.

PAPERT S., *Jaillissement de l'esprit,* Paris, Flammarion, 1981.

PEPIN, L., *L'enfant dans le monde actuel,* Paris, Bordas, 1977.

PESKIN H., *Puberty Onset and Ego Functionning : a Psychoanalytic Approach,* Journal of Abnormal Psychology, 1967, n° 72, pp. 1-15.

PIAGET J., *Le jugement et le raisonnement,* Neuchâtel, Delachaux et Niestlé, 1924.

PIAGET J., *La représentation du monde,* Paris, Alcan, 1926.

PIAGET J., *La construction du réel chez l'enfant,* Neuchâtel, Delachaux et Niestlé, 1937.

PIAGET J., *La formation du symbole chez l'enfant,* Neuchâtel, Delachaux et Niestlé, 1946.

PIAGET J. et INHELDER B., *De la logique de l'enfant à la logique de l'adolescent,* Paris, PUF, 1955.

PIAGET J., *Le langage et la pensée chez l'enfant,* Neuchâtel, Delachaux et Niestlé, 1956.

PIAGET J., *Le jugement moral chez l'enfant,* Paris, PUF, 1957.

PIAGET J., *Six études de psychologie,* Genève, Gonthier, 1964.

PIAGET J. et INHELDER B., *La psychologie de l'enfant,* Paris, PUF, 1966.

PIAGET J., *La naissance de l'intelligence chez l'enfant,* Neuchâtel, Delachaux et Niestlé, 1968.

PIAGET J. et INHELDER B., *Mémoire et intelligence,* Paris, PUF, 1968.

PIAGET J., *La psychologie de l'intelligence,* Paris, Colin, 1973.

PIAGET J., *Réussir et comprendre,* Paris, PUF, 1974.

PICHON E., *Le développement psychique de l'enfant et de l'adolescent,* Paris, Masson, 1947.

PIERON H., *Vocabulaire de la psychologie,* Paris, PUF, 1968.

POMERLEAU A. et MALCUIT G., *L'enfant et son environnement,* Bruxelles - Québec, Mardaga-Presses Universitaires du Québec, 1983.

POROT M., *L'enfant et les relations familiales,* Paris, PUF, 1966.

POUTHAS V. et JOUEN F., *Les comportements du bébé : expression de son savoir ?,* Bruxelles, Mardaga, 1993.

PRUDHOMMEAU M., *Le dessin de l'enfant,* Paris, PUF, 1951.

RABAIN J., *L'enfant du lignage. Du sevrage à la classe d'âge,* Paris, Payot, 1979.

RAIMBAULT G., *L'enfant et la mort. Des enfants malades parlent de la mort : problème de la clinique du deuil,* Toulouse, Privat, 1975.

RANK O., *Le traumatisme de la naissance. Etude psychanalytique,* Paris, Payot, 1968.

RAPAILLE G.C., *Comprendre ses parents,* Paris, Mengès, 1978.

RAPOPORT D., *Pour une naissance sans violence. Résultats d'une première enquête,* Bulletin de psychologie, n° 322, tome XXIX, 1975-1976, pp. 8-13.

REUCHLIN M., *Traité de psychologie appliquée (tome 3),* Paris, PUF, 1972.

REY A., *L'intelligence pratique chez l'enfant,* Paris, Alcan, 1935.

REY A., *Epreuves du dessin, témoin du développement mental,* Archives Psychologiques, 124-131, 369-380, 1946.

REY A., *Interprétation de dessins et développement psychologique,* Neuchâtel, Delachaux et Niestlé, 1962.

REY A., *Epreuves d'intelligence pratique et de psychomotricité,* Neuchâtel, Delachaux et Niestlé, 1968.

REYMOND-RIVIER B., *Choix sociométriques et motivations. Etude génétique d'un test sociométrique appliqué à des groupes d'enfants âgés de 6-15 ans,* Neuchâtel, Delachaux et Niestlé, 1961.

REYMOND-RIVIER B., *Le développement social de l'enfant et de l'adolescent,* Bruxelles, Dessart, 1965.

RIALLAND C., *Cette famille qui vit en nous,* Paris, Laffont, 1994.

RICHELLE M., *L'acquisition du langage,* Bruxelles, Dessart, 1971.

RICHMOND P.G., *An Introduction to Piaget,* London, Routledge-Kegan Paul, 1970.

RIDEAU A., *Comment connaître son enfant,* Paris, Retz-CEPL, 1975.

RIEDER H., *Théories des phases du développement et le développement du mouvement,* In *La motricité chez l'enfant préscolaire,* Muller H.J. et al., Stuttgart, Hofman, 1975.

ROCHEFORT C., *Les enfants d'abord,* Paris, Grasset, 1976.

RONDAL J.A., *Eléments de psychologie. Une introduction à la psychologie générale,* Bruxelles, Labor, 1983.

RONDAL J.A., *Les interactions parent-enfant et la construction du langage,* Bruxelles, Mardaga, 1983.

RONDAL J.A. et HOTYAT F., *Psychologie de l'enfant et de l'adolescent,* Bruxelles, Labor, 1985.

ROSTAND J., *L'aventure avant la naissance. Du germe au nouveau-né,* Paris, Gonthier, 1966.

ROSTAND J., *Maternité et biologie,* Paris, Gallimard, 1966.

ROUMA G., *Le langage graphique de l'enfant,* Bruxelles, Misch-Thron, 1912.

SCHILLING F., *Le développement moteur comme processus d'adaptation,* In *La motricité chez l'enfant préscolaire,* Muller H.J. et al., Stuttgart, Hofman, 1975.

SCHNEUWLY B. et BRONCKART J.P. (Eds), *Vygotski aujourd'hui,* Neuchâtel, Delachaux et Niestlé, 1985.

SCHWEBEL M. et RAPH J., *Piaget à l'école,* Paris, Denoël-Gonthier, 1976.

SEGAL H., *Introduction à l'œuvre de Mélanie Klein,* Paris, PUF, 1969.

SINCLAIR D., *Human Growth after Birth,* London, Oxford University Press, 1975.

SMIRNOFF V., *La psychanalyse de l'enfant,* Paris, PUF, 1966.

SPITZ R., *Le non et le oui. La genèse de la communication humaine,* Paris, PUF, 1962.

SPITZ R., *De la naissance à la parole. La première année de la vie,* Paris, PUF, 1968.

STAMBAK M., *Tonus et psychomotricité dans la première enfance,* Neuchâtel, Delachaux et Niestlé, 1963.

STERN A. et DUQUET P., *Du dessin spontané aux techniques graphiques,* Neuchâtel, Delachaux et Niestlé, 1964.

STERN C. et STERN W., *Die Kindersprache : Eine Psychologische und Spracht Theoretische Untersuchung,* Leipzig, Barth, 1907.

SULLEROT E., *Le fait féminin,* Paris, Fayard, 1978.

SURREAU C., *Le danger de naître,* Paris, Plon, 1978.

SUTTER J.M., *Le mensonge chez l'enfant,* Paris, PUF, 1956.

TABARY J.C., *Eléments de psychologie,* Paris, Editions Médicales et Universitaires, 1978.

TANNER J.M., *Growth at Adolescence,* Oxford, Blackwell Scientific Publication, 1962.

TANNER J.M., *Sequence, Tempo and Individual Variation in the Growth and Development of Boy and Girl Aged Twelve to Sixteen,* In Grinder R.E. (Ed.), *Studies in Adolescence,* New York, McMillan, 1975.

TAP P., *Masculin et féminin chez l'enfant*, Toulouse, Privat, 1985.

THINES G. et LEMPEREUR A., *Dictionnaire des sciences humaines,* Paris, Editions Universitaires, 1975.

THIS B., *Naître,* Paris, Aubier-Montaigne, 1972.

THIS B., *Le Père : acte de naissance,* Paris, Seuil, 1980.

THOMAS R.M. et MICHEL C., *Théories du développement de l'enfant. Etudes comparatives,* Bruxelles, De Boeck-Université, 1994.

TOESCA Y., *La sociométrie à l'école primaire,* Paris, ESF, 1972.

TOMATIS A.A., *La libération d'Oedipe. De la communication intra-utérine au langage humain,* Paris, ESF, 1975.

TOMKIEWICZ S., *Génétique et embryologie,* In *Traité de psychologie de l'enfant, 2, Développement biologique,* Paris, PUF, 1970.

TOURRETTE C. et GUIDETTI M., *Introduction à la psychologie du développement. Du bébé à l'adolescent,* Paris, Colin, 1994.

TRAN THONG, *Stades et concept de stade de développement de l'enfant dans la psychologie contemporaine,* Paris, Vrin, 1970.

TRAN THONG, *Le rôle du mouvement dans le développement du jeune enfant,* In *La motricité chez l'enfant de la naissance à six ans,* ENSEPS, Document/Etudes, 1, 1972.

VANANDRUEL M., *La socialisation de soi. Approche psychosociale : le sentiment de la valeur personnelle,* In *La sociabilisation de l'enfance à l'adolescence*, sous la direction de Malewska-Peyre H. et Tap P., Paris, PUF, 1991.

VAYER P., *La personne de l'enfant dans une approche globale,* In *La motricité chez l'enfant préscolaire,* Muller H.J. et al., Stuttgart, Hofman, 1975.

VIAL M., *Réflexions sur la notion de psycho-motricité,* In *La motricité chez l'enfant de la naissance à six ans,* ENSEPS, Document/Etudes, 1, 1972.

VYGOTSKI L.S., *Pensée et langage,* Paris, Editions Sociales, 1984.

VOIZOT B., *Le développement de l'intelligence chez l'enfant,* Paris, Colin, 1973.

WALLON H., *Stades et troubles du développement psycho-moteur et mental chez l'enfant,* Paris, Alcan, 1925.

WALLON H., *L'enfant turbulent. Etude sur les retards et anomalies du développement moteur et mental,* Paris, Librairie Félix Alcan, 1925.

WALLON H., *Rapports affectifs : Les émotions,* In L'Encyclopédie française, VIII, *La vie mentale*, Paris, Larousse, 1938.

WALLON H., *Les origines de la pensée,* Paris, PUF, 1947.

WALLON H., *Le dessin chez l'enfant,* Enfance, octobre 1950.

WALLON H., *Importance du mouvement dans le développement de l'enfant,* Enfance, 3-4, 1959.

WALLON H., *L'évolution psychologique de l'enfant,* Paris, Colin, 1968.

WALLON H., *De l'acte à la pensée,* Paris, Flammarion, 1970.

WALLON H., *Les origines du caractère chez l'enfant. Les préludes du sentiment de personnalité,* Paris, PUF, 1970.

WATZLAWICK P., BEAVIN J.H. et JACKSON D.D., *Une logique de la communication,* Paris, Seuil, 1972.

WILDLOCHER D., *L'interprétation des dessins d'enfants,* Bruxelles, Dessart, 1965.

WINNICOTT D., *De la pédiatrie à la psychanalyse,* Paris, Payot, 1969.

WINNICOTT D., *Processus de maturation chez l'enfant. Développement affectif et environnement,* Paris, Payot, 1970.

ZAZZO R., *Le geste graphique et la structuration de l'espace,* Enfance, octobre 1950.

ZAZZO R., *Manuel pour l'examen psychologique de l'enfant,* Neuchâtel, Delachaux et Niestlé, 1960.

ZAZZO R., *L'intelligence n'est pas héréditaire,* Le Nouvel Observateur, 29 avril 1974.

Figures

Tableaux

Table des matières